泰州医药高新区（高港区）名镇名村志
TAI ZHOU YI YAO GAO XIN QU GAO GANG QU MING ZHEN MING CUN ZHI

沿江街道志

泰州医药高新区（高港区）沿江街道志编纂委员会 编

南京出版传媒集团
南京出版社

图书在版编目（CIP）数据

沿江街道志 / 泰州医药高新区（高港区）沿江街道志编纂委员会编. -- 南京 : 南京出版社, 2024. 11.
ISBN 978-7-5533-5003-5

Ⅰ. K295.35

中国国家版本馆 CIP 数据核字第 202458YZ38 号

书　　名　沿江街道志
作　　者　泰州医药高新区（高港区）沿江街道志编纂委员会
出版发行　南京出版传媒集团
南 京 出 版 社
社址：南京市太平门街53号　　邮编：210016
网址：http://www.njcbs.cn　　电子信箱：njcbs1988@163.com
联系电话：025-83283893、83283864（营销）　025-83112257（编务）

出 版 人　项晓宁
出 品 人　卢海鸣
责任编辑　程　瑶
责任印制　杨福彬
装帧设计　韦　俊

排　　版　南京凯德印刷有限公司
印　　刷　南京凯德印刷有限公司
开　　本　787毫米×1092毫米　1/16
印　　张　16.5　插页15
字　　数　258千字
版　　次　2024年11月第1版
印　　次　2024年11月第1次印刷
书　　号　ISBN 978-7-5533-5003-5
定　　价　168.00元

用微信或京东APP扫码购书

用淘宝APP扫码购书

序

“极目长堤杨柳烟，断肠春色满晴川。”

清代诗人戚珍的《洲堤杨柳》，描绘的正是长江边杨柳生烟的春江图画。

这里依江而建，与江为伴。沿江街道境域俗称“洲上”“西洲”，从江中的沙洲，到聚居的圩田、交错的河渠、繁忙的港口，六百年沧海桑田，得益于母亲河长江的哺育馈赠，这片土地上的人们勤劳富庶、安居乐业，长江元素深深融入血脉基因。

这里据江发展，因江而兴。域内拥有4.99千米的长江岸线，所辖江段为长江“黄金水道”中的“黄金地段”，历史上一直是客货运的重要中转地、商贩集聚地，是进入里下河地区的交通要道，商贾气息浓郁。

这里崇文重教，贤达辈出。南唐时期，这里曾是泰兴县治所在地。域内百姓耕读文化底蕴深厚，民间尊师重教，先后涌现出詹事府主簿栾启元、淮剧“马派自由调”创始人马麟童、渡江战役战斗英雄殷大邦等大批乡贤，为域内居民树立了榜样。

浩浩长江奔腾不息，历史车轮滚滚向前。20世纪末以来，依托境域成立的滨江工业园区持续快速发展，隶属关系虽几经调整，但“园区+街道”被证明是加快项目建设，推进园区、街道复合发展的有效模式。随着一系列重大项目的陆续实施，辖区发展步入快车道，2022年园区（街道）实现工业总产值417.5亿元，为全区经济发展贡献重要力量，这里已经成为扬子江畔一颗璀璨的工业明珠。

《沿江街道志》的编纂工作，起步于2023年3月，在社会各界鼎力支持下，编纂人员克服困难，广搜资料，精心编写，数易其稿，终于在2024年11月付梓出版。该志书展现了沿江街道的风土人情，反映了沿江街道抢抓机遇步入发展快车道的历程，为沿江街道留住了根与魂。该志书的出版，有助于服务科学决策、弘扬地方优秀文化、加强爱国主义教育，必将激励沿江儿女求索进取，为推动家乡高质量发展接续奋斗。我们谨向为编纂这部志书付出心血的全体工作人员及社会各界人士表达衷心感谢！

中共泰州市高港区委沿江街道工作委员会

泰州市高港区人民政府沿江街道办事处

2024年11月

《沿江街道志》编纂委员会

第一届编纂委员会

主　任　周宏华

副主任　柳　劼　许良兵　袁　翔　贾美铭

委　员　耿庆生　潘霞林　李　芳　芮　国　申红兵　励　菲

办公室主任　吴　俊

第二届编纂委员会

主　任　柳　劼

副主任　申　进　许良兵　叶　屏　贾美铭

委　员　潘霞林　李　芳　栾向荣　尹继峰　芮　国
励　菲　邱　悦　戚益民　张　宁　申红兵

办公室主任　吴　俊

《沿江街道志》编纂人员

主　　编　贾美铭

编　　辑　贾美铭　冯　智　栾宝源　孙乃庆　朱德华

编　　务　孙海滨　郭玉涛　殷霞云　白　玲

摄　　影　周宇栋

初审单位 泰州市高港区人民政府沿江街道办事处

复审单位 泰州医药高新区（高港区）党史方志办公室

复审人员 邵釜明 卢 峰 查云富 俞德斌

终审单位 泰州医药高新区（高港区）党史方志办公室

终审人员 邵釜明 卢 峰 查云富 高蓓蓓 俞德斌

验收单位 泰州医药高新区（高港区）党史方志办公室

验收人员 邵釜明 卢 峰 查云富 高蓓蓓 俞德斌

批准出版单位 中共泰州市高港区委沿江街道工作委员会

泰州市高港区人民政府沿江街道办事处

凡例

一、本志以马克思列宁主义、毛泽东思想、邓小平理论、“三个代表”重要思想、科学发展观、习近平新时代中国特色社会主义思想为指导，坚持辩证唯物主义和历史唯物主义的立场、观点和方法，客观记述沿江街道区域的发展与现状。

二、本志重点记载沿江街道的“名”与“特”，传承乡土历史文化，为沿江街道的建设与发展提供历史智慧和现实借鉴。

三、本志记述上限尽可能追溯至事物发端，记述下限至2022年，大事记延至2023年，图片延至2024年。

四、本志记述地域范围以沿江街道境域为主，2010年6月沿江街道成立以前的区域使用当时的名称。

五、本志采取纲目体，横排门类，纵述史实，述而不论。一般设类目、分目、条目三个层次。

六、本志综合运用述、记、志、传、图（照）、表、录等体裁，以志为主。除引用文字和附录文献资料外，统一使用规范的现代语体文和第三人称论述。

七、人物传略记载已故人物，人物简介记载在世人物，均为本籍有重大影响和贡献的人物。名人履痕收录有影响的客籍人物，主要记述其在当地的活动片段。人物名录收录在外名人、先进人物、参战人员、专业技术人员等。入志人物皆以出生年份排序。

八、清代及其以前使用朝代年号纪年，括注相应的公元纪年，在同一条目中只首次括注相同朝代年号的公元纪年。中华民国、中华人民共和国采用公元纪年。中华人民共和国成立前后，以1949年10月1日为界。改革开放前后，以1978年12月为界。

九、中华人民共和国成立前，多种计量单位制并存，一般照旧记载。中华人民共和国成立后，采用国务院法定计量单位。

十、本志采用统计部门公布的数据，统计部门没有统计的则采用主管部门或主办单位正式提供的数据，各类数据一般保留到小数点后两位。

沿江街道在江苏省的位置图

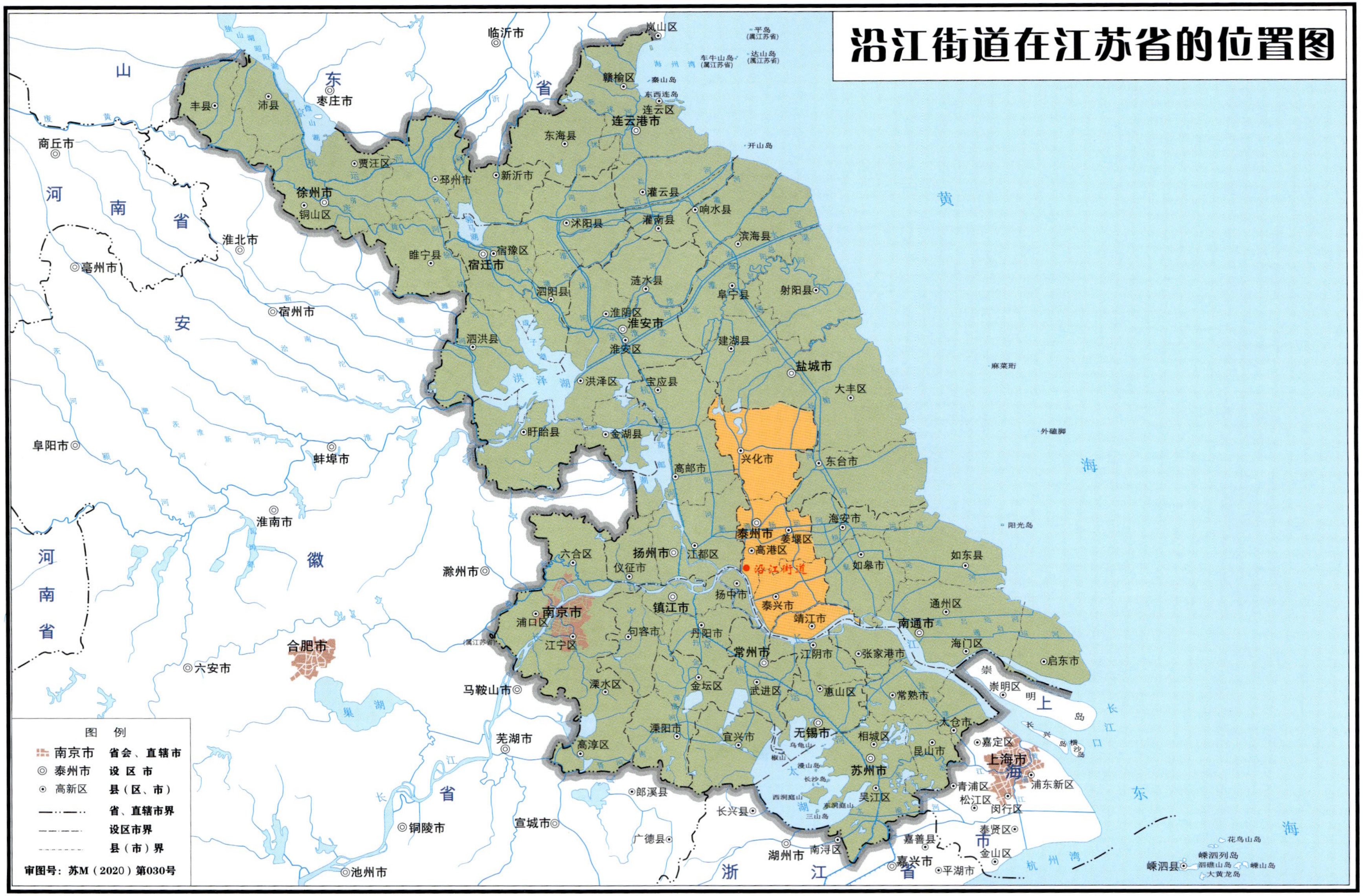

沿江街道在泰州市的位置

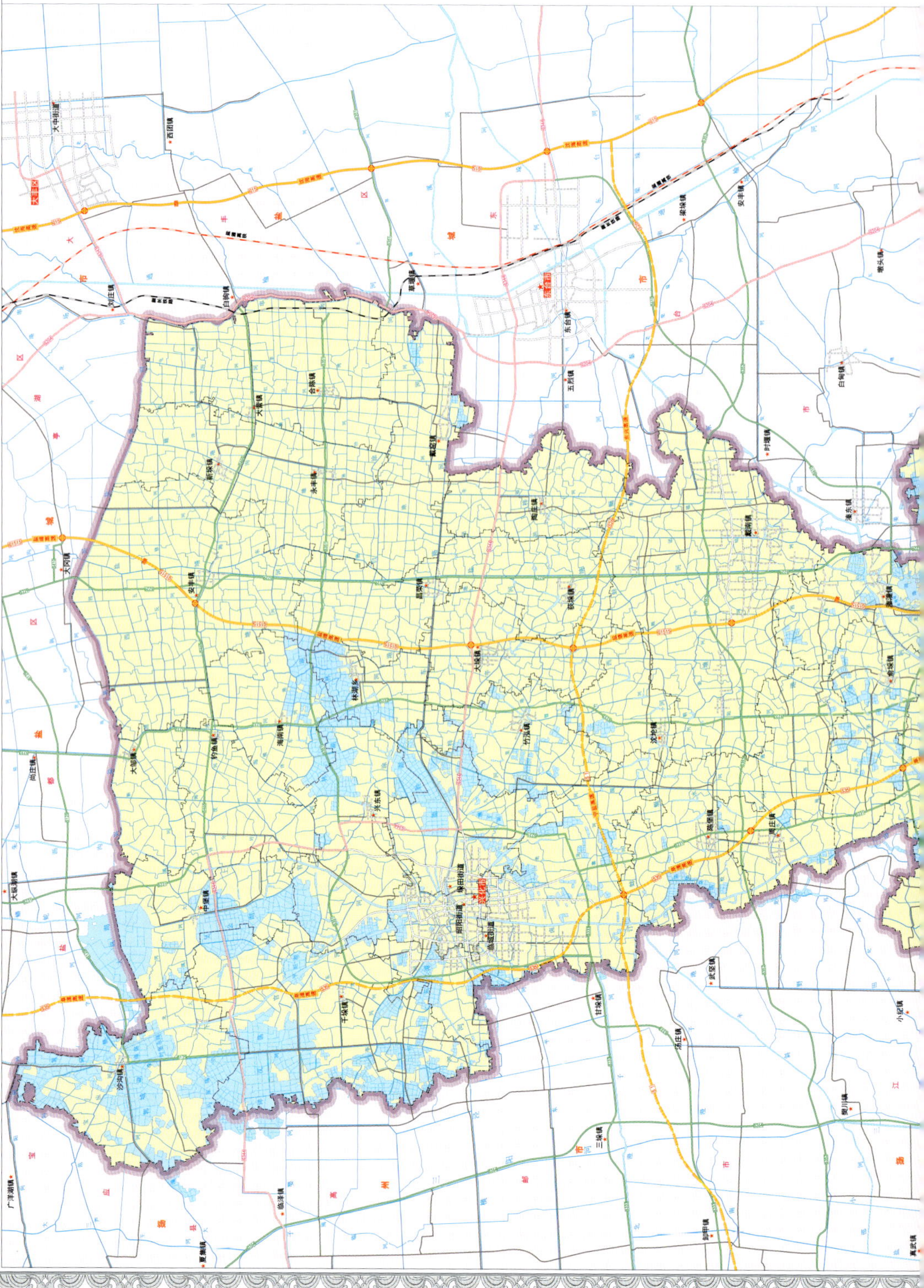

内部用图

沿江街道
泰州市
海陵区
姜堰区
靖江市
泰兴市
医药高新区（高港区）
口岸街道
沿江街道
刁铺街道
许庄街道
永安洲镇
寺巷街道
野徐镇
泰州医药高新区管委会
明珠街道
凤凰街道
城西街道
城中街道
城南街道
城北街道
城东街道
京泰路街道
九龙镇
苏陈镇
三水街道
天目山街道
罗塘街道
梁徐街道
白米镇
大伦镇
白马镇
张甸镇
大泗镇
胡庄镇
顾高镇
蒋垛镇
新街镇
元竹镇
古溪镇
宣堡镇
分界镇
根思乡
黄桥镇
姚王街道
河失镇
济川街道
延令街道
珊瑚镇
滨江镇
张桥镇
曲霞镇
季市镇
广陵镇
西来镇
孤山镇
斜桥镇
生祠镇
马桥镇
靖城街道
新桥镇
东兴镇
红桥镇
扬中市
江阴市
如皋市
海安市
江都区
图 例
市行政中心
县级行政中心
乡、镇、街道
居委会
行政村
自然村
设区市界
县级界
镇界
水系
堤
塘 鱼塘
桥 闸
高速铁路
铁路
高速公路及编号
国道及编号
省道及编号
县乡道
车渡
枢纽、互通
服务区
港口作业区
景区、景点
机场
比例尺 1:100000
图上界线不作实地划界依据，资料截止期2022年1月
泰州市自然资源和规划局 监制
江苏诚泰测绘科技有限公司 编制
地图审查号：苏M(2022)001号

沿江街道地图

扬州市
口岸街
G345
G523
S506
引江河
送水河
许庄河
南
蔡圩河
官河
赵
长生港
泰
向阳北路
向阳路
港城东路
港城西路
润江路
创汇路
通扬
江苏海阳锦纶新材料有限公司
大健康新材料产业集聚区
金泰环保热电有限公司
腾龙御园
高港闸
泰州引江河风景区
中海泰州特种油科技有限公司
泰州杨湾海螺水泥有限责任公司

化学新材料产业园区
沿江街道
滨江
滨江花苑
盛虹动能科技
（泰州）有限公司
江苏海慈生物
药业有限公司
中海油汽（泰州）
石化有限公司
泰州海泰油品
装卸有限公司
泰州市新滨江公路
港物流有限公司
泰州高港港务
有限公司
滨江公园
口岸闸
高港汽渡
长
江
S506
S523
图 例
政 府
居 委
船 闸
景 点
镇 界
村 界
国 道
省 道
道 路
水 系
比例尺 1：40000
图上界线不作实地划界依据
地图审查号：苏M(2024)第024号
江苏诚泰测绘科技有限公司 编制

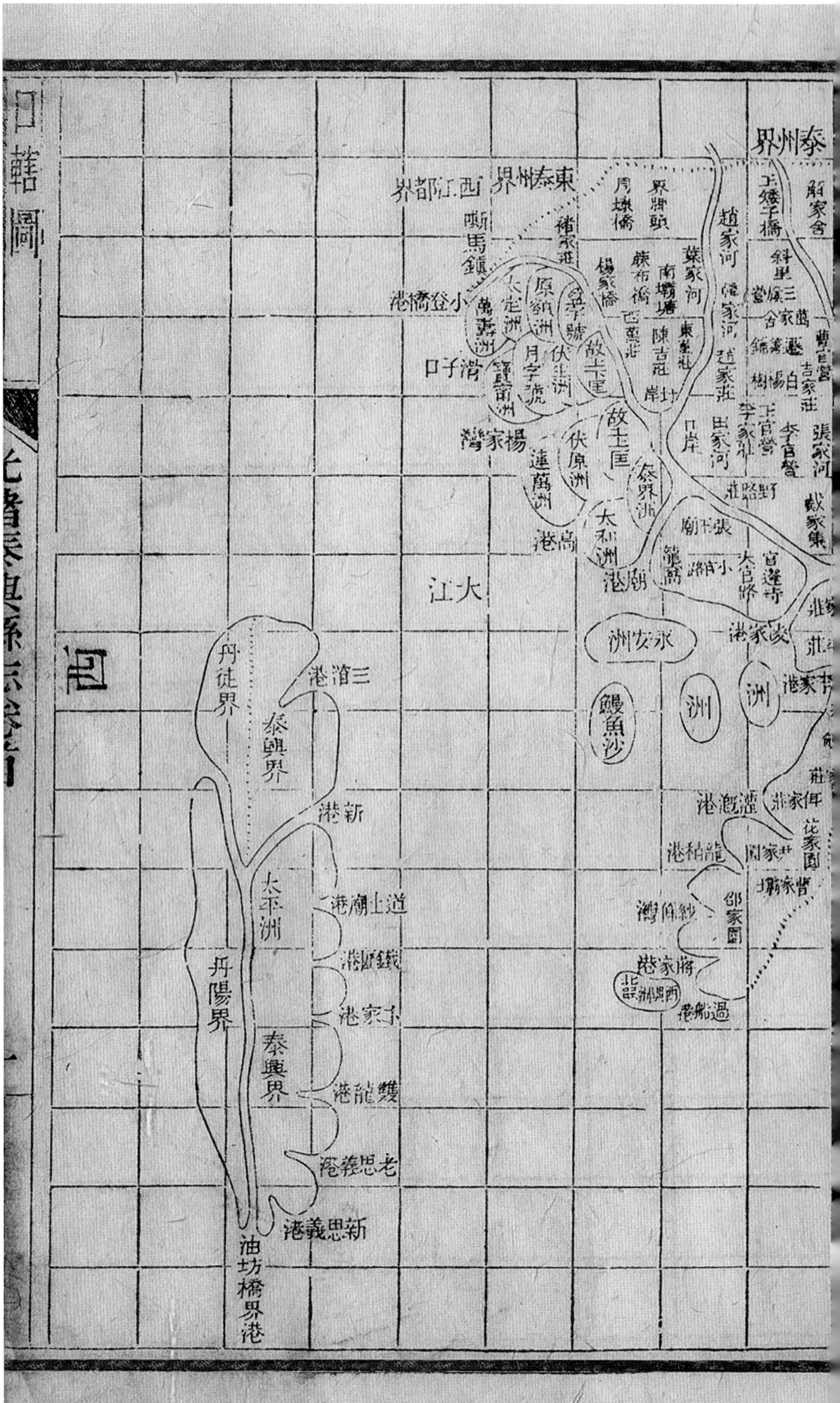
口轄圖
泰州界
東泰州界
西江都界
斷馬鎮
小登橋港
滑子口
楊家灣
高港
廟港
大江
永安洲
鰻魚沙
三涪港
丹徒界
泰興界
新港
太平洲
道士廟港
丹陽界
雙龍港
老思義港
新思義港
油坊橋界港
過船港
蔣家港
龍稍港
趙家河
張家河
戴家集
大官路
官逆寺
張王廟
故土圩
伏原洲
蓮萬洲
太和洲

清《光绪泰兴县志》口辖图

口轄圖

每方五里

東

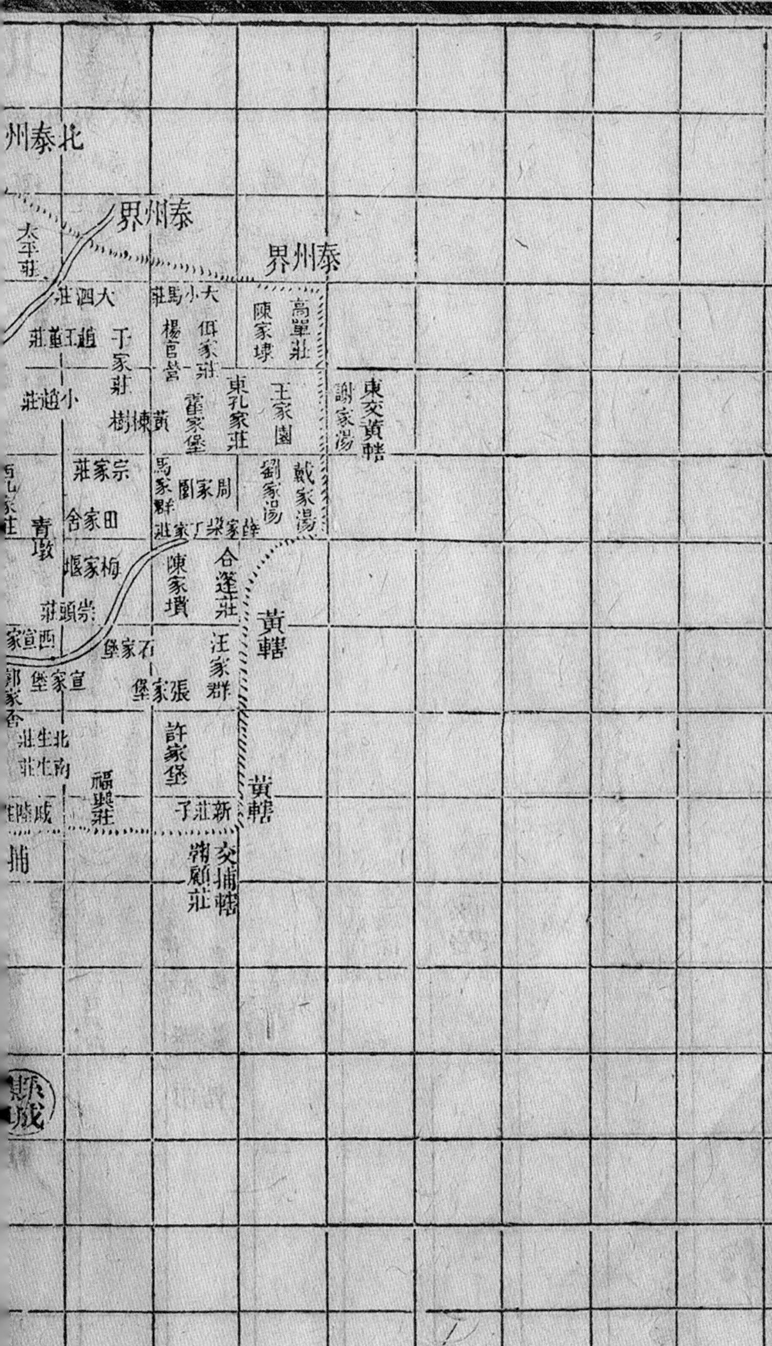
北泰州
泰州界
泰州界
太平莊
大泗莊
大小馬莊
高單莊
陳家埭
楊官營
佴家莊
丁家莊
東交黃轄
謝家湯
王家園
東孔家莊
霍家堡
黃楝樹
宗家莊
馬家莊
周家圍
劉家湯
戴家湯
田家舍
青墩
梅家堰
陳家墳
合蓬莊
崇頭莊
西宣家
石家堡
黃轄
汪家莊
宣家堡
張家堡
許家堡
北生莊
南生莊
福興莊
新莊子
黃轄
交捕轄
蔣顧莊
縣城

化学新材料产业园区（沿江街道）夜景（2019年摄）

沿江码头（2024年摄）

园区风貌(2024年摄)

大健康新材料产业集聚区（2024年摄）

中海油气（泰州）石化有限公司（2024年摄）

盛虹动能科技（泰州）有限公司（2024年摄）

扬子江药业集团江苏海慈生物药业有限公司（2024年摄）

江苏海阳锦纶新材料有限公司（2023年摄）

滨江公园（2023年摄）

泰州引江河高港枢纽（2024年摄）

“喜迎二十大　全民迎省运”长江健身跑活动（2022年摄）

沿江街道原创节目情景诗画《大江作证》（2023年摄）

大江放歌广场文艺演出沿江街道专场（2023年摄）

泰州市文化惠民券资助演出走进沿江街道（2023年摄）

目　录

滨江明珠（2021年摄）

滨江明珠　工业新城

江流滔滔，贾舶棋布；洲堤杨柳，风光旖旎；抗金故地，经济腾飞。这里是崛起的工业新城——沿江街道。

得天独厚的区位优势

境域内长江黄金岸线资源优越，所属江段万吨级海轮可自由靠泊。高港码头闻名遐迩，高港港素有“华东形胜，江澨名区”之美誉。1902年后，域内秀才高森甫在高港创设“洋棚”开展客运业务；1992年11月，高港港成为国家一类开放港口；“高港—扬中”长江汽车轮渡与523国道、沪蓉高速相连，是重要的交通通道；南官河、泰州引江河穿境而过，南官河为古代漕粮、食盐、木材运输通道，经过多次疏浚整治，宽阔畅通，与泰州里下河主河道相连，泰州引江河南端始于域内长江边，北与新老通扬运河相通。沿江高等级公路S506穿越而过，距京沪高速、阜溧高速、启扬高速、宁靖盐高速等入口仅约1.5千米。至泰州火车站仅40分钟车程，至上海浦东、上海虹桥、南京禄口等国际机场车程均在90至150分钟之间，距扬州泰州国际机场、常州奔牛机场车程均不超过60分钟。

化学新材料产业园区（沿江街道）全景（2024年摄）

底蕴深厚的历史文化

南唐烈祖昪元元年（937），海陵升格为州，划海陵南境五乡建泰兴县，县治设在济川镇（今沿江街道域内）。北宋乾德二年（964），济川镇坍于江中，泰兴县治移至柴墟（今沿江街道域内），并于柴墟四周垒土为城，形似龟，周九里，号为龟城。南宋建炎元年（1127），泰兴知县马尚就原址用土坯修筑县城。建炎四年，岳飞任通泰镇抚使，率兵抗金，驻扎柴墟。明弘治十四年（1501），泰兴县知县罗贤在域内建口岸察院。万历二十四年（1596），泰兴县知县陈继畴在口岸察院西建实塞仓。此处成为泰兴县政治、经济、军事要地。自元末至明清，口岸庙港（南官河）以西的故土洲、伏原洲、伏生洲、泰界洲、太和洲，被人们称为“西五洲”。域内坍涨退进，

呈拉锯之势，经过六百余年变迁，先辈耕耘劳作，这里物产丰富，景色秀美，成了百姓安居乐业的理想家园。

名副其实的鱼米之乡

明代洪武年间，大江南北邻县之人纷纷来到此处，在冲击形成的沙滩上围垦筑宅。一代一代沿江百姓靠勤劳的双手，将家园建设成鱼米之乡。域内靠长江水自然灌溉，稻谷颗粒饱满，大米软糯香甜；枇杷果大核少、皮薄汁甜；梨子品种多样，又大又甜；银杏颗粒硕大，品质优良。域内长江段一度盛产河豚、鲥鱼、刀鱼，“长江三鲜”名闻天下，还有鮰鱼、白条、鲇鱼、鳙鱼、江虾等特色江鲜。内河有鳝鱼、鳜鱼、青鱼、鳊鱼、鲢鱼等水产品。

别具特色的沿江风貌

沿江街道地处亚热带海洋性季风气候区，四季分明。春季桃红柳绿，百花盛开，美如锦缎；夏季蛙歌蝉唱，昆虫和鸣，乐章迷人；秋季叶红稻黄，硕果累累，绚丽多彩；冬季白雪皑皑，炊烟袅袅，静谧祥和。南眺长江，烟波缥缈，江鸥翱翔，万吨巨轮东来西往；北望引江河，碧波荡漾，船队穿梭不停，两岸树木苍翠，芳草萋萋。泰州引江河风景区是国家水利风景区，被评为国家AAA级旅游景区和江苏最美水地标。引江河工程纪念广场巨型雕塑，高大雄伟。南侧棋园，设计巧妙。岳飞抗金印象主题公园内，岳飞塑像气宇轩昂。樱花园内，樱花、雕塑相映成趣。三月潭水上乐园、落雁塘旧址等众多景点蕴含浓郁水文化特色。滨江生态公园，树木葱茏，河水清澈，景观桥形态各异，众多美景环绕着气势雄伟的古寿佛寺。赵泰支港生态湿地，以治理小流域水环境和水质达标为主要目标，开展生态涵养工程，成为辖区的“绿肺”。滨江公园，利用天然地形建成景观池塘、景观步道、滨水绿道、观江平台等设施，公园美景与蔚蓝的天空、奔腾的江水构成一幅巨型天然画卷。

日新月异的工业新城

凭借滨江临港优势，域内开发园区主导发展高端石化、新材料、新能源产业。1998年起，园区内基础设施和公用工程配套建设逐步齐全，中国海油、海螺水泥等世界500强企业投资项目以及多家行业龙头企业相继落户，主导产业集聚效应日益显现。中海油气（泰州）石化有限公司是当前全国唯一可以同时加工环烷基和石蜡基润滑油的特色炼油基地，江苏海阳锦纶新材料有限公司位列全国锦纶材料制造三甲，扬子江药业集团江苏海慈生物药业有限公司是目前国内唯一掌握枸橼他莫昔芬A晶型设备工艺的企业。园区2003年年底获评中国石油化学（泰州）开发园区；2018年至2020年，连续3年跻身中国化工园区30强；2019年，通过中国石油和化学工业联合会评审，获批智慧化工园区试点示范单位。2022年年底，名列世界500强、中国企业500强、中国民营制造业500强的盛虹控股集团有限公司总投资120亿元的新型储能电池及系统集成项目落户园区，泰州市光伏和锂电产业集群再添百亿级新成员。

江河交汇绘美景，勇立潮头谱新篇。沿江街道将紧扣“产业强市”使命要求，聚焦发展新质生产力，不断提升产业能级；强化“人民至上”理念，推进民生和社会保障事业，持续提升辖区人民群众的获得感和幸福感；落实“绿水青山就是金山银山”要求，加强生态环境保护，打造宜商宜居产业新城。未来的沿江，必将更加璀璨夺目。

第一篇　街道概览

沿江街道位于泰州市西南部，东傍古航道南官河，南濒浩瀚长江，西与扬州市江都区大桥镇毗邻，北至345国道并与口岸街道引江社区相接，拥有长江岸线4.99千米，地域总面积13.08平方千米。2010年成立之初，辖高港、滨江、杨湾、常福、故土5个社区和高港居委会。2020年9月，原滨江、常福、高港、故土、杨湾5个社区合并为一个大的涉农社区——滨江社区。2022年年底，户籍总户数4657户，总人口14573人。

历史沿革

汉武帝元狩六年（前117）始，域内属海陵（今泰州）县。后至五代南唐昇元元年（937），析海陵南五乡置泰兴县，县治设济川镇，域内为济川镇属地。北宋乾德二年（964）之后，济川镇坍入江中后，县治徙柴墟镇。明洪武年间，明太祖鼓励江南民众充实维扬，从江南各地迁徙至域内围垦造田定居者越来越多。明弘治十四年（1501），泰兴县在口岸镇西设口岸察院，院址就在域内。清雍正二年（1724），域内改属通州。清雍正十三年（1735），泰兴县分设四辖，以口岸巡检司所治之地域为“口辖”，域内是其属地，隶属扬州府。1912年，实现地方自治，域内属口岸乡。1933年，随泰兴县属泰州行政督察区。1934年，随泰兴县改属扬州行政督察区。1942年，域内原属泰兴县第七区的复原、双太、生宁、故土4个乡划入江都县杨桥区。1949年7月，复原、双太、生宁、故土4个乡复归口岸区。

中华人民共和国成立后，域内属临江区。1952年9月，口岸、龙窝、高港三地划归泰州市，临江区改为刁铺区，域内属刁铺区。1953年11月，口岸、龙窝、高港三地复归泰兴县，增设口岸区，南官河西复原、双太、生宁、故土4个乡属口岸区。1954

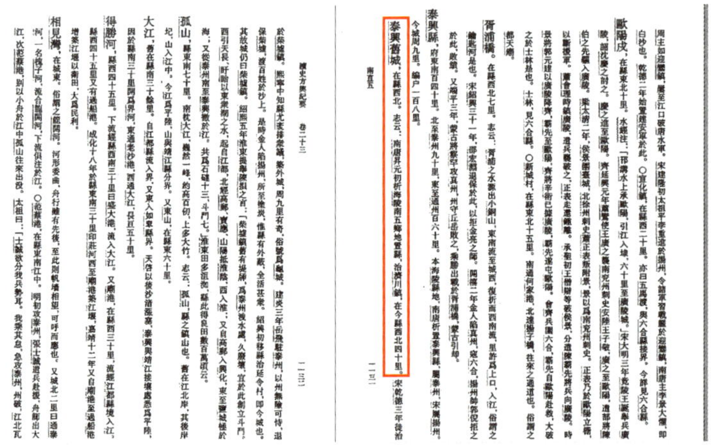
南直五

周主如迎鑾鎮，屢至江口破唐水軍。宋建隆初太祖平李重進於揚州，令諸軍習戰艦於迎鑾鎮，南唐主李景大懼，即白沙也。乾德二年始置建安軍於此。○宣化鎮，在縣西二十里。亦曰五馬渡，與六合縣接界。今詳見六合縣。

歐陽戍，在縣東北十里。水經注：「邗溝水上承歐陽，引江入埭，六十里至廣陵城。」宋大明三年竟陵王誕舉兵廣陵，詔沈慶之討之。慶之進至歐陽。齊延興元年，鎮軍使王廣之襲南兗州刺史安陸王子敬，廣之至歐陽，遣部將陳伯之先驅入廣陵。梁太清二年，侯景圍臺城，北徐州刺史蕭正表叛附景，景以爲南兗州刺史。正表乃於歐陽立柵，以斷援軍。蕭會理時鎮廣陵，遣兵襲破之，正表走還鍾離。承聖初王僧辯等破侯景，分遣陳霸先將兵向廣陵。時景將郭元建以廣陵降齊，霸先至歐陽，齊將辛術已據廣陵，霸先遂屯歐陽。會齊兵圍六合，霸先自歐陽赴救，大破之於士林是也。士林，見六合縣。○新城村，在縣東北十五里。南通何家港，北達揚子橋，往來之通道也。俗謂之都天廟。

胥浦橋。在縣西北七里。志云：胥浦之水源出小銅山，東南流至城西，復折而西南流，里許爲上口，入江，俗謂之輪匙河是也。宋紹興三十一年，邵宏淵退保於此，以拒金兵之師。開禧二年金人陷真州，寇六合，揚州帥郭倪拒之於此，敗績。又端平三年，蒙古將察罕攻真州，州守丘岳敗之，乘勝出戰於胥浦橋，蒙古引卻。

泰興縣，府東南百四十里。北至泰州九十里，東至通州百六十里。本海陵縣地，南唐析置泰興縣，屬泰州，宋屬揚州。今城周九里，編户一百八里。

泰興舊城，在縣西北。志云：南唐昇元初析海陵南五鄉地置縣，治濟川鎮，在今縣西北四十里。宋乾德三年徙治

一一三二

讀史方輿紀要　卷二十三

於柴墟鎮。熙寧中知縣尤袤擇柴墟，築外城，周九里有奇，俗號爲鹹城。建炎三年岳飛駐泰州，以州無險可恃，退保柴墟，渡百姓於沙上。是時金人陷揚州，所至慘炭，惟縣有外蔽，全活甚衆。紹興初移縣治延令村，即今城也。其故城仍曰柴墟鎮。紹熙五年淮東提舉陳損之言：「柴墟鎮舊有堤牐，爲泰州瀦水處，久廢壞，宜於此創立斗門，西引天長、盱眙以東衆湖之水，起自江都，北經高郵、寶應、山陽抵淮陰，西入淮；又自高郵入興化，東至鹽城極於海；又從泰州南至泰興徹於江。共爲石𥔲十三，斗門七。」淮東田多沮洳，緣此得良田數百萬頃云。

孤山，縣東南七十里。南枕大江，巍然一峰，約高百仞，上多大竹。志云：孤山，縣之鎮山也。舊在江北岸，其後岸圮，山入江中。今江爲平陸，山與靖江縣分界。又東山，在縣東六十里。

大江，舊在縣南三十餘里。自江都縣流入界，又東入如皋縣界。天啓以後沙渚漲塞，泰興與靖江接壤處悉爲平陸，因於縣南三十里開爲界河，東通老沙港，西通大江，袤亘五十里。

得勝河，縣西四十五里。下流經縣西南三十里曰盛大港，流入大江。又廟港，在縣西三十里，流經江都縣境入江。縣西四十五里又有過船港。成化十八年於縣東南三十里印莊河西至廟港築江堰，嘉靖十二年又自廟港至過船港增築江堰以衛田，大爲民利。

相見灣，在城東。俗謂之館閣河。河形委曲，舟行雖有先後，至此則帆檣相望，可呼而應也。又城北二里曰通泰河，一名槐子河，流合館閣河，下流俱注於江。○范蔡港，在縣東南江中。明初攻泰州，張士誠遣兵赴援，舟師出大江，次范蔡港，剔以小舟於江中孤山往來出沒。太祖曰：「士誠欲分我兵勢耳。」我乘其息，急攻泰州，州破，江北瓦

一一三三

清顾祖禹《读史方舆纪要》记载“南唐昇元初析海陵南五乡地置县，治济川镇，在今县西北四十里”。

年10月，复原乡被撤销，划入生宁、双太2个乡，域内故土、生宁、双太3个乡属刁铺区。为适应农业合作化形势发展的需要，1956年，生宁乡并入故土乡，域内为故土、双太2个乡（双太乡含原南官河西四十六圩、恒元圩等几个生产队）。至1957年10月，仍属刁铺区，乡村建制被农业合作社和生产队所替代。

1958年9月，口岸镇、刁铺乡、许庄乡、田河乡合并成立口岸人民公社，域内属口岸人民公社。因整治南官河、建节制闸和船闸，四十六圩、恒元圩等几个生产队与原河东的生产队合并成立二闸大队，属口岸镇。自此，生产大队和生产队体制形成。地域内分为故土、合乐、七圩、生宁、杨湾、复原、长圩、虹桥、双太、时仙、高港11个大队共105个生产队（含1961年下半年贯彻农村工作60条后由大划小增加的几个生产队）。1963年5月，泰兴县撤社建区，设13个区，域内有故土人民公社、生宁人民公社、复原人民公社、时仙人民公社，属口岸区。1969年11月，域内4个人民公社撤销后，建制仍为11个大队105个生产队。1974年，因口岸镇并入口岸人民公社，域内为11个大队107个生产队（含增加的高港大队一队、二队）和高港居委会。1983年，撤社建乡。1984年，撤乡建镇，域内11个大队改为行政村，建村居民委员会，生产队改为村民小组，107个村民小组和高港居委会属口岸镇。

1997年4月14日，域内随口岸镇划归泰州市海陵区管辖。8月20日，泰州市高港区成立，域内随口岸镇从海陵区划归高港区管辖。1998年12月，高港经济开发区滨江工业园区成立，辖域内11个行政村和1个居委会。2000年6月，高港经济开发区滨江工业园区及下辖南官河西故土、合乐、双复、长圩、生宁、杨湾、复原、双太、高港、时仙、虹桥11个村和高港居委会划归泰州经济开发区管理。

2001年4月，11个村合并为5个行政村，时仙、虹桥合并为滨江村；双太、高港合并为高港村；杨湾、生宁合并为杨湾村；故土、合乐、七圩合并为故土村；长圩、复原合并为常福村。仍设高港居委会。同年6月，设立泰州经济开发区管委会滨江办事处，此为沿江街道办事处前身。2010年6月，沿江街道成立，合并后的5个村改为5个社区，仍设高港居委会。2020年，5个社区合并为1个大的涉农社区——滨江社区。2021年6月，泰州医药高新技术产业开发区与泰州市高港区实施融合发展，沿江街道改由泰州医药高新技术产业开发区（泰州市高港区）管辖。至2022年年底，沿江街道设社区1个（滨江社区）。

圩田风貌

自然村居

元末明初，江湾内不断出现沙洲露出水面，逐渐成陆地。明洪武年间从江南徙民，充实维扬。人们来此筑堤岸挡住江潮，江堤高出水平面约8米，移民们在江堤之内筑圩造室居住。圩高出田地面约2米。像这样垦成的圩大大小小有100余个。先民在开垦的圩田上农耕，一代又一代，至今已有600余年。

明《万历泰兴县志》境域图（西部）已将今域内纳入版图。清《光绪泰兴县志》口辖图（西部）中，故土上匡、故土下匡、伏生洲、伏原洲、泰界洲、泰和洲、连万洲、杨家湾等清晰可见。形成的自然村落从江边起分五片。

1.杨湾片自然村落：钱家梨树园、六圩、九圩、将军庙、三圩（含竖三圩、横三圩、冯三圩）、陈吉墩、二十四圩、二圩、老坝、横三（生宁）、甲八圩。原住民姓氏有张、陈、周、徐、孙、栾、黄、何、钱、严、鞠、夏、韩、姜、冯、居、贾、奚、苏、范、梁、丁、聂、倪24个。

2.常福片自然村落：十四圩、十圩、长圩、上四圩、钱家湾、下四圩、郭家湾、五圩、八圩。原住民姓氏有黄、李、周、朱、顾、栾、包、鞠、钱、高、沈、郭、贾、奚、管、林、毛、季、丁、吉20个。

3.故土片自然村落：三圩、六圩、七圩、八圩、包家巷、严五圩、西七圩、十四圩、十七圩、念二圩。八字桥以东、北洋桥西的有念三圩（八桥组）、三十二圩、三十五圩、顾圩、袁竹、韩家湾、念七圩、东七圩、军圩。原住民的姓氏有韩、张、施、黄、严、丁、高、陈、吴、殷、曹、郭、袁、卢、栾、李、秦、孙、毛、包、裴、唐、印、赵、周、朱、薛、沈、吉、王、戴、耿、蔡、袁、顾、贾、苏、胡38个。

4.高港片自然村落：周家湾、吴家湾、朱家湾、九圩、十圩、十四圩、十三圩、常家老住宅（即原高港社区常胜组所在地）、念一圩、永长圩、老高港、孙家墩子、廿七圩。原住民姓氏有陈、孙、周、王、朱、严、李、徐、黄、戴、吴、顾、常、高、袁、栾、潘、姚、褚、包、华、耿、魏、樊、石、翟、邵、杜、杭、洪30个。

5.滨江片自然村落：曹家圩（建新组）、东老（六）圩、二圩、小二圩、九圩、小九圩、三圩、小三圩、念四圩、十三圩、包家圩（新圩）、大母子圩、小母子圩、十五圩、七圩、四十圩、李湾、恒元圩、四十六圩、五十四圩等圩，以及赵泰支港西的十二圩、二十圩、十六圩、十八圩。原住民的姓氏有李、黄、包、钱、周、顾、韩、潘、栾、褚、朱、贾、曹、徐、杨、陈、卢、施、夏、吴、王、戚、张、卞、季、严、郭、鞠、金、丁、于、汤、倪、田、蔡、高、戴、崔、刘39个。

先民垦滩筑圩，圩有东西、南北、长短和大小之分。长的圩，合作化后分为2至3个生产队。多的住有上百户人家，少的7至8户。先民们居住的圩上，有同一姓氏聚居一起的习惯，如故土合乐的顾圩、滨江时仙的包家圩、虹桥的曹家圩（建新）等都是因该姓氏居民入住最早且人丁多而得名。后来，各圩已不单纯是某一姓氏，基本上都是杂姓。杨湾的三圩，一个圩上就有原住户孙、钱、徐、居、倪、冯、聂、刘、吴、何、栾、丁、张、沈14个姓。不管圩的大小或长短，各圩的两侧皆有河沟，将开挖河沟时的土堆积平整后形成圩。大圩垦殖的良田300至500亩，中等的200至300亩，小的不足100亩。

各圩两侧的河沟与南官河、赵泰支港、北固江相通。圩头都有杉木涵洞，使圩内水系与圩外的港相连，控制进出水。因此，内河水位与长江潮汐相连，多系活水河沟。夏天圩田需水，可利用大潮时进水自流灌溉，江中水位低时排放圩内河沟积水。遇到暴雨成灾的年份，在圩头的涵洞塘口支起水车，人工车水排涝，日夜不歇。

明初，已形成的沃野绿洲、港河交叉，吸引大江南北先民们来此定居。在开垦成型的农田里，人们夏栽青秧和芋苗，秋播麦豆和油菜，“秧分新绿粼粼水，麦绽微黄淡淡风”，人们在江堤的两旁、圩的河沟岸边栽植柳树和桃树，在居住的屋后栽竹。经几代人的努力，域内大多数村民建造的房屋采用杉木梁条、椽木，屋面盖上整齐的麦草，冬暖夏凉。

清代，域内已成名副其实的鱼米之乡。民国年间，村民经济状况较好的不再建草屋，而是改建包皮子的瓦房（即外面是砖块，里层是土墼，墙砌好后在内墙上涂上泥巴再刷石灰水），为防火灾会在屋顶盖上薄薄的瓦片。青砖青瓦的高堂大屋，成为殷实人家的象征。因住房少，几代同堂的现象比较普遍。中华人民共和国成立后，随着经济条件的好转，新房逐渐增多。20世纪60至70年代，居民建房已基本上是水泥梁条的砖瓦房，草房逐渐消失。20世纪80年代，青砖青瓦或红砖红瓦、七架八砌、杉木结构的大瓦房比比皆是。20世纪90年代，农家小楼成为绝大多数居民的建房“标配”。

阡陌交错的小路旁是平平整整的圩田，春天麦苗绿浪翻滚，桃红柳绿，在河沟里栽菱藕，放养鱼苗。清代本土诗人戚承训的《洲堤杨柳》一诗赞道：“重重叠叠柳成林，远岸微茫气郁森。”戚珍的《芦岸桃花》赞道：“无情最是前溪水，流出芳园几片花。”仲夏绿中透红的桃子、橙黄色的枇杷挂满枝头，粉红色的荷花在碧绿的荷叶丛中亭亭玉立。秋天打银杏（即白果），划着木盆采红菱，水稻田里捉螃蟹。秋末冬初鱼肥虾壮，螃蟹结队爬行（过蟹阵）。天气晴朗之时，江堤两边、圩港岸旁、河坎上牛羊悠闲地吃草。隆冬季节大雪纷飞时，整个西洲白雪皑皑，零下10摄氏度是常态，河沟结着厚厚的冰，连日不开，孩子们在冰上嬉戏，解冻后捞鱼过大年。圩田地区最热闹的是夏秋两季麦稻收割的时候，田野上挑麦稻把子的号子声、打谷场上掼打稻麦的“噼噼啪啪”声，组成气氛热烈的交响乐。20世纪60至70年代，各大队电灌站建成后电力排灌旱涝保收，经过大规模的平田整地，田垄一律改为南北向，粮食产量逐年提高。进入20世纪90年代，耕作、收割、脱粒全面实现机械化，靠人赶牛耕地的吆喝声已留在人们的记忆中。

经过十几代人的经营，域内颇具“小桥流水人家”的江南特色。旧时的西洲桥多、庙多、私塾多。桥有北洋桥、太平桥、八字桥、高岸桥、赵家桥、张岸桥、江泰桥、包家桥、陈氏桥、虹桥、老鸦桥等。庙有东岳庙、寿佛寺、将军庙、草关庙（永胜寺）、时仙庙、了愿庙（鸟月庙）、大庙、报国寺、天如寺、火星庙、龙王庙。庙宇粉墙黛瓦，香烟袅绕，晨钟暮鼓、诵经拜佛、木鱼之声不绝于耳。中华人民共和国成立前夕，域内分布大小私塾十几所，并有公办小学一所。

中华人民共和国成立后，村民成为这片土地的主人。1982年，域内推行家庭联产承包责任制，解放了农村生产力，村民逐步过上小康生活。自2000年始，因园区发展需要，社区原住民陆续拆迁离开故土，昔日的圩田风貌已成为难以磨灭的记忆、永恒的乡愁。

社区简况

1997年高港区成立时，域内有11个村和1个居委会。2001年1月，时仙、虹桥合并为滨江村，高港、双太合并为高港村，杨湾、生宁合并为杨湾村，长圩、复原合并为常福村，七圩、合乐、故土合并为故土村。2010年6月，沿江街道成立后，上述5个村改为5个社区。2020年9月，域内5个社区合并为滨江社区1个涉农社区。社区辖107个自然组，居民总户数4657户、人口14573人，中共党员491人。

2021年1月，滨江社区选举产生第一届社区党委和居委会。滨江社区集体经济收入220万元。2022年，滨江社区集体经济收入达到506.52万元。是年，完成产权制度改革，确认农村集体经济组织成员数15130人，经营性资产7717.5万元，总股数78818个，村民个人股54473股，生成股份证书4429份。

附：2020年合并前的5个社区简况

滨江社区　东濒南官河，南、西与高港社区交界，西北与杨湾社区相连，北与故土社区毗邻。域内水系畅通，有赵泰支港老港道、六圩南港（又称虹桥港）、北港（又称太平港），建有八字桥、虹桥、二十圩桥、福星桥、北洋桥（又称建新桥）等桥梁。20世纪60年代末至70年代初，在时仙村四十圩、三圩和虹桥村十六圩南侧、建新东北角，各建电灌站1座。至2017年，约85%的耕地被征用，居民拆迁进城，自然村落消失。2020年合并前，有耕地45.7公顷，辖21个居民小组，总户数811户，户籍人口2820人，中共党员69人。企业有水泥预制厂、弹簧厂、织带厂、化纤厂、钢材交易市场等。

高港社区　南至泰州港高港作业区，西濒长江，东邻滨江社区，北与常福、杨湾2个社区接壤。水陆交通便捷，旧有横贯东西的老港道通长江，建有双太桥、接福桥、老鸦桥、陈祠桥、赵泰支港中桥、南官河大桥等桥梁。20世纪60年代末至70年代初，建永长圩电灌站、周湾西侧电灌站各1座。村办企业有预制厂、制药机械厂、针织厂、橡胶厂等。至2017年，居民全部拆迁，自然村落消失。2020年社区合并前，有耕地1006.7公顷，辖22个居民小组，总户数781户，户籍人口3113人，中共党员52人。

杨湾社区　因江边杨家湾而得名，西濒长江，北与扬州市江都区大桥镇毗邻，南与高港社区相连，东与常福社区、故土社区邻近。有新杨湾港、老杨湾港、生宁港、引江河等水系。杨湾闸旁、母子圩各建有电灌站1座。村队办企业较早，1963年办红木工具厂，1967年后办柳条编织厂、服装厂、体育器材厂等。至2019年，自然村落随居民拆迁而消失。2020年社区合并前，有耕地21.95公顷，辖18个村民小组，总户数563户，户籍人口1954人，中共党员51人。

常福社区　位于街道中部，西邻杨湾社区，东、北与故土社区相连，南与滨江社区、高港社区毗邻。域内有赵泰支港、长圩港。20世纪70年代初建长圩电灌站1座。社队办企业有塑料厂、木梳厂、针织厂。2012年集体经济收入138万元。至2017年，自然村落随着居民拆迁而消失。2020年社区合并前，辖17个村民小组，有耕地46.67公顷，总户数616户，户籍人口2259人，中共党员43人。

故土社区　位于沿江街道东北境，北与口岸街道引江社区相连；东傍南官河，东南与滨江社区隔港（虹桥港、赵泰支港）相望，西南与常福社区、杨湾社区接壤。域内水系河沟港汊相通，与南官河、赵泰支港相连。有六圩南电灌站、八字桥电灌站、七圩南电灌站、严五圩北港电灌站4座。域内社（队）企业起步早，曾有油石砂轮厂、木箱厂、橡胶织带厂、蚕桑场、手套厂等。至2017年，自然村落随居民拆迁而消失。2020年社区合并前，有耕地74.7公顷，辖29个村民小组，总户数1006户，户籍人口3843人，中共党员96人。

自然环境

地质地貌

公元前6000年左右，海陵古陆开始形成。长江出海口在镇江、扬州之间。古海陵（今泰州），北为淮，南为江，东为海。受长江持续挟带泥沙冲积的影响，陆地逐渐向南延伸，长江口也逐渐下移。域内冲积物持续聚集成陆，史称老岸地区。全境位于南官河西，系长江冲积成的沙洲，按地貌特征分为江边滩地、沿江平原两部分。

江边滩地　主要分布在江岸线附近的狭长地带之内。西起杨湾与江都交界处，东南至南官河入江口西侧。这是江堤外的一片江滩，又称河漫滩。

沿江平原　主要指江堤内侧区域，地面高程一般为2至3.5米，地势总体平坦，北高南低，排水均入长江。

河流

域内河流属长江水系，1999年泰州引江河工程建成后，通过泰州引江河和南官河向北沟通淮河水系。

外江　系长江过境段，江岸西起泰州港杨湾港区与江都区大桥镇临江村下尾交界处，东至南官河入江口，是由A级航段进入B级航段的转换地段。江面宽4至5千米，枯水航道-12米的深槽，宽1000米以上，水流平稳，波浪小，最大波浪不大于0.5米，内河船只可以过江。潮汐落差不大，最高落差在2.2至2.5米之间，对装卸货物无影响。域内江岸线长4.99千米，江岸移定，1955年后变化不大。

内河　域内有内河2条，水位均受长江潮汐影响。

南官河　古称济川河，又称庙港，自明代起就是漕盐运输的重要水道，是苏北地区客货出江入海的重要通道，也是沿线农田排灌的重要干河。南起入江口，向北流经刁铺、寺巷，直抵泰州南门，与通扬运河相沟通，在域内长4千米。1956年实施整治前，南官河由龙窝口入江，后废除今坝口以南老航道，截弯取直进入长江。1958年，在新开的河道上（距入长江口1千米处）建有船闸、节制闸各1座。

泰州引江河　南起杨湾入江口，北入泰州海陵区新通扬运河，全长24千米，域内长4千米（含流经口岸街道引江社区段）。1995年11月25日试挖段正式开工，1999年9月28日主体工程竣工。1998年12月28日，泰州引江河正式通水，泰州引江河枢纽船闸正式通航。泰州引江河是国家南水北调东线重要水利工程。

除上述主要河流之外，域内还有若干河港：送水河，系泰州引江河的配套河，西连泰州引江河，东与南官河相通，有水闸调控送水流量；赵泰支港，北自刁铺街道西南角的赵家庄赵家桥，向西流经原故土包家巷，拐向南经原故土、七圩、长圩、合乐、虹桥、时仙、双太、高港8个村，从龙王庙西侧注入长江，是贯穿

送水河（2024年摄）

域内的重要水系；太平港，又称虹桥港，东连南官河、西接赵泰支港；时虹港，位于赵泰支港东侧，从西星街北侧入南官河，向西沿老港道截弯取直而成，老河道与至时仙三圩北头和虹桥六圩段新开挖的中沟相连通，向西入赵泰支港；复原港，位于赵泰支港西，介于虹桥与双太、复原搭界处，东入赵泰支港，西通杨湾港；生宁港（又称复生港），位于赵泰支港西侧，按老港道取直拓宽加深，西起原生宁二圩南，东至虹桥二十圩北头，入赵泰支港；长圩港，与赵泰支港和杨湾港相通；七圩中沟、双太十三圩南港都与赵泰支港相通。

气候

气温 域内属亚热带季风性气候，常年最冷月份是1月，平均气温2.1℃。1959年至2022年，年平均气温15.6℃；高于35℃（高温）年平均天数7.7天。最暖年份为2007年，年平均气温16.9℃。最冷年份是1980年，年平均气温14℃。2022年，全年平均气温16.8℃，比常年偏高。

地温 1959年至2022年，通常地表温度年平均为17.1℃。其中，1月平均2.9℃，4月平均19.4℃，7月平均30.4℃，10月平均18.8℃。地表温度夏季增温、冬季降温都比地下变化快。

降水 1959年至2022年，年平均雨日114.5天，降水量1020.9毫米。雨水主要集中在夏季，占全年降水量的46.6%。日最大降水量极值169.4毫米，降水较少的有1月、2月、12月，降水量106.9毫米，占全年降水总量的10%。1970年7月27日，日最大降水量数值为169.4毫米。是年8月21日至9月2日，连续阴雨天数达40天，总降水量401.9毫米。2022年，降水量1045.6毫米。

风 域内属亚热带季风性气候区，春、夏多东南风、东风，秋季多东北风、东风，冬季多东风、西北风、东北风。季风气候明显。1959年至2022年，年平均风速每秒3.1米，最大风速大多在每秒14米以上，其中，西北风最大风速每秒17米，北风最大风速每秒20米。

霜　域内初霜日一般在11月初，最晚为12月11日。终霜日一般在3月29日前后；最早为2月24日，出现在2002年；最晚为4月18日，出现在1961年。1959年至2022年，年平均霜期139.5天。

雪　每年初降雪日一般在12月中旬。终雪日一般在3月上旬。1959年至2022年，全年平均降雪天数8.5天，积雪期主要在1至2月，最大积雪深度为30厘米。

湿度　1959年至2022年，年平均相对湿度为79%。相对湿度较小的月份是1月、2月、3月、12月，为75%至76%；相对湿度较大的月份是7至9月，为82%至85%。

日照　全年日照时间约为4000小时。受云量影响，实际年平均时数为2155.9小时，占可照时数的53.9%。各月日照时数以8月最多，平均为228.7小时；2月最少，平均为146.3小时。

蒸发　1959年至2022年，域内年平均蒸发量为1399.2毫米，最多为1978年的1718.4毫米；最小为1985年的1091毫米。月最大蒸发量在7月，平均为182.7毫米；最小蒸发量在1月，平均为45.6毫米。

潮汐水位

域内长江潮每日涨落各2次。正常情况下，次日高低潮时间比前日迟45分钟，但遇风向、风力、上游来水量变化时，时间会提前或推后。农历每月初五至十一日、二十至二十五日为小潮日。十一、二十三日为换潮日，比往日少一个高潮或一个低潮，潮水位在全月最低，有“十一、廿三，潮不上滩”之说。初二至初五和十五至二十日，潮水位全月最高，称为月头潮和月半潮。

自然资源

域内拥有长江岸线资源4.99千米，全境水面广阔，江、河、港、塘中盛产鱼、虾、鳝、蟹、蚌、龟、鳖、螺等。

地下水　域内属长江古河床沉积，其沉积物颗粒粗，以中砂、含砾粗砂为主。第四纪经历3次大的海侵海退旋回，形成一套海陆交替的砂—黏土沉积韵律层，发育有5个含水层（组），含水砂层最厚达147米，渗透性好，补给充沛、富水性强。

土壤　域内土壤母质土系长江冲积物。沿江地区成土母质较黏，土质质地松紧度、有机质含量等基本均衡，适宜于稻麦两熟。因长期种植水稻，自然土壤逐步变成水稻耕作土壤。

自然灾害

坍江　因南枕长江，坍江成为域内最大自然灾害。始于宋初的大坍江使江岸线内徙15里许，成大喇叭形的江湾与嘶马镇隔江18里相望。历经350余年，至元末明初，江面出现沙洲，逐渐连成一体而成陆。几百年来，江边坍塌这一自然灾害已成常态。《光绪泰兴县志》县境全图中标注的宝宁洲、连万洲于民国年间至中华人民共和国成立之初，又相继坍入江中。1969年5月，杨湾坍江严重，六九圩、十三圩等生产队36户、154人离开故乡迁往政府安置的双新大队三圩港。是年9月13日，杨湾坍江愈加严重，六九圩等4个生产队耕地全部坍入江中。1995年7月11日10时5分，高港村永长圩段发生坍塌，坍长150米，坍宽70至75米，坍至江堤堤脚，坍深12至15米。是日晚7时45分，杨湾二十四圩段发生坍塌，坍长70米，坍宽4米，距主江堤60米。1996年9月14日15时40分至24时，高港村12组江堤段发生坍塌，坍长200米，坍宽160米，弧长380米，坍深达5米，等深线坍进124米，坍去滩地40余亩。2000年完成江堤建设达标工程后，不再有坍江现象发生。

旱灾　域内旱灾多出现在7月下旬至8月。1978年，出现历史上罕见的大旱，5至9月降水量为常年的22%。20世纪80年代后，域内兴修水利，灌溉条件大为改善，干旱危害比过去大大降低。

水灾　旧时，域内因地处沿江地区，总体地势较低，经常受水灾影响。1954年5月18日至8月底，降雨935.5毫米，田间积水1米以上，沟田连成一体，为1931年以来历史上罕见的大水灾。此后，在人民政府的领导下，筑堤防洪、兴建闸涵、电灌站，排水条件得到改善，虽有暴雨、潮汐发生，造成的灾害大大降低。1991年，梅雨期出现持续大暴雨，形成百年未遇的特大洪涝灾害。1992年至2022年，未出现大的洪涝灾害。

风灾　1980年6月28日，高港码头5吨重40米高的桥式吊车遭龙卷风袭击倾倒，损失46万余元。1996年7月15日，龙卷风自高港村登陆并向东北方向肆虐，造成损失。

雹灾与冻害　雹灾常在4至6月发生。冰雹出现时，常伴有狂风、暴雨，轻则折伤禾苗，重则毁屋伤人畜。1953年至2022年，出现寒潮和冻害24次。

人口

人口总量

2000年6月，南官河西11个村和1个居委会总人口14800人。2022年年底，沿江街道户籍总户数4657户，总人口14573人。人口密度每平方千米1114.14人。

民族

域内一直以汉族为主，20世纪90年代有回族1人。2022年年底，域内有少数民族22人，分别为：回族6人、壮族10人、满族1人、瑶族2人、黎族3人。

性别职业

2022年年底，域内男性人口7084人，女性人口7489人，男女性别比为1∶1.057。从业人口7665人，第一产业从业人口占11.3%，第二产业从业人口占54.1%，第三产业从业人口占34.6%。

年龄

2022年年底，域内0至17岁人口1980人，18至34岁人口2321人，35至59岁人口6191人，60岁以上人口4081人，分别占总人口比例为13.6%、16%、42.4%、28%。90至99岁老人88人，100岁以上老人3人，其中，男性1人（贾德炎）、女性2人（郭秀英、刘美芳）。

2022年沿江街道90周岁以上老人分布一览表

表1

原村居名称	名　单
常福村	贾德炎、郭秀英（女）、何素兰（女）、常素珍（女）、丁瑞芳（女）、钱跃卿、马玉琴（女）、刘亚明（女）、王秀华（女）、周月红（女）、郭寿成、孙雪英、高秀华（女）、黄玉年、袁凤英（女）

续表

原村居名称	名 单
杨湾村	梁慧珠(女)、丁宝玉、杨桂兰(女)、张政祥、沈翠华(女)、肖桂兰(女)、李素珍(女)、奚文章
高港村	乔翠萍(女)、耿玉兰(女)、黄素珍(女)、蔡贞德、樊兴华、樊秀兰(女)、黄秀英(女)、申风英(女)、许恒福、周祥元、徐玉珍(女)、韩秀英(女)、严素兰(女)、石德生、高凤兰(女)、韩淑庭(女)、包淑芳(女)、朱元高、张伍珍(女)、包桂芳(女)、封秀华(女)、李秀兰(女)、李金女(女)
故土村	刘美芳(女)、孙建秋(女)、潘淑贤(女)、薛翠娥(女)、卢金荣、薛礼华(女)、韩文英(女)、施玉兰(女)、殷大元、陈秀英(女)、包桂英(女)、梁宝华、丁琴芳(女)、韩裕霞、韩秀芳(女)、张玉芳(女)、施秀华(女)、严盛荣、赵秀兰(女)、朱福海、陆翠兰(女)、杲雨花(女)、李桂兰(女)、凡秀华(女)、赵长春、杨春红(女)
滨江村	常秀华(女)、陈月美(女)、吴秀英(女)、韩秀华(女)、陈小兰(女)、蔡桂英(女)、胥秀芳(女)、李凤英(女)、徐约文、周玉芳(女)、朱明生、顾兴林、夏荣寿、周永岭、包明生、徐月红(女)、沈桂兰(女)、吉秀兰(女)、黄素珍(女)

家庭

中华人民共和国成立前，域内家庭一般为6至7人，且数代同堂。成人寿命60岁左右。因医疗条件限制，生育率虽高，但成活率不高。中华人民共和国成立后，民众生活和医疗条件稳步提高，家庭人口增长较快。1975年后，实施计划生育基本国策，一般家庭人口由5人逐步减少为3至5人。2022年，域内总户数4434户，平均每个家庭人口3.51人，户均人口呈下降趋势。

姓氏

2022年，域内姓氏有李、陈、王、周、朱、施、贾、韩、杨、高、顾、孙、包、黄、褚、张、潘、卞、吴、钱、曹、徐、郭、蔡、汤、田、戚、余、丁、严、于、倪、芦、崔、金、戴、鞠、季、常、袁、姚、华、魏、歌、樊、石、翟、杜、杭、邵、何、夏、姜、冯、居、奚、范、梁、苏、聂、沈、管、刘、毛、殷、赵、秦、印、裴、唐、陆、时、胥、杲、申、凡、乔、萧、封等，共221个。500人以上的姓氏有周、陈、奚、黄、朱、李、张、王、孙。300人至500人(含)的姓氏有韩、包、徐、贾、栾。200人至300人(含)的姓氏有高、杨、顾、殷、严、刘、蔡、常。100人至200人(含)的姓氏有戴、丁、吴、郭、潘、耿、冯、钱、梁、姚、鞠、沈、樊、赵、曹、季。100人以下的姓氏有183个，其中50个姓氏每个仅有1人。

经济发展

经济综情

民国及以前，域内经济以农业为主，有粮食加工、榨油、酿酒、纺织等手工业。高港开埠通商后，工商业有所发展。20世纪60年代中期，社队工业起步，70年代发展较快，各生产大队都有自己的企业。80年代，域内乡镇工业异军突起，出现一批明星企业，如口岸玉器厂、口岸砖瓦厂、复原红木工具厂等。1996年起，注重巩固第一产业，培大育强第二产业，努力发展第三产业。2000年6月行政隶属调整后，域内经济进入跨越式发展新阶段。2022年，沿江街道实现地区生产总值87.97亿元，比上年增长13.84%。其中，第一产业增加240万元、第二产业增加73.31亿元、第三产业增加值14.64亿元。

第一产业

域内地处气候温和的长江三角洲冲积平原，农业资源丰饶。历来以种植业为主，农、林、牧、副、渔兼营。一年稻麦两熟，元麦与秧草、蚕豆混种，粮食亩产250千克左右。秋季作物除水稻外，还栽芋头、慈姑，利用地势较高的田地、港岸、河坎等旱地种植高粱、大豆、山芋、粟子等小杂粮和棉花、苎麻等经济作物。

中华人民共和国成立后，经过土地改革、农业合作化运动，兴修水利整治河道、港汊，建造涵闸，排灌系统更加完善。1956年，农业合作化后，在品种、耕作、栽培、防治病虫害等方面开始推行先进的农业生产技术，逐步实现从传统农业向科学种田转变。20世纪60年代末电灌站建成后，改变了人工车水灌溉和排涝的历史，从此，域内基本上实现旱涝保收。1970年至1982年，一度推行三熟制（后恢复稻麦两熟），扩大水稻种植面积，增种双季稻，推广杂交稻，并逐步恢复种植粳稻新品种。1979年起，域内逐步推行家庭联产承包责任制，1984年确立“统分结合，户为基础”的双层经营体制，同时向承包户发放土地承包使用权证书。各社队全面实现耕作机械化，面朝黄土背朝天扒地、碎土的时代一去不返。加上国家重视对农作物种子的培育，实施科学种田，稻麦亩产实现翻番。2004年，在土地使用权长期不变的基础上出现种田大户，村民土地可以流转。2012年，小麦平均亩产400千克以上，水稻平均亩产500千克以上。随着园区的快速发展，域内耕地逐步被征用。2022年，实现第一产业增加值240万元。

副业　域内传统副业为家庭畜禽业，猪、羊、鸡、鸭、鹅是主要的副业收入来源。20世纪80年代，出现过养猪、养鸡专业户，合乐村村民万如兰是远近闻名的养鸡专业户。社员除经营家庭禽畜业外，还利用河沟坎边水面栽蒿瓜（茭白）、红菱。还有的利用江滩堤岸、河渠旁栽植柳条，编制柳筐、柳篮、柳帽等手工艺品出售。1968年至1992年，生宁、杨湾两村先后开办过柳器编织厂，一度生意红火，产品远销欧美等地，既为村集体增加收入，又为国家争得外汇。还有不少人家利用自家的竹子编成箩筐、淘米篓、竹篮、畚箕、竹席、竹匾、连枷、晒垫、筛子等生活生产用品出售，以增加收入。

果树竹木　域内历来有在家前屋后栽树种竹的传统。除常见的柞树、榆树、杨树、槐树、香椿、泡桐、水杉等树种外，枇杷、桃、梨、杏、柿、枣、银杏等果树更受村民喜爱。其中，杨湾、老坝的枇杷品种好、个头大、入口甜，闻名于扬泰地区，大量销往江南。杨湾、虹桥、双太等地的京梨、花梨、木呆子等品种的梨在周边较有名气。大多数人家都有大小不等的竹园，种植篾竹、牙竹、围竹、燕竹等品种，竹园面积大小不等，小的有几厘田，大的达1亩以上。

渔业　域内多港、河、塘、沟，沿岸村民充分利用这一得天独厚的自然环境优势开展鱼类养殖，主要鱼种包括鲢鱼、鳊鱼、青鱼、鳙鱼、花鱼（鲤鱼）等。此外，部分村民掌握捕鱼技能，尤以虹桥的村民为多，除在江中捕鱼外，还通过在河道中安装攀罾、撒丝网等方式捕捞野生的白条、黑鱼、蟹、鳜鱼、龟、鳖、虾等。农业合作化时，虹桥成立农一、农二农渔初级合作社。

养蚕业　域内有栽桑养蚕的传统。中华人民共和国成立后，推行蚕种改良，鼓励农户养蚕，重视推广栽培湖桑。1956年前以户养为主，农业合作社后以生产队集中饲养为主、户养为辅。1965年，故土小公社在南官河西岸栽植湖桑，在合乐港边建养蚕场，盖养蚕房20余间，有职工十余人，养蚕张数多，在口岸颇有名气，一度被树为典型进行推广。

第二产业

工业　明、清至民国年间，域内只有

工业园区一角（2024年摄）

传统手工业作坊，如油坊、糟坊、磨坊、碾坊，有个体传统手艺人。中华人民共和国成立后，政府鼓励、扶持私营和个体手工业恢复生产。域内先后兴办米厂、义森泰锅厂。1958年，铁木业生产合作社迁址西星街，改名为农具厂。1963年，杨湾人孙少兰办红木工具厂，1966年，该厂成为复原公社社办厂。1968年后，域内相继办综合厂、砖瓦厂、织带厂、玉器厂。20世纪70年代，大队办企业迅速发展，主要产品包括五金、砂轮、弹簧、木箱、织带、水泥预制、梳篦、服装等。1972年，复原工具厂升格为口岸公社社办企业。1980年前后，域内户办、联户办企业迅速发展，所有制结构发生显著变化。1990年，域内有县属企业7家。2000年6月划归泰州经济开发区时，域内有村队、个体企业31家。自2000年开始，中海油气（泰州）石化有限公司、泰州杨湾海螺水泥有限公司、扬子江药业集团江苏海慈生物药业有限公司、江苏海阳锦纶新材料有限公司、泰州金泰环保热电有限公司等大批企业陆续落户域内。2012年，实现规模以上工业总产值150亿元、规模以上工业增加值36.5亿元，工业开票销售135亿元。2022年，完成规模以上工业总产值417.5亿元，同比增长43.27%。完成工业投资50.74亿元，工业入库税收47.26亿元，同比增长63.98%。

建筑业　域内多木瓦匠、盖屋匠（盖草房屋顶）。中华人民共和国成立前后，基本以个人为主体承接民用建筑或维修，包括砌锅灶、打家具等。20世纪中期，域内部分木瓦工加入口岸组建的建筑业合作社。1966年，口岸公社成立建筑站。70年代，社队建筑业迅速发展。20世纪80年代，外出务工增多，南京第二建筑工程公司负责人冯亚民为家乡争得50名合同制工人指标，最终由口岸镇建筑工程公司与南京第二建筑工程公司签订劳务输出合同，为劳力输出开辟新的渠道。域内建筑工人相继到江西、湖北武汉、黑龙江大庆等地承揽工程，工作内容已从传统的木工、瓦工拓展至扎钢筋、钉木壳子板、搭脚手架扣件工、水泥搅拌、卷扬机操作、水电安装、装潢吊顶等。1983年，高港村成立建筑工程队，主要从事水利工程建设，1985年承包江边护坡、挡路墙工程，1997年承建高港龙王庙石驳、护坡及南京栖霞山铁路局、口岸无纺布厂锅炉基层建筑等工程，每年创产值近100万元。2022年，沿江街道有建筑企业4家，从业人员657人，完成建筑业总产值4.83亿元。

第三产业

清同治年间（1862—1874），由于坍江严重，湖北大冶木商从江都三江营转至龙窝口营业，口岸成为木材集散地，服务业也随之繁荣，域内的西星街粮食行、棉布店、南北杂货店、药店、烧饼店等生意兴隆。乡村中仅在杨湾码头、江泰桥一带分布有私营杂货店、烧饼店、铁匠铺。中华人民共和国成立之初，服务行业皆为私人经营。1953年年底，因木材、粮食等实行统购统销，木商歇业转行，粮行关闭。1956年，所有商户接受工商业、手工业的社会主义改造，实行公私合营，加入商业合作社。此后，由供销合作社在农村设下伸点，供应村民食盐、酱油、火柴等日用必需品。1969年以后，各大队建电灌站，大多数电灌站都设有粮食加工点。党的十一届三中全会后，农村下伸点逐步撤销，个体经营的各类小商店遍布各村居要道。部分电灌站粮食加工业务改为个人承包，私人经营的粮食加工厂开始出现。虹桥村在20世纪90年代建废品钢材购销市场，后发展成现在的苏中钢材交易中心。2011年年底，沿江街道有商业网点389个，从业人员近2000人，社会消费品零售额16.5亿元，城乡集市贸易成交额7.3亿元，域内3家银行分支机构存款余额15.6亿元、贷款余额18.2亿元。2022年，域内服务业单位主要包括贸易、运输等企业以及分布在腾龙御园小区一期、二期门面用房的酒店、超市、快递收发点等服务业网点，域内完成限额以上批发业商品销售额6.09亿元。

世纪缘国际酒店（2024年摄）

社会事业

教育

明、清时期，域内教育以私塾为主。民国初年，乡贤栾启元在了愿庙（鸟月庙）创办初等小学（1至4年级，简称初小班），有教师4人、学生100余人，后发展至教师6人、学生近150人。至1924年，学校因办学经费无以为继而停办。在此期间，域内发展私塾、改良私塾十余所。1928年，乡人在大庙复办初等小学，1940年后，大庙增设高小班（5至6年级）。1945年抗战胜利后，大庙小学成为域内唯一一所公办完全小学。

中华人民共和国成立后，各村办起以识字为主的冬学班、识字班。1956年，域内完全小学有大庙小学、时仙小学、复原小学3所，初级小学有六圩初小、念七圩初小、长圩初小、葫芦洲初小4所。1958年，民办教育事业迅速发展，域内相继办起苏丰民小（1至2年级）、农渔民小、杨湾民小、高港龙王庙民小、双太民小等6所民办学校。是年，葫芦洲初小并入复原小学。1965年，域内当时的11个大队都办有耕读小学。是年，新增复原农业初级中学、故土农业初级中学。

1968年，在大庙小学增设1个公费初中班，次年，复原农中与公费初中班合并设立泰兴县通江初级中学。1970年，江苏省内农业初级中学全部改为普通初中，统一学制和教材，初、高中学制实行二、二分段制。1975年，境内的高港小学“戴帽子”（即小学增设初中班），在此基础上组建泰兴县口岸镇高港初级中学。1982年组建口岸镇初级中学时该校撤销。1976年，通江初中增设高中班1个，改名为泰兴县通江中学。

1977年，通江中学与故土农中各增设1个高中班。是年，全国高等学校恢复招生考试，通江中学首届毕业生钱春林被南京大学录取。1980年，全县高中进行整顿，通江中学、故土农中的高中班学生毕业后停止招生。20世纪90年代，随着中小学生源不断减少，相关部门开始整合教育资源，七圩小学并入大庙小学。1991年秋学期，故土初中三年级班撤并至通江初中，同时规划通江初中迁址新建，征用合乐村三十五圩后的农田建校舍。1993年，口岸镇撤销王营初中，部分师生分流至通江初中，1994年通江初中新校舍建成，故土初中师生全部并入通江中心初中。1995年，域内小学布局调整，大庙小学迁入原通江初中校舍，复原小学并入，成立通江小学。

1997年后，中小学生源严重不足，合乐、故土、复原、时仙小学先后并入通江小学。2003年，泰州经济开发区在滨江村建泰州市滨江实验学校，占地面积132.8亩，建筑面积33.5万平方米，总投资300万元。2004年12月底，通江小学、通江初中分别迁入滨江实验学校的小学部和初中部，滨江实验学校成为九年一贯制学校。2012年9月，经市政府批准，滨江实验学校师生分流至高港实验小学、口岸中心小学、高港实验学校、高港中学。域内幼儿分流至口岸街道的几所幼儿园。

文化

域内自明、清直至民国，民间文化娱乐活动一直比较活跃。逢年过节时，舞龙灯、荡花船、耍狮子、挑花担等文化娱乐及庙会演艺活动等精彩纷呈。中华人民共和国成立后，扭秧歌、莲湘、快板、广场剧传入，群众喜闻乐见。从小喜唱淮腔的杨湾人马麟童走出家乡后，经过勤学苦练，创办上海淮剧团，他的女儿马秀英也成为淮剧名演员，父女二人蜚声全国。20世纪60至70年代，各大队都成立由文娱骨干组成的文艺队伍，利用晚上或冬闲时排练节目，在重大活动、重大节日期间演出，深受群众欢迎。高港村的龙灯队在口岸颇有名气，曾参加高港区成立庆典表演。80年代起，电视、音响设备、手机等进入寻常百姓家，各种健身舞逐渐普及。

2010年沿江街道成立后，域内文化艺术活动有了新发展，多人在各级比赛中获奖。2013年，居住在腾龙御园小区的文艺爱好者自发组建滨江腾龙艺术团和腾龙老年艺术团，经常在小区演出。2013年，街道居民许静涵获泰州医药高新区现场书法比赛一等奖，街道和滨江实验学校获组织奖。2015年8月22日，沿江街道在泰州医药高新区“凤凰杯”摄影大赛中喜获佳绩，在全区48幅获奖作品中，街道3幅作品获一等奖、8幅作品获二等奖、9幅作品获三等奖。2016年，沿江街道选送的女声小合唱《走在小康路上》获泰州市“中国梦·泰州美”首届群众文化艺术节优秀节目奖，2018年，选送的器乐合奏《采茶舞曲》荣获泰州医药高新区第二届群众文化艺术节暨2018年新创文艺节目调演活动二等奖。出生于沿江街道域内的栾虎成、高小超、卢峰等人的书法作品多次在全国、省、市、区书法大赛中获奖。

2019年起，沿江街道不断完善文化惠民设施，街道党群服务中心（新时代文明实践所）设有祥泰书吧、培训室、健身房、舞蹈房、书画室等多个功能室。街道文化站图书阅览室藏书8000余册，腾龙御园综合文化中心图书阅览室藏书1000余册。打造“文化‘滨’纷，幸福‘江’来”文化惠民品牌。2022年，沿江街道开展优秀文化进企业、进社区、进机关活动，结合传统节日开展文艺演出13场，服务小区居民7200余人次，开展展览展演活动12场，服务群众40000余人次，开展全民阅读活动7次。

卫生

明、清时期域内人口渐增，疾病肆虐。春季多麻疹、天花，夏秋多疟疾、霍乱、血吸虫病，民众深受其害。乡民看病以中医中药为主。清同治十三年（1874），域内开始接种牛痘。民国年间，西医传入域内，少数乡民生病开始请西医诊治。

中华人民共和国成立初，域内社会医生由个体行医逐渐走向联合，参加医协会。域内普种牛痘，消灭天花。至1956年，社会医生贾正坤、黄克俊、梁怀东、戴春阳、赵维旺、朱圣奎等皆加入联合诊所，推行中西医结合。1958年人民公社化后，公社、大队两级医疗保健网络

“阅读新时代　逐梦新征程”全民阅读日活动（2022年摄）

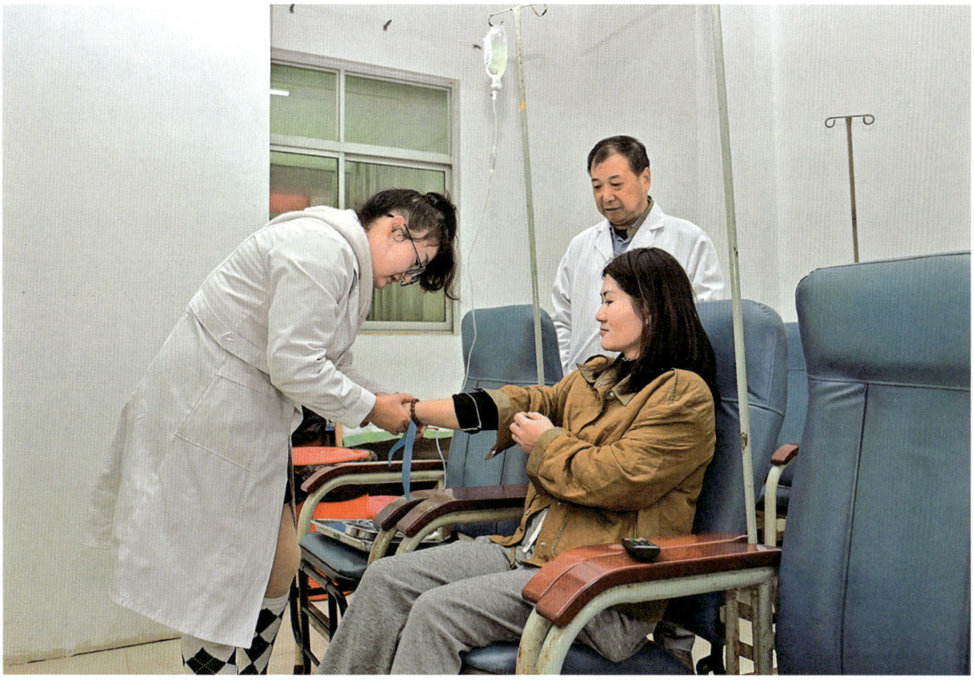

滨江门诊部为居民提供就医服务（2024年摄）

已经形成。1959年至1961年，社会医生分片承担集中治疗浮肿病，给病员分发油、粮、糖等物。1960年以后，政府每年投入大量人力、物力、财力查螺、灭螺，消灭血吸虫。1969年，实行合作医疗，11个大队都建有合作医疗站。下乡插队知识青年或回乡知青中的部分优秀人员，经卫生部门培训后，承担起社会医生之外的医疗保健工作，被称为“赤脚医生”。20世纪70年代后，儿童普种卡介苗、麻疹疫苗、流脑疫苗等。

20世纪80年代，域内计划免疫工作全面展开，烈性传染病基本消除，传染病发病率达到控制指标，疟疾、血吸虫病、血丝虫病基本消灭。1985年，“赤脚医生”改称乡村保健医生。1987年后，合作医疗站改为村卫生室，负责各村的一般医疗和保健工作。

2000年6月后，域内11个村医疗站继续存在。2010年4月，滨江门诊部成立，设有全科（内科、外科、儿科）诊室、预防保健室、妇女保健与计划生育技术指导室、健康教育室、输液室、治疗注射室、处置室、药房等，同时配备B超机、X光机、心电图机、生化检验设备等医疗器械，有专业医护人员20多名。

街道每年组织人员开展预防血吸虫病查灭螺培训并开展相关工作，组织域内育龄妇女、65岁以上老人体检及幼儿接种疫苗。2015年，辖区居民卫生服务工作转至泰州市中西医结合医院，享受农村合作医疗者住院报销比例达68%至

70%。2021年泰州医药高新区、高港区融合发展后，辖区居民卫生服务工作转至泰州市高港区中医院。2022年，完成健康惠民工程幽门螺杆菌筛查697人，儿童基因组芯片检测218人，65周岁以上老年人健康体检1627人，妇女“两癌”筛查884人，孕前优生检查5对，办理农村计划生育农村奖励扶助86人，完成26家企业职业健康检查。

体育

旧时，域内不乏习武之人，甩石锁、击剑、摔跤、举哑铃、抖空竹等运动在域内也广受欢迎。私塾、学堂里的学生，课间休息时常开展滚铁环、踢毽子、跳绳、拍皮球、拔河等健身活动。中华人民共和国成立后，随着教育事业的发展，打篮球、乒乓球等体育活动开始进入校园。通江中学、故土农中、大庙小学、时仙小学、复原小学等学校学生参加镇、区、县举办的中小学田径运动会，多次取得优异成绩。企业职工、社队农民代表在镇（公社）、区、县级运动会及各类体育比赛中也均留下矫健身影。1986年后，域内体育爱好者多加入农民篮球队、拳剑队、门球协会、空竹协会等社团组织。

2000年6月，滨江花苑小区建设运动广场，配备几十种运动器械。2014年至2019年，腾龙御园小区一期、二期均建有篮球场、运动场，配备单双杠、乒乓球台，有拉、吊、磨、跑、攀等各种健身运动器材及设施。2010年，滨江工业园举办首届企业单位冬季长跑运动会，16家企事业单位315名干部职工参赛。2015年5月31日，在高新区“明珠杯”羽毛球联谊赛上，滨江工业园区代表队、沿江街道代表队分获冠军、季军。同年8月1日，中海油泰州地区第三届职工羽毛球赛在高港全民健身中心举行，泰州沥青、泰州石化、一体化项目组及销售公司4家单位6支队伍50余人参加比赛。2022年，沿江街道在腾龙御园文体活动中心举办广场舞培训、“腾龙杯”乒乓球邀请赛、全民健身运动会等多项体育活动。至2022年年底，沿江街道人均体育场馆面积达16.5平方米，居全区第一。

居民生活

收入与支出

明初，苏南大批居民迁徙至域内围滩造田建圩定居，至民国时期500余年，过着农耕渔猎的生活。农户收入以种田和养猪为主，向官府纳赋税、服徭役，种租田的交地租后，所剩无几。每年春荒缺粮严重时，常以树叶、野菜、观音粉充饥。遇洪涝蝗灾之年，特困者只能卖儿鬻女、外出讨饭，有的只能去地主家当长工，或到外地做苦工、当学徒。

中华人民共和国成立后，域内实现土地改革。1952年，人均产粮292.1千克，毛收入111元。第一个五年计划（1953—1957）期间，经过互助组、农业合作化，农民的生产积极性被调动起来，生活水平有所提高。1958年人民公社化后，“共产风”、浮夸风盛行，农民生产积极性受挫，至1959年年底，大多数公共食堂停办，口粮缺乏，社员营养不足，浮肿病、青紫症时有发生，当时的口岸公社患者800多人，政府拨粮、油、糖给诊所，发放给集中治疗的病员。1960年起，开始纠正“共产风”、浮夸风、瞎指挥等问题，落实“三包一奖”（包工、包产、包成本，超产奖励）政策和评工记分制度，口粮按劳动力、大人、小孩等定量分配，保证社员的最低生活水准。1961年，开始贯彻《农村工作六十条》，实行三级所有，生产队为基本核算单位，大集体、小自由，划分社员自留地、饲料地，允许搞家庭副业，饲养猪、羊、鸡、鸭、鹅等，多余部分农副产品可至市场出售。1962年年底，域内社员人均口粮已超过县平均数（113.3千克），人均纯收入已达县平均数（67.88元）。1963年至1965年国民经济调整时期，农业生产恢复发展，劳动生产率逐年提高，人均口粮从1963年的138.9千克提高到1965年的185.4千克。尽管农业生产技术有所革新且推广种植双季稻，但粮食增产幅度不大，1966年至1976年，社员人均口粮从138.64千克仅增加到222.51千克，人均纯收入从40元增加到43.17元。

1982年，域内推行农业生产联产承包责任制，农民生产积极性高涨。农民闲时进城务工、经商，收入有所增加。1987年，域内人均口粮达280千克，过上了吃饭不用愁的日子。村民年人均生活消费支出254.13元。1997年，域内农户人均收入2938元，人均生活消费支出2648元。2000年起，域内村民收入稳步增长，工资性收入逐步成为农户家庭的主要来源。1997年至2007年，农民增收渠道和空间进一步拓宽，农民年人均纯收入从2938元增加到3810元。2008年，村民人均年纯收入7551元。2010年至2022年，居民收入逐年增长，2022年，全体居民人均可支配收入47000多元。

住房

20世纪40至50年代，多数人家住草房，墙体为土墼墙。60至70年代，村民逐步建瓦房，薄摊红（青）瓦、外砖里墼，檩条棒椽、水泥梁。改革开放以后，农村居住条件大为改观。80至90年代，多数人家改建成七架八砌青砖大瓦房。进入21世纪，几乎家家盖楼房。拆迁后，村民先后被安置在滨江花苑、腾龙御园小区，少数自购商品房或别墅，分散居住在口岸街道及周边区域。

饮食

旧时，域内世代习惯于早晚喝粯子粥（俗称彩儿粥），有时做几个米面粉的疙瘩儿，中午菜粥（俗称酸粥）。家中有人过生日或祭祖、过时节，中午才煮米饭，有时也吃面条、馄饨。过年，早上吃圆子或馒头、年糕。这一生活习俗一直延续至改革开放之初。20世纪60年代至70年代，社员以粗粮为主，佐以瓜菜。80年代后，村民生活水平大大提高，进入21世纪以后，一日三餐为两干一稀，鱼虾、猪牛羊肉、鸡鸭鹅、海鲜等已是日常生活中常见的食材。

服饰

旧时，域内男性冬天以棉袄、棉裤或套裤、折腰裤、大褂子为主，春天、秋天穿对面襟夹袍、夹襟身、夹裤，夏天穿背心、小褂子、短衫，单裤、短裤头，儿童穿兜宝儿。衣料多为棉织品、苎麻纱布。家境富裕的用绸缎、洋布甚至毛呢布料。布的颜色以灰白、淡青、藏青、紫红的为主。抗日战争前后，长衫衣料由粗布演变为洋布、竹布。

中华人民共和国成立后，穿着方面开始流行土布、洋布做的中山装、列宁装、人民装、青年装（即学生装单片领、三个口袋）。色彩多为灰、紫、蓝、藏青、黑色，“苏联花布”一度时兴。1957年，棉布凭布票定量供应，每人二丈余，基本能满足城乡居民需求。1960年，每人仅发三尺六寸布票，只能供城乡居民缝缝补补。1961年后布票有所增加，但仍有穿补丁衣裤或用回纺布成衣者。从1964年开始，每年每人发一丈八尺布票。20世纪70年代，军装款式流行于广大青年男女，布料颜色时尚草绿色，的确良、双单咔叽布开始进入寻常百姓家。“绑裹脚、元宝口、两片瓦棉鞋到处走”的现象逐步被“尼龙袜子松紧口、格子褂子电光纽”取代。80年代，村民的穿着从单一的绿蓝色、灰色，变成五颜六色。90年代，服装开始时装化，式样较多。进入21世纪，村民的衣着更加时尚，对服装质量要求越来越高。

社会保障

社会保险　20世纪60年代后期，域内实行合作医疗，社员生病在村医疗站实行免费治疗，大病住院按规定报销。1987年1月起，域内国有、集体企业开始实行职工养老保险缴费制度。1992年起，实行单位和个人缴费相结合的办法，单位和个人按规定比例所缴经费均记入个人账户。1992年至1999年，域内先后实行社会养老、医疗、生育、失业、工伤等保险。最初，村民医疗保险每人每年缴10元，后逐年提高缴费基数，报销比例也相应提升。至2018年，城乡居民医疗保险分2个档次，高档290元，低档230元，儿童、学生230元，政府补贴610元。2022年，城乡居民医疗保险缴费基数增至每人每年420元。

2022年，域内新型合作统筹医疗覆盖率达100%。城镇职工养老保险新增720人，城乡居民养老保险新增105人，城乡居民医疗保险参保人数累计3537人，完成养老保险资格认证10657人。其中，企业职工养老保险认证118人、失地农民保障待遇资格认证7543人、城乡居民基本养老资格认证2596人。是年，域内年满60周岁的失地农民月生活保障金达814元。

社会救助　中华人民共和国成立前，域内百姓无社会保障，赈灾救助全靠民间慈善组织或富户的义举。中华人民共和国成立后，重视对老弱病残等困难群众的救助。每逢寒冬腊月或灾荒之年，政府给困难群众发放救济粮款及其他生活物资，确保维持基本生活。2022年，域内享受城乡低保待遇的家庭共11户15人，年发放低保金共12.72万元，向634名80周岁以上老人发放尊老金100.92万元，向75户特困家庭发放生活救助金21.6万元。

“五保”供养　1956年起，域内对农村丧失劳动能力且无人抚养的孤残幼老者，一律由集体实施“五保”供养，实行保吃、保穿、保住、保医、保葬（孤儿保教）。供养标准不低于当地社员一般生活水平。1983年，“五保”对象全部落实集体供养、队供亲（属）养、队亲（属）联合供养或亲属供养，由镇（乡）政府发“五保户”供给证，签订供养协议。1984年后，“五保”人员逐步由敬老院集中供养。1987年，经费来源实行“镇（乡）统筹，分级负担”，采取集体供养和敬老院集中供养2种形式。1988年，域内“五保”供养标准为每人每年350元。2000年6月起，凡在口岸街道敬老院的域内“五保”人员，供养费由园区提供。2022年，“五保”人员年人均零花钱及过节费达2100元。

幸福时光（2024年摄）

组织机构

中共地方组织及行政组织

1940年7月，新四军东进黄桥后，中共泰兴县委加紧在口岸地区的革命活动，派黄仆、王晨东与有关人员联系，组织搜集日伪情报，为新四军征收公粮，宣传抗日主张。是年9月，赵鑫源经黄仆、吴惠民介绍入党。中共口岸地下党支部建立后，赵鑫源任第一任支部书记。数月后，赵鑫源发展在大庙二圩徐绍林家坐馆的塾师吴正清、双太乡的李允等10人加入中国共产党。1942年，为适应对敌斗争的需要，新四军扩大抗日根据地，将泰兴县口岸的双太、复原、故土、生宁4个乡，划归江都抗日民主政权杨桥区公所管辖。中共杨桥区委在上述4个乡广泛开展抗日救亡宣传，一批批爱国青年参加抗日队伍，同时吸收积极分子加入中共党组织，4个乡先后建立起党支部或党小组。杨湾、临江下尾一带建立党支部较早。1949年7月12日，双太、复原、故土、生宁4个乡复归口岸区（七区）。

1949年1月，域内4个乡的中共党组织由秘密转为公开，国民党的乡、保、甲基层组织被共产党领导下的乡人民政府和下属的行政村取代。双太、故土、复原、生宁分别设立乡人民政府，乡政府和行政村的主要负责人均由上级政府任命；各乡设党支部，由上级组织任命一人担任乡指导员。1950年冬，域内土地改革开始后，各乡成立农民协会，主要负责人称农会主席，由各村贫雇农、下中农代表大会选举产生。1952年，土地改革、查田定产工作全面结束，乡农民协会退出历史舞台。1954年春，乡、村按《中华人民共和国乡村组织选举法》实行第一次全民普选，选出中华人民共和国成立后的第一届乡村人民政府负责人，乡指导员改为乡党支部书记。1954年10月，为适应农业合作化发展需要，复原乡撤销，相应区域并入双太、生宁2个乡。1956年，生宁乡并入故土乡，域内设双太、故土2个乡人民政府，对应党组织改为党总支。1957年10月，域内初级社合并成高级社，

1958年夏，高级社发展成大联社。是年9月，人民公社化运动兴起，成立口岸人民公社，实行军事化建制，设时仙、高港、双太、合乐、故土、虹桥、复原、杨湾、长圩、七圩、生宁11个营，由营指导员、营长领导。1960年，11个营统一改称生产大队，连改称生产队，各生产大队设党支部，营指导员改称为党支部书记，营长改称为大队长，连长改称为生产小队长，不合格的原营、连负责人免去职务，各大队党支部书记和大队长均由口岸人民公社党委任免。1963年5月，域内11个生产大队组建成4个小人民公社：时仙人民公社（含时仙、虹桥、高港3个大队）、复原人民公社（含双太、复原、杨湾3个大队）、故土人民公社（含故土、合乐2个大队）、生宁人民公社（含长圩、七圩、生宁3个大队）。

1963 年 5 月至 1969 年 12 月基层组织主要干部一览表

表 2

机构名称	职务	姓名
时仙人民公社	书记	沈应同
	社长	季宗仁
故土人民公社	书记	蒋文良
	社长	蔡立荣
复原人民公社	书记	季金祥
		王明甫
	社长	华逸民
生宁人民公社	书记	戴达云
	社长	陆明瑞
		陆庆荣

1969年12月，泰兴县撤销小人民公社，恢复大人民公社和生产大队建制，域内仍为11个生产大队。各生产大队建党支部，党支部书记负责大队的全面工作。1983年，撤销人民公社恢复乡（镇）人民政府，生产大队改为村民委员会，各村仍设党支部，党支部书记由乡（镇）党委任命，负责村的全面工作。1984年8月20日，口岸撤乡建镇后，11个村党支部、村民委员会一直保留至2001年4月。

2000年8月1日，根据泰州经济开发区管委会通知精神，设立江苏省泰州经济开发区管理委员会滨江工业园办事处。2001年6月21日，根据泰州经济开发区管委会通知精神，设立泰州经济开发区管委会滨江办事处。2003年9月30日，根据泰州市委编委批复，江苏省泰州经济开发区管理委员会滨江工业园办事处为泰州经济开发区分支机构，全称泰州经济开发区滨江工业园办事处。2006年6月23日，根据泰州经济开发区党工委批复，设立泰州经济开发区滨江工业园管理委员会，与泰州经济开发区滨江工业园办事处合署办公，两块牌子，一套班子；同时设立中共泰州经济开发区滨江工业园委员会。2010年4月30日，根据泰州市政府通知精神，成立沿江街道，隶属于泰州经济开发区。其后，相应设立中共泰州市委沿江街道工作委员会、泰州市沿江街道办事处，后又更名为中共泰州医药高新技术产业开发区沿江街道工作委员会、泰州医药高新技术产业开发区管委会沿江街道办事处。2010年11月25日，根据泰州市委编委通知精神，设立泰州滨江发展办公室，挂“泰州滨江工业园区管理委员会”牌子，负责区内项目开发和招商引资工作及区内企业服务。2012年3月8日，根据泰州市委办公室、市政府办公室通知精神，明确泰州滨江工业园区管理委员会为泰州医药高新技术产业开发区管委会派出机构。2013年2月22日，根据泰州市委编委批复，泰州经济开发区滨江工业园办事处更名为泰州医药高新区技术产业开发区滨江工业园办事处。2013年6月7日，根据泰州市委通知精神，设立中共泰州市委滨江工业园区工作委员会，为市委派出机构，隶属于泰州医药高新区党工委。2021年7月14日，根据泰州市委办公室、市政府办公室通知精神，依托滨江工业园区设立化学新材料产业园区，管理机构为泰州医药高新区

沿江街道办公楼（2024年摄）

（高港区）滨江工业园管理办公室，行使职能至今。2022年7月5日，中共泰州医药高新技术产业开发区沿江街道工作委员会、泰州医药高新技术产业开发区管委会沿江街道办事处分别更名为中共泰州市高港区委沿江街道工作委员会、泰州市高港区人民政府沿江街道办事处。至2022年年底，化学新材料产业园区、滨江工业园办事处、沿江街道管理机构无变动。

泰州经济开发区滨江办事处党政主要干部任职一览表

表3

机构名称	职务	姓名	任职时间
中共泰州经济开发区滨江办事处委员会	党委书记	刘玉平	2003年3月至2003年10月
泰州经济开发区滨江办事处	办事处主任	钱季霞	2003年3月至2005年9月

注：该单位为沿江街道前身。

沿江街道党政主要干部任职一览表

表4

机构名称	职务	姓名	任职时间
沿江街道党工委	党工委书记	潘小泉	2010年6月至2015年12月
	党工委书记	邵阿勤	2015年12月至2019年5月
	党工委书记	王　平	2020年1月至2021年12月
	党工委书记	周宏华	2021年12月至今
沿江街道办事处	办事处主任	邵阿勤	2010年6月至2015年12月
	办事处主任	王　平	2015年12月至2020年1月
	办事处主任	徐　昊	2020年1月至2021年11月
	办事处主任	柳　劼	2021年11月至今

泰州经济开发区滨江工业园党政主要干部任职一览表

表5

机构名称	职务	姓名	任职时间
中共泰州经济开发区滨江工业园委员会	党委书记	张爱华	2006年6月至2010年11月
泰州经济开发区滨江工业园管理委员会	管委会主任	张爱华	2006年6月至2010年11月

注：该单位为泰州滨江工业园管理委员会前身。

泰州滨江工业园区党政主要干部任职一览表

表6

机构名称	职务	姓名	任职时间
中共泰州市委滨江工业园区工作委员会	党工委书记	方　针	2013年11月至2018年8月
泰州滨江工业园区管理委员会	管委会主任	张爱华	2010年11月至2013年4月
	管委会主任	潘小泉	2015年10月至2021年9月

注：依托该单位成立泰州医药高新区（高港区）滨江工业园管理办公室。

泰州医药高新技术产业开发区（泰州市高港区）滨江工业园区党政主要干部任职一览表

表7

机构名称	职务	姓名	任职时间
中共泰州医药高新技术产业开发区（泰州市高港区）滨江工业园工作委员会	党工委书记	潘爱民	2021年9月至2021年12月
		邵剑峰	2022年4月至今
泰州医药高新技术产业开发区（泰州市高港区）滨江工业园管理办公室	管理办公室主任	潘爱民	2021年9月至2021年12月
		邵剑峰	2022年3月至今

泰州医药高新技术产业开发区滨江工业园办事处党政主要干部任职一览表

表8

机构名称	职务	姓名	任职时间
中共泰州医药高新技术产业开发区滨江工业园办事处委员会	党委书记	陈忙耕	2003年10月至2005年4月
	党委书记	钱季霞	2005年4月至2006年5月
	党委书记	张爱华	2006年5月至2010年6月
泰州医药高新技术产业开发区滨江工业园办事处	办事处主任	竺大明	2000年8月至2003年3月
	办事处主任	钱季霞	2003年3月至2005年9月
	办事处主任	赵大燕	2005年9月至2006年6月
	办事处主任	张爱华	2006年6月至2010年6月
	办事处主任	邵阿勤	2017年7月至2019年5月
	办事处主任	王　平	2020年4月至2021年12月

人大组织

2010年12月，沿江街道设立人民代表大会工作委员会，履行相关职能。

2022年，沿江街道人大工委出台议事规则等20余项制度；成立沿江街道人大代表工作站（腾龙御园人大代表工作室）线下履职平台和“群众急难愁盼，代表码上督办”线上履职平台；组织人大代表开展调研、视察、工作评议、专题询问等活动8次，开展“人大代表工作日”活动4次，组织人大代表走访、接待人民群众3次；成立议政代表会，召开会议2次；顺利完成第六届区级人大代表补选工作。

泰州市沿江街道人大工作委员会主要负责人一览表

表9

机构名称	职务	姓名	任职时间
泰州市沿江街道人大工作委员会	主任	潘小泉	2011年12月至2015年12月
		邵阿勤	2015年12月至2017年9月
		韩风翔	2017年9月至2021年11月
		许良兵	2021年1月至今

政协组织

2021年12月，沿江街道政协委员活动小组成立。2022年，街道政协委员活动小组打造“有事好商量”协商议事室、委员工作室、社情民意联系点和祥泰书房等活动平台，全年开展委员读书、协商议事、调研、政银企座谈会等活动十余场次。

第二篇　城乡建设

沿江街道按照“工业集中区和城市新区”定位，遵循“绿色、低碳、生态、宜居”发展理念，抓好拆迁安置、基础设施建设、河道疏浚整治、绿化建设等工作，规划建设集中安置、商贸服务、高档住宅等功能区，域内绿岛遍布，水电气等基础设施齐全，医疗保障、体育健身、休闲娱乐等配套设施齐全。

基础设施

道路

域内公路交通发达，至2022年已形成“四纵六横”公路交通网络（“四纵”即泰镇路、长江大道、润江路、通港南路，“六横”即引江河路、创汇路、港城西路、通扬路、润河路、东联路）。

通港南路 为泰高公路二期工程一段，二期工程起于刁铺街道观音堂大转盘，止于杨湾港区，1998年11月建成通车。公路全长6.64千米、宽40多米，双向四车道，沥青路面，该路呈“L”型，观音堂大转盘至引江河高港大桥为东西走向，引江河高港大桥至杨湾港口为南北走向。

泰镇路 2000年建成通车，为南北通道，北至江平线（231省道），南至高港汽渡。公路全长2.86千米、宽46米，双

泰镇路（2024年摄）

向四车道，路灯、绿化带、警示牌等设施齐全。

长江大道 域内南起沿江高等级公路南官河大桥，北至引江河高港大桥，位于引江河东岸，为沿江高等级公路段，域内长6千米。2003年6月按一级公路标准开工建设，2006年12月竣工通车，双向六车道，沥青路面。

润江路 位于园区中部，为南北走向，南起长江大道，北至通港西路，道路全长3.95千米，宽36米，沥青路面，2012年建成通车，绿化、路灯等设施齐全。

通扬路 原为江平路在域内的路段。2007年，滨江工业园新建江平路西延工程（东至泰镇公路，西至长江大道），全长1.85千米、宽25米，双向两车道，沥青路面，设计车速每小时80千米，建成后改名通扬路。

创汇路 位于域内北部，东起泰镇路，西至长江大道，全长1.9千米、宽12米，双向两车道，沥青路面，公路两侧为2米宽人行道，2012年建成通车。

港城西路 是域内连接口岸街道的通道之一，东西走向，东接腾龙桥，西至长江大道，全长1.55千米、宽36米，双向两车道，沥青路面，2014年建成通车。

润河路 东西走向，东至润江路，西接长江大道，全长0.53千米、宽14米，2016年建成通车。

村道建设 20世纪50至80年代，域内村庄道路较窄，雨天泥泞不堪，居民出行问题突出。90年代，党和政府开始实施道路通达工程，实现村村通公路、组组通村道、户户通组道。2007年7月，滨江工业园区筹措资金，建成长1千米、宽15米的杨湾水泥大道。2008年，故土

润江路（2024年摄）

村投资200多万元，完成2个组800米水泥大道的铺设，同时对村内道路进行修复。年底，园区实施非规划区农村道路硬质化及道路维护和养护工程，5个村全部实现水泥道路通村、通组、通住户。之后，随着大面积拆迁，村道基本废弃。

桥梁

2000年之前，域内11个村紧傍长江，河流众多，为方便通行，建有大小桥梁几十座且多为水泥桥，主要有八字桥西桥、虹桥、二十圩桥、福星桥、北洋桥、双太桥、接福桥等。进入21世纪，随着拆迁工作的实施，绝大部分桥梁被拆除。至2022年，域内主要桥梁有北洋桥、福星桥、腾龙桥等十多座。

北洋桥 原为江平线上横跨南官河的桥梁，即现在的口岸大桥。始建于1930年，初为木质结构，1964年改造为钢筋混凝土大桥，1998年为拓宽江平路，在原址重建新桥，亦称建新桥，桥长162.3米、宽26.4米。

送水河大桥 位于泰镇路上，连接送水河南北两岸，桥长100米、宽36米，2002年12月建成通车。

福星桥 位于宣堡港与南官河交界处以南，横跨南官河，东连口岸街道向阳路，西接域内疏港路。始建于清道光年间，初为木桥，宣统年间建石桥。1956年整治南官河时，石桥被拆除，在原地南移150米重建大桥，亦称口岸桥。1965年，改建为钢筋混凝土桥，长60米、宽3.5米。2007年8月因影响航运被拆除。2008年，在原址重建新桥，并更名为口

福星桥（2024年摄）

腾龙桥（2024年摄）

南官河大桥（2024年摄）

岸大桥，桥长80米、宽18米，上部为拱桥，下部钻孔灌桩结构。2014年复称福星桥。

腾龙桥　位于港城西路上，横跨南官河，东接口岸街道向阳路，2006年建成通车。桥全长720米、多孔跨径总长154米、宽38米，桩柱式桥台，水泥混凝土桥面。

南官河大桥　位于长江大道上，横跨南官河，2011年5月建成通车，桥长731.6米、宽32米，设计时速每小时80千米，限载49吨、轴载14吨。

水利

沿江水利工程 止坍工程 域内江岸崩坍主要在杨湾村至高港村江段，1995年7月11日，高港村永长圩坍江坍长150米，坍宽70至75米。泰兴市委、市政府连夜组织田河、刁铺、口岸、马甸等乡镇1.5万人突击4天，完成长650米、土方5万多立方米的二道堤。拦截长江行驶的13条块石船，在坍处抛石1.83万吨压脚。同年7月，域内杨湾村二十四圩坍江，坍长70米、宽40米，距主江堤60米。1996年9月14日，高港村12组段发生坍江，坍长200米、宽160米，弧长380米。当日深夜，泰州市委、市政府领导在现场指挥，突击抛块石2.5万吨，控制住坍势。1998年，在高港村永长圩段抛石4.2万立方米。1999年，在杨湾段抛石5.26万立方米。至2022年，域内由于引江河开挖和长江堤防达标建设，较好地控制住岸坡坍势。

江堤建设 中华人民共和国成立后，江堤建设和治理得到重视。域内曾先后6次出动民工参与江堤培建，至1984年，江堤加宽加高，顶宽达6.5米。1997年，高港区委、区政府按照省委、省政府"三年实现长江堤坝建设全面达标"的总体部署要求，加快建设高标准的长江堤防。1998年，投入资金1800万元，完成江堤达标一期工程。1999年至2000年，投入资金3600万元，实施长江堤防达标二期工程，域内双太十一圩外堤加高培厚，长800米。至2000年，域内长江堤防建设全面达标。2012年，对域内长江堤防风化、坍塌、损毁等情况进行全面检修。至2022年，沿江街道所属长江堤防

长江大堤（2024年摄）

加固改建通江节制闸1座、排涝站1座，修筑防汛沥青公路3.2千米。

沿江闸、站、涵 域内长江段北起泰州港杨湾港区，南至南官河入江口，属长江从A级航段进入B级航段的地段。江面宽度4千米。沿江线建筑有口岸闸、立新涵、通江涵、十一圩涵，建有杨湾排涝站、通江排涝站、高港排涝站。因引江河开挖和长江大堤建设，至2022年，仅存闸1座、排涝站1座。

口岸闸 位于沿江街道原时仙村东侧，是南官河的通江门户。1957年11月开工建设，1958年5月竣工。3孔，每孔净宽7米，共完成土石方4.25万立方米，耗用钢材311吨，木材376万立方米，设计灌溉面积50万亩，排涝面积21.15万亩。最大引水能力每秒190立方米，最大排水能力每秒260立方米。1968年、1969年，相继将木面板门更换为钢丝网水泥面板门。1975年，将中孔更换为钢面板门。2000年，投资539万元，实施除险加固工程，2001年2月竣工。至2022年，口岸闸仍正常发挥重要作用。

高港排涝站 位于赵泰支港出江处，建于1982年，拥有32英寸泵1台，设计流量每秒5立方米。2018年拆除重建，2019年建成，共投资5000万元。新建成的排涝站设计流量为每秒15立方米，装立式轴流泵4台，单机功率250千瓦，设计口净宽4米。该排涝站有效提高赵泰支港引水排涝功能，并改善赵泰支港水质。

内河闸站、泵站 域内河港众多，河网交叉，至2022年，域内建有闸站泵站9个。

太平闸 位于虹桥中沟东端南官河

太平闸（2024年摄）

西岸，建于1976年，拥有24英寸泵5台，设计流量为每秒5立方米。2016年进行拆除重建，设计流量为每秒12立方米，闸孔净宽3.1米。通过维护建设，更有效地强化域内引水排涝的功能。至2022年，该站仍在发挥作用。

送水河北闸站　位于送水河北、故土中沟南端。建于2021年，总投资1600万元，为送水河北片引灌的重点泵闸站。该站设计排涝流量为每秒7立方米，抽引流量为每秒1.5立方米，闸孔净宽4米，主要以排涝为主，兼顾引水。

杨湾泵站　建于2004年，位于杨湾中沟西。共有4台卧式混泵，设计总流量每秒2立方米，负责泰州引江河西片原杨湾社区的排涝。

新时仙泵站　老时仙泵站原建于2003年，共4台卧式混流泵，设计流量为每秒2立方米。2009年易地改建，改称新时仙泵站。该站共有4台潜水轴流泵，设计流量为每秒3立方米，主要负责排除滨江花苑小区的道路及管网雨水。

永长圩泵站　位于梨园中沟，建于2015年，新建每秒4.5立方米流量的排涝泵站。是园区的出江备用排涝通道，结合赵泰支港水质涵养工程进行活水换水。

赵泰支港闸站　2020年，为提升赵泰支港水质，投资700万元建3处闸站。包括赵泰支港中闸、常福中沟中闸，闸孔分别净宽10米、5米；长圩中沟闸站，设计流量每秒2.4立方米，闸孔净宽4.5米。

原赵泰支港北泵站为每秒3立方米

送水河北闸站（2024年摄）

永长圩泵站（2024年摄）

流量的排涝泵站，于2009年建成，后于2021年拆除，新建每秒3立方米流量的双向泵站，引水闸净宽4米。该站配合赵泰支港水质涵养工程进行换水排涝。

河道疏浚整治 20世纪50至60年代，地方政府对域内纵横紊乱的老港河道、老水塘进行全面疏通整治。进入21世纪，滨江工业园区（沿江街道）对域内河道进行疏浚、驳岸、绿化，达到内港水系流通清洁、能控能蓄、能排能灌的水网化要求。2017年起，建立园区（街道）、社区两级河长制，园区（街道）主要负责人任总河长，设立各级河长20多名，实现“一河一长”全覆盖。

赵泰支港 为通江干河，南起高港龙王庙西侧江口，北至包家巷拐弯向东至赵家桥，全长5.7千米，为域内骨干引排水河道。1958年春，全线利用老港道拓宽取直加深，整治后排灌能力大大增加。20世纪80至90年代，地方政府曾多次疏浚整治，因开挖送水河，赵泰支港被裁切为两段。2018年，滨江工业园（沿江街道）实施驳岸工程，南起通江路，北至送水河，施工道路1300米、宽9米，驳岸总长7144米，绿化全长2600米，面积1.5万平方米。

虹桥中沟 东西走向，东起太平闸（南官河），西至赵泰支港，全长550米、宽23米。2012年，园区（街道）投资450万元，对河道进行疏浚及河道两侧驳岸修建。3月动工，5月底竣工。

老引江河 为南北走向的通江干河，域内长约3千米。1958年11月，由泰兴县组织了3个公社3.5万人开挖，后因故停

赵泰支港（2024年摄）

工。1964年，口岸区对该河进行疏浚，作为排水中沟之用。1972年“7·3”暴雨之后，口岸公社组织5000多人再度对该河进行疏浚。1996年后，该河道被泰州引江河取代。

长生港　南起长江边，北到虹桥村，全长600多米。2010年，园区（街道）投资500多万元，按照河口宽度40米、水面宽8米、河底高程0米（废黄河高程）的要求进行疏浚整治，驳岸墙顶高2.2米，同时两岸栽种花草树木。

送水河　西起引江河，东至南官河，全长1.9千米，主要功能是经由泰州引江河向通南地区引排水。河宽20至45米。2017年，园区（街道）投资对送水河进行直立式混凝土挡墙施工，护岸高程3米，堤防顶高程5.5米。2022年5月，对送水河进行护坡整修。

复原中沟　位于园区西南片，东起润江路，西至泰州引江河东堤，穿常福中沟，沟通润江路雨水管网，全长0.98千米。2015年，园区（街道）投资对中沟进行整治，两岸建成直立砌石驳岸。

长圩中沟　东起赵泰支港，西至长江大道，沟通长江大道西侧内部水系，河口宽度10米、全长1.12千米。2015年，园区（街道）投资对该河道进行整治，两岸建成直立砌石驳岸。

常福中沟　河道位于长江大道东侧，南起复原中沟，北至送水河，是域内重要的引排水通道，河口宽度为3至11米、全长1.7千米。2015年，园区（街道）投资对河道进行整治，两岸建成直立砌石驳岸。

梨园中沟　位于域内南部，北起复原中沟，南经永长圩泵站至长江口，是域内重要的引排水河道。河口宽10至40米、全长0.8千米。2018年，园区（街道）投资整治该河道，两岸建成直立砌石驳岸。

杨湾中沟　位于引江河以西，东接通港南路，西接杨湾泵站，河口宽12至40米、全长0.65千米。2017年，园区（街道）投资对河道进行整治，两岸建成砌石驳岸。

故土中沟　位于送水河以北，长江大道以东，是送水河北片的重要引排河道，南起送水河，北至口岸街道引江社区老赵泰支港，河道宽18至40米、全长1.3千米。2019年，园区（街道）投资整治该河，两岸建成直立砌石驳岸。

绿化

园区（街道）根据基础设施建设、企业入驻等情况，先后编制南官河、长江岸堤、泰镇路、创汇路、通扬路、港城西路、润江路、长江大道、送水河、虹桥港、长生港、滨江公园、滨江生态公园、赵泰支港湿地等生态绿化方案，投入3亿多元实施绿化工程。

2000年后，滨江工业园致力于滨江花苑和腾龙御园小区建设，使小区绿草成坪、树木成荫、花草飘香，居住环境宜人舒适、清洁光亮。2016年3月，投资250万元，启动泰镇路西侧绿化改造工程。该项目南起腾龙桥，北至送水河桥，绿化总长度250米，绿化带宽度10至40米。同年5月，泰镇路绿化二标段工程开工，该工程总投资3000万元，北起通江西路、南至腾龙桥，全长2千米，单侧种植香樟、银杏、桂花、红枫、垂丝海棠、樱花、红叶石楠、金边黄杨、金森女贞等。2016年9月，推进长江大道东西段绿化改造工程，总投资4300万元，该工程西起海油路，东至南官河大桥，道路总长约2千米，公路两侧绿化宽度各50米，总种植面积8万平方米。种植的品种主要为香樟、银杏、红叶石楠、金边黄杨、红花檵木。同年9月，实施润江路西侧绿化工程，总投资1100万元，该工程北起233省道，南至通扬路，全长2.3千米，10月竣工。2017年1月，实施港城西路道路北侧绿化工程，总投资200万元，该工程西至润江路，东至腾龙桥，全长500米，总种植面积6200多平方米，为双侧种植。同年3月，实施送水河景观绿化工程，总投资500万元，该项目东起赵泰支港，西至长江大道，全长1067米、宽度10米，东段部分区域宽度可达60米，9月竣工。2018年，沿江街道被江苏省环保厅命名为首批江苏省生态文明建设示范街道。至2022年，已形成绿树成荫、花草成片的绿化环境。

公墓

寄思园项目于2013年启动，总投资3000万元，2015年全面建成，占地面积

60亩，其中敬先堂面积533平方米、祭思堂面积533平方米、灵堂服务厅面积600多平方米、停车场面积3000多平方米。树葬区共6期，墓位1.16万个，骨灰存放区阁位2100个。寄思园由滨江社区管理，负责入园名册记载、立卷归档和丧事办理协调服务等工作，并对墓园卫生、绿化、公共设施等进行维护。

供水、供电、供气、供热

供水　1985年10月，口岸自来水厂建成投产。域内虹桥村等村于1990年起开始使用自来水。1996年，故土村在南官河西侧建村自来水厂，建筑面积200平方米，为故土村村民供水。2000年后，又有几个村陆续接通口岸自来水厂水源。2008年7月，滨江工业园投资铺设域内送水管道，故土村自来水厂停办，域内所有企事业单位及村民全部使用泰州市高港区自来水有限公司供给的自来水，至2022年不变。

供电　1969年起，域内11个村用电由口岸变电所负责。1979年，高港港务局建成35千伏变电所，仅供港区码头及高港村部分组用电。1999年，110千伏泰州引江河高港枢纽变电所建成，主要供应引江河枢纽水闸、船闸用电。2002年，110千伏滨江变电所建成。2003年，泰州金泰环保热电有限公司建成投产，年最大发电量2亿千瓦时并实现上网。至2022年，园区（街道）内企业、小区、道路照明、农村居民用电全部由泰州国电网供给。

供气　20世纪90年代，域内部分村民主要使用罐装液化气。2014年腾龙御园小区建成，铺设燃气主管网4千米，2978户居民全部用上管道燃气。至2022年，域内企事业单位、小区实现管道燃气供应全覆盖。

供热　20世纪80至90年代，域内无集中热气供应，部分企业和浴室采用烧锅炉的方式自行供热。2003年，泰州金泰环保热电有限公司建成投产后，除发电外，为中海油气等90余家企业提供热源，年供热蒸汽200万吨。

拆迁安置

征地拆迁

域内经历泰州引江河工程征地拆迁和滨江工业园征地拆迁，涉地村民具有“舍小家、保大家”的奉献精神，对拆迁表现出极大的理解和支持。

1996年年初，因泰州引江河工程（含送水河工程）建设，域内杨湾、生宁、复原、长圩、双复、故土、合乐7个村24个组536户被拆迁，共征用土地3141亩。口岸镇及时拿出安置规划，建成杨湾新村、生宁新村等居民点，妥善安置村民。

2001年至2004年，滨江工业园因项目建设需要，共拆迁1000多户，拆迁房屋十余万平方米，涉及4000多人。2005年起，滨江工业园区产业发展加快，域内土地逐步被征用。至2022年，滨江工业园区（沿江街道）共拆迁4434户，落实失地保障待遇资格认证7943人。

安置小区

滨江花苑　2000年6月，滨江工业园划归泰州经济开发区管理，泰州市新滨江开发有限公司完成滨江花苑居民区规划方案征集。2001年，滨江工业园区管委会通过《滨江花苑居住区规划》，确定实施滨江花苑保障性住房建设项目。项目东至南官河西岸，西至泰镇路，南至时仙路，北至疏港路，总投资18.3亿元，总建筑面积48.63万平方米。2002年，开工建设滨江花园一期工程，建成1至10号住宅楼，安置住户100多户。2003年7月，开工建设滨江花园二期工程，建成11至30号住宅楼。2004年，滨江工业园召开滨江工业园拆迁户安置抽签大会，安置580多户入住。2007年，实施滨江花苑三期工程，建成31至41号住宅楼。2008年，实施滨江花园三期延续工程42至50号住宅楼。2010年，开工建设滨江花苑四期工程，建成51至67号住宅楼，并配套建设绿岛广场、体育休闲、充电棚等便民设施。至2012年5月，四期工程全部完成，累计安置拆迁户1000多户。2013年，滨江工业园（沿江街道）投入资金11亿元，完成滨江花园二号小区1至41幢1182户国有土地房屋征收工作。2014年8月，滨江花苑小区住户腾空交房，完成全部房屋征收工作。至2022年，滨江花苑住户基本搬迁完毕，居民搬迁至腾龙御园小区及附近小区。

腾龙御园　园区整体购买该小区

腾龙御园小区（2022年摄）

用于辖区居民安置。小区南至港城路，北至春港路，东至向阳北路，西至南官河东岸，占地面积40万平方米，总投资19.6亿元，建有住宅楼39幢，其中一期24幢、二期15幢，并建有相关附属用房，建筑面积42万平方米。自2013年首批安置入住起，累计安置居民2978户约6900人。

社区建设

基层党建

20世纪50至60年代，域内各级党组织健全。故土、生宁、时仙、复原4个小公社党总支分别管辖故土、合乐、七圩、长圩、生宁、高港、时仙、虹桥、复原、双太、杨湾11个大队党支部。70年代，域内11个大队党支部，隶属口岸人民公社党委管辖。80至90年代，隶属口岸镇党委领导。2001年，11个行政村合并为滨江、高港、杨湾、故土、常福5个村，并建立5个村党支部。2008年四川汶川地震，园区党工委和村党支部开展向灾区人民捐款活动，收到特殊党费3.74万元，党员干部群众捐款14.29万元。2010年，滨江、高港、杨湾、故土、常福由村改为社区，并分别成立社区党总支。2016年，高港、常福、滨江3个社区获评泰州医药高新区十佳社区。

2020年社区合并后，撤销滨江、高港、故土、常福、杨湾5个社区党总支，成立滨江社区党委。2021年，滨江社区完成社区居委会换届选举。至2022年年底，滨江社区党委下辖党支部11个，有党员491人。

网格化管理

2016年起，沿江街道启动网格化社会治理工作，以社区管理区域为基础，划分为30余个网格。2018年，建成网格化社会治理指挥中心，将江苏省综治信息系统、泰州市网格化信息系统、“12345”热线、阳光信访等系统进行融合。构建社会治理实战化平台，实现矛盾纠纷联调、社会治安联防、重点工作联动，做到指挥高效、政令畅通、信息共享、衔接有序、协调一致。至2022年年底，街道共划分为20个网格，其中腾龙御园设9个城市网格，配备9名网格员，每个网格约300至500户居民；园区范围内设11个专属网格，配备11名网格员。网格长均由社区（小区）主要负责人兼任，网格员由党员骨干、社区“两委”成员、居民代表、楼长等兼任。

社区服务

便民服务 为便于滨江花苑、腾龙御园2个集中安置小区的管理和服务，解决异地安置中社区组织缺失等矛盾问题，2008年、2014年，沿江街道在2个小区分别设立滨江花苑为民服务中心、腾龙御园为民服务中心，配备相应人员，主要职能是牵头开展物业管理，协调解决小区内居民矛盾，开展文明卫生小区创建，协助做好公共卫生服务等。2016年，在滨江社区办公场所内建立便民服务中心，设置社会保险、矛盾调处等多个窗口，方便社区群众办事。

居家养老 2018年，沿江街道设立老年人日间照料中心，以此为基础，建设综合性养老服务中心，设置养生食堂、中医健康驿站、日间照料、康复训练、卫生服务、图书室、文体活动中心、心理咨询等功能区。

商贸市场 腾龙御园小区贸易市场为南北走向，分布着60多家店铺门面，其中药房2家，生活超市5家，养生馆2家，早餐早茶4家，茶叶店、卤菜店6家，皮鞋店1家，中大型酒店近10家，私人诊所3家，卫生服务站1所，菜鸟驿站2家，小儿推拿店、母婴产品店、养生馆、干洗店各1家，糕点、鲜花、汽修等其他店面20多家。

居民在为民服务中心取号办事（2022年摄）

环境整治

20世纪90年代，域内各村开展环境整治工作，按照“组集、村收、镇处理”的模式，全面推进农村生活垃圾集中处理，并做好道路清洁工作。1999年，各村共建立垃圾池1800多个，招聘垃圾清洁、道路保洁人员20多人。2005年，滨江工业园建立生活垃圾中转站，负责园区管辖范围内生活垃圾收集和转运任务。2013年，沿江街道开展村居环境专项整治，集中力量解决“脏、乱、差”问题，形成河道管理、道路养护、绿化维护长效机制。2020年，在原生活垃圾中转站基础上，投入500万元，建成新的垃圾中转站，购入厨余垃圾处理、大件粉碎、垂直压缩设备3台，有效提高垃圾收集处置水平。2018年，推进“清废行动”，改善园区（街道）水、气、土环境质量。2022年，编制河段突发水污染事件三级防控体系建设方案，投资35万元，完成6条河道清淤、沿线清杂、筑坝、埋设涵管等工作。

腾龙御园小区干净整洁的主干道（2024年摄）

第三篇　产业园区

化学新材料产业园区是泰州市重点开发园区、泰州医药高新区（高港区）重要功能园区，与沿江街道实行“区街合一”管理模式。自1998年成立以来，园区依托港口、公路交通优势，大力开展招商引资，项目建设、科技创新、安全环保等工作，均取得优异成绩，逐步确立高端石化、新材料、新能源主导产业发展方向。至2022年年底，园区先后三次跻身“中国化工园区30强”榜单，获评中国智慧化工园区试点示范（创建）单位、中国智慧化工园区示范单位。

园区规划

2000年，园区完成《滨江工业园区控制性规划》编制。2002年，修订《滨江工业园区控制性规划》，确定规划面积由6.4平方千米扩大至6.78平方千米。2016年，完成《泰州滨江工业园区控制性详细规划》编制，含土地使用规划、综合交通规划、城市设计引导、低碳生态规划、公用设施规划、环境保护规划、综合防灾规划、四线规划控制要求等分区规划，明确园区规划范围为东至南官河、南至长江、西至长江大道、北至通港西路。2020年，调整园区控制性详细规划部分地块，将1.77万平方米三类工业用地调整为二类工业用地，将2.38万平方米防护绿地调整为三类工业用地。

园区夜景（2019年摄）

发展历程

1998年，高港经济开发区滨江工业园区成立，规划面积5.33平方千米。当年，园区落地项目总投资1130万元，实际利用外资54.45万美元。1999年，园区规划面积调整为6.4平方千米。园区与日本、美国等国家和中国台湾地区签订电子、建材、机电、石化、纺织印染、计算机软件等项目投资协议。

2000年6月，园区划归泰州经济开发区管理，同时成立泰州经济开发区滨江工业园办事处，负责园区日常管理工作，行使相关行政职能。组建泰州市新滨江开发有限公司，负责实施园区项目和基础设施建设、维护等工作。2002年6月，总投资7亿元的泰州杨湾海螺水泥有限责任公司落户园区。2003年3月，园区被中国石油化学工业协会授予中国石油化学（泰州）开发园区称号。2004年，总投资13亿元的扬子江药业集团江苏海慈生物药业有限公司落户园区。2007年，园区被泰州市政府确定为化工集中区；7月，中海油项目签约落户园区；至年底，园区已有中海油气、华东燃油、海泰油品、海螺水泥、海慈生物等30多家企业。

园区坚持“项目立区、项目兴区、项目强区”发展思路，2008年起，重点发展石油化工、生物医学、精细化工、机电机械、新型建材等产业。2010年，园区正式独立为泰州滨江工业园区，与沿江街道合署办公。2012年，总投资102亿元的中海油一体化项目落户园区。2013年，锦纶新材料、高泓纺织等20个项目落户园区。2014年6月，园区被认定为泰州市第一批特色产业园区。2016年12月，中海油一体化项目装置开车成功，总投资5.8亿元的中海特种油项目落户园区。至2017年年底，园区石化及新材料产业集聚效应日趋显现，当年完成规模工业总产值226亿元。

2018年，招引高端石化项目2个、新材料项目3个，总投资65.8亿元。园区实现工业总产值260.68亿元，同比增长14.62%。2019年，围绕打造“特色产业高地、美好生态绿地和科技创新集聚区、智慧管理示范区”目标，园区主导产业得到进一步发展，完成工业总产值273.78亿元。2020年，园区通过江苏省化工园区化工集中区认定，成为全省29家保持化工定位的园区之一。2021年，《泰州市三大先进制造业集群产业强链三年行动计划》明确支持滨江工业园区升格为化工园区、建设中型石化产业基地；6月，经省委、省

园区一角（2024年摄）

政府批复，泰州医药高新区、高港区实现融合发展，以滨江工业园区为基础，化学新材料产业园区组建完成，其管理机构为滨江工业园管理办公室；至年底，园区签约1亿元或1000万美元以上项目32个，其中“三比一提升”（比质量、比规模、比产出效益，提升核心竞争力）项目11个。2022年12月，总投资120亿元的盛虹储能和系统集成项目签约落后园区。至当年年底，园区拥有规模以上工业企业32家，完成规模以上工业总产值417.5亿元，同比增长43.27%；完成税收47.26亿元，同比增长63.98%。

围绕建设特色产业园目标，园区持续进行产业结构调整和区域布局优化，逐步确立高端石化、新材料、新能源主导产业发展方向。高端石化方面，发挥链主企业中海油气（泰州）石化有限公司资源优势，努力强链补链延链，向石化产业链下游延伸，积极发展高端化润滑油、特种油，打造全国最大的全系列高端润滑油产业基地；新材料方面，依托园区丰富的石化产业链资源和江苏海阳锦纶新材料有限公司、扬子江药业集团江苏海慈生物药业有限公司等重点企业，研发生产适用于大健康、原料药、纺织、汽车内饰、建筑材料等细分行业的新型材料；新能源方面，以盛虹动能科技（泰州）有限公司为基础，重点发展“高安全、高集成、高智能”的新型储能系统。2022年，园区高端石化、新材料产业实现工业总产值390亿元，占园区规模以上工业总产值的93.41%。

科技创新

2008年，泰州杨湾海螺水泥实验室建立，该实验室是当时国内最大、检验项目最齐全的水泥化验室，拥有技术人员71人。2014年，扬子江药业集团江苏海慈生物药业有限公司建立江苏省细胞素抗肿瘤原料工程技术研究中心，该中心专注于原料药研发，为医药产业的技术跨越与结构调整提供核心技术支撑。购置全自动反应热量仪、高压离子色谱仪、绝热加速量热仪等设备120余台（套），拥有研发人员156人，其中博士1人、硕士38人，承担多项国家、省级科技项目，主持兰索拉唑、盐酸多奈哌齐、米力龙、依达拉奉等多个药品标准制定。

2018年5月，哈工大泰州创新科技研究院在园区成立，专注于高性能复合材料、大健康新材料等领域科技成果转移转化；9月，泰州科聚新材料技术研究院在园区成立，以引进人才团队、扶持科技孵化项目、孵化高新技术企业为工作重点，致力于在微波通信材料、航空航天复合材料、医用抗菌材料、纳米材料与技术应用等领域开展研发与产业化工作，打造高分子新材料领域知识分享、平台共享、开放包容的创新发展高地。

2019年，江苏海阳锦纶新材料有限公司建立江苏省功能性尼龙材料工程技术研究中心，中心拥有科技人才53人，其中高级工程师8人；9月，中海油气（泰州）石化有限公司建立江苏省高端润滑油工程技术研究中心，拥有内燃机油、工业润滑油、工艺用油3个研发团队；扬子江药业集团江苏海慈生物药业有限公司技术中心被国家发展改革委、科技部、财政部、海关总署、税务总局联合认定为国家企业技术中心分中心，实现泰州医药高新区国家级企业研发机构零的突破。2020年3月，园区滨江大健康新材料科创空间获评省级众创空间。2021年，园区引进各类高层人才26人，其中国家级领军人才1人、海外人才2人；申请发明专利47件、授权专利3件。江苏三瑞生物技术有限公司建立江苏省（九洲）精细化工助剂工程技术研究中心，重点研究和推进新型助剂的开发与应用，引进高级教授2人、专职硕士技术人员3人，申请发明专利5件，开发新产品3个。

2022年，园区科技型中小企业入库登记34家，国家高新技术企业申报10家，规模以上企业有研发活动企业数占比100%，技术合同登记102件，登记额9.45亿元。园区承办2022中国（泰州）复合新材料应用技术高峰论坛，聘请8名院士、教授为科技顾问。至2022年年底，园区拥有哈工大泰州创新科技研究院和科聚新材料技术研究院两大新型研发载体、省级众创空间1个、国家级企业技术中心1个、省级工程技术研究中心4个、市级重点实验室1个、高新技术企业8家。

中国（泰州）复合新材料应用技术高峰论坛（2022年摄）

安全环保

自成立以来，园区先后投资15亿元用于完善安全环保设施建设。2000年至2008年，建设、完善管网系统，实施雨污分流；建成凯发新泉污水处理厂，园区内污水经处理后达到三级标准；建成4.1千米园区主干道，路灯、绿化全部到位。2014年，建成东联化工东侧生态绿带走廊，完成南官河西侧生态工程基础培土和管道铺设。2015年，编制《滨江工业园绿化工程方案》，开工建设南官河北段、泰镇路、创汇路、通扬路、港城西路、润江路、长江大道、送水河、虹桥港、长生港等道路和河流绿化工程；投资3000多万元，实施海慈生物、东联化工污水管网改造工程；6月，园区组织原料药公共服务平台消防演练和中海油气（泰州）石化有限公司罐区安全应急演练。

2018年，园区油品专用码头、集装箱码头、散货码头、热电联供、天然气站、中水回用、重大项目双回路供电线路、重大危险源检测预警平台、环境监测监控预警系统平台等配套设施全部实施到位。健全完善环境保护、安全生产“党政同责、一岗双责、齐抓共管”体制机制，制定污染防治攻坚战“两年行动”方案，有序推进长江及南官河一标段生态绿化、金泰环保超低排放改造、环境监控预警系统二期等9个重点工程建设。开展安全生产百日专项整治、大检查大排查大整治等活动，全面推进安全生产标准化、危化品企业及重点工贸企业作业场所安全生产规范化。园区企业服务中心主任徐昊获评中国化工园区优秀环保工作者。2019年，推进安全环保“一园一策”“一企一策”落实，实现安全生产标准化三级全覆盖和化工企业安全生产标准化二级全覆盖；园区入河排污口排查整治成效显著。2月14日，央视综合频道《晚间新闻》以滨江工业园区为典型案例，介绍运用“健康长江泰州行动”大数据平台服务长江生态保护情况；12月4日，央视中文国际频道《远方的家》栏目组“长江行”特别节目对赵泰支港入河排口工作进行宣传报道。

2020年，园区投入9300万元建成封闭园区系统，实现化工集中区封闭化管理；完成化工园区重大危险源监控预警系统升级改造；推进化工产业整治提升，关停中润油墨、普理新材料2家企业；建成3座闸站和7.6公顷生态湿地，规范整治25个入河排口。园区管委会被泰州市委、市政府评为泰州市生态环境建设先进集体。2021年，园区出台《安全生产负面清单管理办法》，整治安全生产违法行为。围绕改善大气、水、土环境质量目标，推进污染防治攻坚战和“健康长江泰州行动”，完成市交整治提升项目2个、区交整治提升项目13个、省级环保督察交办2项。2022年，园区深化安全生产专项整治三年行动，推进安全生产百日攻坚、大检查等专项行动，完成突发水污染事件三级防控体系建设方案编制。年底，园区入选全国首批清洁生产审核创新试点。

应急救援演练（2024年摄）

中海油气（泰州）石化有限公司

位于海油路1号，2007年由中海石油炼化有限责任公司（中国海洋石油集团有限公司下属公司）收购江苏中海华东燃油化工有限公司后更名组建。2016年，公司投资102亿元的一体化项目建成投产，成为全国唯一同时拥有环烷基和石蜡基润滑油加氢装置的炼油基地。2018年，吸收合并原中海沥青（泰州）有限责任公司和泰州东联化工有限公司，在海油系统内率先完成混合所有制改革。公司原（料）油加工能力每年520万吨，主要产品包括国V柴油、润滑油基础油、甲乙酮、MTBE、溶剂油料、苯、甲苯、混合二甲苯、重芳烃、石油焦等，产品年产量约490万吨。公司拥有油品码头2座，分别为通江油品码头和东联油品码头。通江油品码头位于高港港区高港作业区内，设计年通过能力270万吨；东联油品码头位于长江口岸直水道左岸、引江河口下游，由原泰州港务集团有限公司集装箱码头改建而成，设计年通过能力200万吨。2022年，公司“安全风险实时监测与应急处置”场景入围2022年工信部优秀场景公示名单，5G+智能工厂建设项目入围2022年度江苏省5G全连接工厂项目名单，基于全景感知的石油炼化智能工厂入围2022年江苏省智能制造示范工厂名单。公司加快推进实施总投资50亿元的高端润滑油、特种油国产化升级项目。实现工业总产值316.86亿元、利润2.79亿元，上缴税金42.12亿元。

中海油气（泰州）石化有限公司（2022年摄）

中海油气（泰州）石化有限公司海疆润滑油生产车间（2023年摄）

盛虹动能科技（泰州）有限公司

位于东联路66号，2022年12月签约引进，是世界500强盛虹集团全资子公司，也是盛虹集团进军储能板块后第一个实现量产的全产业链生产基地。公司以锂电池及储能系统集成为核心，立足中国，放眼全球，多点布局，打造从锂电关键原材料、电芯、模组到终端产品的完整产业链。盛虹新型储能电池及系统集成项目总投资120亿元，建设25GWh规模储能电池及系统。其中，一期项目投资约30亿元，建设5GWh高性能储能锂离子电池及系统生产线，用地21.5公顷，建筑面积约11.5万平方米，引进全自动生产线，购置正负极搅拌设备、极片烘烤设备、备料设备、装配设备等设备584台（套）。2022年12月15日，总投资120亿元的盛虹新型储能电池及系统集成项目在泰州医药高新区（高港区）签约。

盛虹动能科技（泰州）有限公司生产的新型储能电池（2023年摄）

盛虹动能科技（泰州）有限公司（2024年摄）

江苏海阳锦纶新材料有限公司

位于创汇路2号，成立于2013年3月，为海阳科技股份有限公司控股子公司，专业从事锦纶6切片、浸胶帘子布等锦纶系列产品生产和销售，位列全国锦纶制造三甲。40万吨锦纶切片项目分三期建设，总投资12亿元，一期于2015年竣工投产，二期于2019年竣工投产。建有院士工作站和工程技术研究中心，拥有国家实用新型专利十余项。2022年，实现工业总产值28.96亿元、利润7516万元，上缴税金2098万元。

江苏海阳锦纶新材料有限公司（2019年摄）

扬子江药业集团江苏海慈生物药业有限公司

位于泰镇路8号，成立于2004年，系扬子江药业集团全资子公司，专业从事原料药研发、中试和生产，产品主要服务集团制剂产品。占地面积30.67万平方米，总投资约13亿元。有35个品种通过新版GMP认证，40余个产品满足国外药典标准，28项产品获国家发明专利，30项产品获省级高新技术产品认定，获国际QC论文金奖5项、国内QC论文一等奖61项，多个产品已在9个国家成功注册、销售，并填补国内空白，是目前国内唯一掌握枸橼酸他莫昔芬A晶型制备工艺的企业，建有国家企业技术中心分中心。2022年，公司获评江苏省质量信用评价AAA级企业。实现工业总产值16.09亿元、利润11.85亿元，上缴税金3.73亿元。

扬子江药业集团江苏海慈生物药业有限公司原料药车间（2024年摄）

中海泰州特种油科技有限公司（2024年摄）

中海泰州特种油科技有限公司

位于通扬路180号，成立于2016年8月，系水发集团有限公司的控股企业，占地面积约6.7万平方米，总投资5.8亿元。公司主要对中海油气（泰州）石化有限公司的加裂煤油和工业白油等进行深加工，年产轻质白油10万吨、重质白油5万吨、特种定制燃油0.5万吨，是全国白油、轻质白油产品中质量档次最高、产品系列最全的生产商。产品主要应用于日用化学品行业，市场占有率同行业领先。2022年，实现工业总产值12.01亿元、利润4904万元，上缴税金1070万元。

泰州杨湾海螺水泥有限责任公司

位于泰高路2号，成立于2002年6月，系安徽海螺水泥股份有限公司全资子公司。占地面积18.67万平方米，总投资约7亿元。拥有先进的水泥粉磨生产线4条，年产能600万吨。产品通过ISO9001国际质量管理体系认证。拥有自用码头1座，设计年吞吐量1000万吨。公司生产的水泥主要销往泰州、扬州、福建、山东等地，应用于公路、桥梁、铁路、居民住宅等重点工程和民用建筑建设。2022年，公司投资5亿元对1号、2号水泥磨进行技术改造，对原生产线进行节能改造，对配套工程进行适应性改造。改造后磨机台时产量可提高至每小时260吨，水泥粉磨工序电耗下降至每小时27千瓦时，每年可节约电费成本约2000万元。2022年，实现工业总产值10.53亿元、利润2540万元，上缴税金3941万元。

泰州杨湾海螺水泥有限责任公司（2021年摄）

泰州金泰环保热电有限公司

位于港城西路2号，主营发电、供热兼营其他环保项目的开发、投资、建设、管理和技术服务。有员工300余人，其中高级工程师2人、工程师18人、大专以上学历68人。2003年12月建成投产，占地面积20万平方米，投资2.5亿元。规模为3台每小时75吨循环流化床锅炉和2台18兆瓦抽凝式汽轮发电机组，最大供汽量每小时160吨，最大年发电能力3亿千瓦时。公司生产运行、电气综合自动化系统采用全自动化分散控制（DCS）系统；管理系统（MIS）集企业网站、视频监控、实时数据、热网监控、办公自动化、设备管理系统等于一体。选用高效、低污染的环保节能型循环流化床锅炉及三电场静电除尘器，除尘效率达99.3%以上。生产废水和生活污水全部经处理后达标排放。2022年，供热管网基本覆盖滨江工业园区和高港城区，为扬子江药业集团、陵光石化等重点企业提供连续、稳定、可靠的热源。公司完成供气量207万吨，售电量1.45亿千瓦时，实现工业总产值6.24亿元、利润2619万元，上缴税金1502万元。

江苏海邦新材料有限公司

位于泰镇路10号，成立于2021年，占地面积4.95万平方米。总投资10.96亿元，建设丙纶短纤维材料全自动化生产线10条，可年产丙纶短纤维材料9万吨。公司生产的全系列丙纶短纤维产品用于汽车工业、土木工程、液体过滤、家居、卫生材料、纺织

泰州金泰环保热电有限公司（2024年摄）

等行业。2022年，实现工业总产值3.73亿元、销售3.67亿元，上缴税金72万元。

江苏三瑞新材料有限公司

创建于2013年，前身为江苏九洲环保技术有限公司，隶属于三瑞创新资本集团（苏州）有限公司。占地面积6.67万平方米，总投资规模3.5亿元，注册资本5050万元，设计产能30万吨，拥有6条5立方米聚合反应器生产线、8条15立方米聚合反应器生产线、10条37立方米聚合

江苏海邦新材料有限公司生产线（2024年摄）

江苏三瑞新材料有限公司（2024年摄）

反应器生产线，以及万吨级甲类仓储配套储罐设施。公司生物基胶黏剂、生物基增强新材料、生物基表面活性剂等系列产品广泛应用于日用洗化护肤、药用乳化剂、食品添加剂、高分子材料聚合、子午钢帘线、太阳能多晶硅切割、纺织纺丝油剂等行业。2021年，获批省级工程技术研究中心。2022年，完成营业收入1.6亿元。

中油佳汇新材料科技泰州有限公司

位于润河路16号，成立于2017年。从事新型防水及先进高分子等材料的研发、生产、销售、咨询、设计。2022年，投资近1000万元建成RTO环保设备，自动化立体仓库系统并投入使用。全年实现开票销售收入5145万元。

中油佳汇新材料科技泰州有限公司（2024年摄）

第四篇　港口建设

域内高港作业区、杨湾作业区、高港汽渡属泰州港高港港区。作业区背倚泰州主城区和苏北里下河地区，上游距南京145千米，下游距上海247千米，与扬中市隔江相望，为海、江、河换装良港，经过20多年的投资建设，港口设施与设备日趋现代化、港口运营不断提升、港口管理规范化。至2022年，港口已拥有长江泊位8个，其中万吨级泊位5个。与40余个国家和地区的160余个港口有运输业务往来，全年完成货物吞吐量5000万吨，营业收入3.3亿元。

港口演变

清光绪二十八年（1902），域内商贾高森甫在高港创办洋棚（商船售寄处和候船室），代办旅客运输，称为老高港码头。经高森甫等人多方努力，旅客逐渐增多。1915年，怡和公司轮船停靠高港码头。1920年，由张良礼的父亲张之太创办杨湾三圩渡。1923年，英商太古轮船公司在高港设立洋棚。1925年，太古轮船公司申汉线斑轮停靠高港码头。1934年4月，大达大通联运处在上海成立，口岸为其分公司。1937年，孙少兰创办杨湾码头。1954年，龙窝口码头淤浅，码头移至高港，称高港港口。1958年，创办高港渡，对渡南官河东岸龙窝口。1963年，创办高港内河码头，后因陆路交通逐步发达和高港港口繁华，逐步撤除杨湾码头、高港内河码头、杨湾三圩渡、高港渡。1988年7月，高港港被省政府批准为对外开放二类港口。1995年，建成高港汽渡码头，与扬中对渡。1997年6月，高港港更名为泰州港。1999年，建成杨湾港。2002年，原高港港改称为泰州港高港港区，为泰州港主港区。2003年起，随着体制机制的改革、经营观念的创新、战略投资的注入，高港作业区和杨湾作业区码头建设、设备设施不断升级改造，逐渐向现代化港口迈进。2011年，泰州港跻身全国亿吨大港行列。至2022年，高港作业区、杨湾作业区、高港汽渡共有堆场面积近50万平方米，具备件杂、散货、液体各种形态货物的装卸能力，接卸钢铁、铁矿石、煤炭、石油、水泥等域内外主要大宗外贸货种近20个，成为连接海外港口、上海、重庆及苏北地区的货物集散地。

泰州港年吞吐量突破1亿吨庆祝仪式（2011年摄

港区规划

1996年，《高港港总体布局规划》获批，高港港区按照杨湾港区、老港区（后称高港作业区）、永安港区、过船港区进行规划。其中，杨湾港区以外贸装卸为主，布置万吨级以上泊位4个，5000吨级泊位1个，主要货种为集装箱、件杂货及外贸粮食等。老港区以长江中上游货物中转接卸为主，布置3000吨以下泊位10个，5000吨级泊位1个，主要货种为内贸黄沙、煤炭、粮食及客货班轮运输的件杂货等。2000年，对高港港区总体布局规划做局部调整。将引江河出口中心线下游640米起向下1100米岸线规划为以石油、化工中转为主的万吨级深水港区，取消原规划中为高港作业区预留的粮食和磷矿泊位布局。

2007年12月，《泰州港总体规划》通过市级审查。规划高港港区岸线10.87千米（含永安港作业区），为地区经济社会发展服务的综合性港区，以干散货和集装箱运输为主。要求拓展港口物流、保税、商贸等功能，逐步将高港港区打造成为泰州港核心港区。2013年，高港作业区粮食泊位布局规划调至永安作业区。2015年，高港区作业区粮食接卸任务转移至永安作业区。

沿江岸线码头（2023年摄）

作业区建设

高港作业区

高港作业区为老港区，位于长江下游北岸与南官河交会处。1956年，建木栈桥浮码头1座。1957年，盐城专区生活资料服务站在高港设物资中转办事处，后在2号码头（后改称6号码头）北侧建215平方米中转仓库1座。“大跃进”期间，口岸港务局建内河码头1座，实际靠泊能力为1000吨级，并在1号木栈桥浮码头东西两侧建百杂货仓库各1座，面积分别为293平方米、120平方米。1962年，泰兴县糖业烟酒公司在1号木栈桥码头东北侧建320平方米四合院式食盐中转仓库1座，可堆存食盐650吨。1963年4月，泰兴邮电局在盐城中转仓库南侧建140平方米砖木结构邮件转运仓库1座。1972年，建成高港港区7号码头，码头长度65米，实

高港作业区（2012年摄）

际靠泊能力为3000吨级。1974年，4号仓库建成，位于7号码头东侧，面积830平方米，为门式钢架结构。1977年，江苏省外贸运输分公司扬州支公司在7号码头北侧建5536平方米外贸中转仓库1座；高港港务局将原鲜货棚改建成3号仓库，面积488平方米，为砖木结构；6号码头建成，码头长度72米，实际靠泊能力为2000吨级。1978年，1号码头停止使用，申—高班轮停靠7号码头。1980年，建5号码头，码头长度68米，实际靠泊能力5000吨级；建5号仓库，面积为500平方米。1985年，高港港区有客货码头8座，岸线1500米，库场14座、面积3.03万平方米，各种装卸机械64台、港务船舶24艘。1986年，改造2.5万吨级“珍海”号海轮为水上过驳平台，空载吃水4.7米，满载吃水10.2米。1994年，建成3079平方米客运综合大楼。1995年8月起，经营集装箱装卸业务。

2003年4月起，高港港不再经营长江客运业务。集装箱泊位（综合码头改造）工程开工建设，工程位于高港原1号码头与3号码头之间，为新建4000载重吨（兼顾10000吨级船型集装箱泊位）。2004年4月，高港作业区改造桥吊货场1.76万平方米。当年，完成吹填扩建工程，面积6.73万平方米。2005年1月，高港作业区投资400万元，建成5568平方米仓库1座。2006年，集装箱专用码头对外开放（该码头始建于2003年，初期投资7000余万元，配备1台40吨台架式起重机、1台岸式集装箱装卸桥，年通过能力为6万标准集装箱）。2008年，高港作业区共有码头8座，码头总长度1038米；泊位9个，其中万吨级泊位3个。码头核定总通过能力为464万吨，年货物吞吐量为1046.37万吨。2011年，投

资1700万元，完成作业7.64万平方米集装箱堆场改造工程；投资1400万元，完成堆场2台场桥的建造。2014年3月，投资1.62亿元对作业区开始实施4号、5号、6号通用泊位改造工程。建设1万吨级通用码头1座，长337米，水工结构按靠泊3万吨级船舶设计，外侧布置2个1万吨级泊位，内侧布置2个500吨级驳船停泊泊位。2015年，高港作业区4号、5号、6号通用泊位（码头）升级改造工程基本完成，开展工程竣工验收和对外开放验收。2016年4月，高港作业区通用泊位工程通过竣工验收并运行，完成开放验收工作。至2022年，高港作业区拥有泊位5个，其中万吨级泊位3个、千吨级泊位2个。

杨湾作业区

杨湾作业区位于长江下游北岸泰州市与扬州市交界处，东侧紧靠南水北调东线工程之一——泰州引江河与长江交会处。该作业区是苏中地区江河转道的重要节点，也是苏北及里下河地区出江入海的门户，为泰州港的深水外贸港区。1994年，交通部同意设立高港港杨湾作业区。1997年，泰州市政府决定开发沿江岸线，建设杨湾港作业区。6月，开工建设作业区一期工程，该工程为“九五”期间交通部在长江港口投资建设的最大工程，占地面积3.8万平方米，总投资1.51亿元。1998年11月，泰（州）高（港）公路二期工程竣工，连接观音堂至杨湾作业区。1999年2月，杨湾作业区一期工程竣工，建有1.5万吨级通用件杂货海轮泊位1个、100吨级内河泊位4个。码头全长330米，为高桩板梁结构，配有40吨门机1台、10吨门机4台。集装箱堆场总面积1.33万平方米，配有35吨轨道式起重机1台。该工程设计年吞吐能力为84万吨，其中集装箱3.24万标准箱，可常年靠泊5万吨级以下中外货轮。2002年，扩建堆场1.98万平方米。2006年1月，完成吹填扩建工程，面积8万平方米。2008年，杨湾作业区共有码头2座，码头总长度420米；泊位3个，其中万吨级泊位2个。码头核定总通过能力为108万吨，年货物吞吐量为523.01万吨。2014年，杨湾作业区通用泊位升级工程通过省交通运输厅竣工验收，码头停靠能力由1.5万吨级提升至5万吨级。2015年，杨湾作业区门机作业监控系统进入最后安装调试阶段。2016年，杨湾作业区靠泊能力由5万吨级提升为减载靠泊10万吨级。2017年，杨湾作业区一期工程陆域环保整治工程开工，工程合同总价为1586.66万元。2018年，该环保项目通过专家组验收，并投入使用。2021年，泰州港务集团有限公司完成杨湾作业区办公楼重新装修，完成进港道路沥青铺设以及职工停车场的建设。同时完成杨湾作业区航道、海事通航安全评审及作业区500吨级散装码头环保审批。至2022年，作业区拥有码头3座，泊位3个，其中万吨级泊位2个、500吨级泊位1个。

岸线利用

江都界至引江河口

该段岸线长1865米，位于嘶马弯道凹岸，深槽贴岸，水深、航道宽、河床基本稳定，后方陆域平坦、纵深长。至2008年，已建有泰州杨湾海螺水泥有限责任公司和高港港务集团有限公司万吨级泊位4个，除保留公用码头至泰州引江河口的水源保护岸线外，其余均规划为港口岸线。杨湾作业区总岸线650米，其一期工程占用岸线360米，出口小码头占用岸线60米。至2022年，岸线利用未变动。

引江河口至南官河

该段为高港作业区段，岸线长3000米，为深水岸线，除保留泰州引江河水资源保护岸线外，其余规划为港口岸线。至2018年，通过挖掘剩余岸线潜力和对老泊位更新改造，提高高港作业区规模，优化作业区功能。其中从南官河到高港闸之间1210米为高港作业区老港区占用岸线，上游油码头占用岸线250米。至2022年，岸线利用未变动。

设施与设备

落成洲锚地

1983年，设落成洲锚地。锚地位于高港港上游南岸侧，自落成洲2号浮以下500米至2号浮以上1700米，外界以落成洲灯浮向南岸推进200米，在标定界线四角设置4座水上绿定光黄色界浮，并设置黄色环照灯4盏。锚地总长2200米，宽600米，水域面积132万平方米，水深10至13米，底质为泥沙。1984年后，锚地外的水域不再锚泊船只和过泊作业，江上来往小轮也不再在锚地内穿行。2003年9月，落成洲锚地转由泰州市交通局港口管理处管理。

泰州海轮锚地

2007年，泰州市交通局在口岸直水道长江80号、83号黑浮标连线北侧与长江T2、T5红浮标连线南侧之间的水域新建泰州市首座深水海轮待泊锚地——泰州海轮锚地，锚地长6280米，宽555至595米，水域面积约360万平方米，设计水深7.2至10米，锚位半径为222至264米，按风力小于或等于7级的风况进行锚位水域布置，可供1万吨级海轮1艘、5000吨级2艘、3000吨级8艘同时锚泊，所处水域设置6座锚地界限浮专用标志，界限浮采用HF2.4-D1深水浮，并配置XHD170-1A型航标灯。2008年2月，泰州海轮锚地工程通过省级验收并正式投入使用。

码头

1956年1月，高港港口建成第一座固定式木栈桥浮码头。1978年该栈桥因木质腐朽而停用。至1980年，港口先后建成客货运码头8座，其中长江沿岸码头7座、内港南官河码头1座。当年6月，按照由上游至下游依次编号原则，将长江沿岸7座码头分别命名为3至9号码头，预留1号、2号2个空号。1982年，建成1号码头。1989年，建成2号码头。此后，1号、

2号、3号、4号、8号、9号码头先后被废弃、拆除或被取代。2008年，域内港区共有公用码头10座、泊位12个。其中高港作业区有码头8座、泊位9个，杨湾作业区有码头2座、泊位3个，企业专用码头2座、泊位3个。2022年，高港作业区有长江万吨泊位3个，杨湾作业区有长江万吨泊位2个，均位于沿江街道域内。

杨湾作业区码头（2011年摄）

杨湾海螺水泥码头（2019年摄）

附：企业专用码头泊位简介

杨湾海螺水泥码头　位于泰州引江河入江口西侧，为泰州杨湾海螺水泥有限责任公司专用码头，于2004年建成。码头长638米，有3万吨级泊位2个，实际可同时停泊5万吨级海轮2艘。码头配有大型移动式散装装船机2套、门座式起重机3台、桥式卸船机1座，年吞吐能力1000万吨以上。

海泰油品码头　位于泰州引江河入江口向东1千米处。系泰州海泰油品装卸有限公司所有，于2001年5月投资1.5亿元兴建，2002年11月建成。码头全长250米，建有泊位2个，包括5万吨级外档泊位和500吨级内档泊位，设计年吞吐量200万吨，油品仓储区总容量22万立方米。

通江油品码头　系泰州市通江油品装卸有限公司所有，于2009年建成运行，码头全长397米。建有泊位6个，包括3万吨级外档泊位1个、5千吨级外档泊位1个和500吨级内档泊位4个，设计年吞吐量270万吨。

东联油品码头　系泰州东联油品有限公司所有，于2020年由原泰州港务集团有限公司集装箱码头改建而成，码头长248.8米，建有泊位3个，包括3万吨级（满足2艘3千吨级油船同时靠泊）外档泊位1个、1千吨级内档泊位1个、500吨级内档泊位1个，设计年吞吐量200万吨。

海泰油品码头、通江油品码头、东联油品码头均为中海油气（泰州）石化有限公司提供配套服务，允许作业货种为石油、原油、燃料油、沥青、汽油、柴油、石脑油、润滑油等。

候船室

1956年1月，高港港口建成400平方米候船室1处。1963年，在旧2号码头东侧和港口办公大楼前搭建2000余平方米的简易毛竹候船室，年末，再建800平方米的砖木结构候船室1处。1985年，调整候船场所，将南京、镇江班客运候船室辟为个体商贩候船处。1994年，投资290万元，建成3079平方米客运综合大楼，可容纳近千名旅客。2003年，客运停业，客运综合大楼改作办公大楼。

库场

1985年，高港港口拥有仓库面积2969平方米、堆场面积2.66万平方米。1990年，高港港口仓库面积增至7769平方米。2005年，共有仓库面积1.23万平方米、堆场面积29.27万平方米。2018年，高港港区堆场面积60万平方米。2022年，高港港区堆场面积64万平方米。

机械设备

1958年前，港口装卸作业基本靠人

力加箩筐、扁担。1959年年初，港口开始试制轨道运煤系统，添加燃煤输送机械，后又陆续研制出班轮附货起舱机械、皮带传动运输机械等，工效大为提高。1976年，港口为9号码头自制并安装一条龙皮带输送机。1980年，5号码头建成投产，在栈桥上安装10吨门座式起重机2台，从栈桥到货场配置800毫米固定式皮带输送机118米，堆场北侧装置悬臂长10米、东西总长132米的堆料机1台，横跨堆场架设5吨40米桥吊，堆场南侧安装总长177米的固定皮带输送机3台，大幅提升港口通过能力。1985年，港口有各类装卸、起重、运输机械67台（套），装卸生产机械化程度98%以上，机械利用率32.4%。1998年，高港作业区添置10吨门座式起重机3台、40吨台架式起重机1台、内燃式牵引车5台；杨湾作业区添置10吨25米门座式起重机2台、35吨集装箱门式起重机1台、内燃式牵引车5辆。2003年至2005年，高港作业区新增门座式起重机3台，杨湾作业区增添轮胎起重机1台、40吨门机1台。2006年，杨湾作业区增加MQ 2533门座式起重机3台。2007年至2008年，杨湾作业区新增MQ2533门座式起重机2台、装载机4台。2018年，高港港区共有各类装卸、起重、运输机械300余台（套），最大起吊能力40吨，港作船舶6艘，货场机械化程度98%以上。2019年7月，高港作业区6号码头钢引桥改造工程完成，对原钢引桥进行拆除，将闲置在杨湾作业区的钢引桥进行改造后搬运安装在高港作业区6号码头。杨湾作业区首台封闭式皮带输送机投入使用。2022年，港口有各类装卸机械300余台（套），最大起吊能力40吨，具备件杂、散货、液体各形态货物的装卸能力。

营运与管理

自1902年开埠，港口运输一直是客货同船。1964年，始有客运专线。20世纪80年代，港口货运主要从事建材、煤炭等内贸货物的中转业务，其中1988年完成吞吐量488.2万吨。客运有定期客班轮航线6条、过境客班轮航线2条。90年代，货运、客运量下降。2003年，进行产权制度改革，实行政企分离，成立泰州港务有限公司，此后，港口年吞吐量持续增长。至2022年，港区设有海关、海事、边防等联检机构，国内航线直达上海、广州、深圳、天津、大连、重庆、武汉等各大港口，国际航线经上海港与40余个国家和地区的160余个港口有运输业务往来。

客运

清光绪二十八年（1902），英商祥茂轮船公司在封家庄设洋棚，投入通宁、泰宁等3艘木壳小轮运输客货至上海港。怡和、鸿安、招商等大轮公司在高港亦相继开设洋棚，停泊上海—武汉等航线的中外商轮。宣统元年（1909），太古、怡和洋行在高港设洋棚，并于江中设趸船接送旅客。宣统二年，封家庄洋棚迁至龙窝口，上海大达轮船公司在口岸设分公司。1912年，口岸镇东乡板子桥人李松如接替高森甫经营高港洋棚。1923年，英商太古和日清2个轮船公司相继在高港设立洋棚。1937年，杨湾人孙少兰创办杨湾码头。抗日战争时期，港口客运受重创。1947年，杨湾码头停运客货。

中华人民共和国成立后，苏北航线客运务日趋繁忙，每日往返上海—高港旅客700至1000人，有江康、江昌、大豫、鸿大、达兴等客轮运客。每逢节日客运繁忙时，港口组织船舶加班，或由武汉—上海客轮停港带客。至1957年，外江已相继有高港—上海、高港—镇江、高港—常州、高港—江阴、高港—清江（今淮安）等定期客运航线。1958年7月，撤销江阴—高港、镇江—高港客运航线，新辟镇江—江阴直达航线，停靠高港；

8月，开辟南通—南京线，停靠高港。同时，与高港内河轮船港埠互办旅客联运业务。1964年2月，省交通厅撤销南通—南京航线，增开高港—南京区间定期航班。“文化大革命”期间，港口客运受到冲击，上海—高港班轮由每日班改为隔日班，南京—高港班轮暂时停航，后又恢复。1986年，港口客运有上海—高港（申高班）、镇江—高港（镇高班）、南京—高港（宁高班）3条定期航线，上海—南京（申宁班）班轮也在高港停靠。当年，客流量开始大幅下降。1988年，南京—高港航班停航。1994年8月19日起，上海—重庆航线增靠高港，但港口客流量仍逐年大幅下降，当年旅客吞吐量仅为40.4万人次，次年降为28.1万人次。之后，公路、铁路、航空运输业不断发展，长江水路客流量急剧下降。1995年，镇江—高港航班停航。1999年6月9日，近百年历史的上海—高港客运航线停止营运。2003年4月，上海—重庆客班轮不再停靠高港，从而结束域内长江客运历史。

货运

中华人民共和国成立后，高港港口承运货物品种数十种。有粮食、家禽、蛋品、水产等出口品种，煤炭、百杂货、化肥等进口品种。1960年2月，为解决里下河地区鲜蛋、芦苇、萝卜干等土特产品的运输困难，港口开辟盐城—高港内河定期水上货运航线。1965年1月，港口开办江河联运、汽车零担运输业务。同年，与重庆、武汉、芜湖、南通等十余个沿江港口及湖南长沙、湘潭、常德等内河港口开办江河联运业务。20世纪60至70年代，港口生猪中转业务繁忙，冻肉转运业务渐成规模，高港港于1974年6月被确定为苏北出口冻肉转运点。1974年10月，“建邺”号海轮首航高港港，承运冻肉至大连，港口江心过驳海轮作业由此开始。1978年后，煤炭、磷矿石和黄沙等大宗散货的通过量逐年增长。1986年至1998年，港口货物主要来自苏北里下河地区及苏、锡、常等地。中转物资主要有黄沙、煤炭、粮食、金属矿石、钢铁等。1989年11月，高港港水上过驳平台通过省级验收。该平台是国内自行设计改装的第一座以装卸袋粮为主的平台，年吞吐能力60万吨。1998年后，港口进入快速发展期，主要中转长江中上游的铁矿产品和煤炭，同时经营船舶代理、货物代理、配送等多种业务。2017年，杨湾作业区新增砂石装卸业务，完成吞吐量1661万吨。3月，“太行128”轮装载4.3万吨玉米靠泊杨湾作业区1号泊位，系该作业区首次接卸散装玉米货种。高港作业区完成煤炭、铁矿吞吐量1325万吨。2018年，杨湾作业区平均单船作业效率每小时1662吨，单班次作业19286吨、单周装卸自然吨达24万吨，各生产效

高港汽渡（2024年摄）

率指标突破历史纪录。2020年，高港港区完成物资吞吐量4397万吨（含永安作业区）。2021年，完成货物接卸钢铁、铁矿、煤炭、粮食等域内外主要大宗外贸货种近20个，吞吐量5165万吨。2022年，高港港区完成物资吞吐量6479万吨。

高港汽渡

1995年，高港港建设汽渡码头，与扬中对渡。码头正面宽34米，坡度为10度，可同时停靠渡船2艘，待渡区路道长1000米、四车道，码头总面积9097平方米，建筑面积692平方米，有14车位渡船1艘，单航次时间约15分钟。汽渡有办公楼、售票房、检票房、综合服务部等设施。1997年7月，高港港务管理局高港汽渡更名为泰州港务管理局高港汽渡。2000年1月，汽渡公司筹资新增24车位渡船1艘。2008年，筹资新增28车位渡船1艘。2018年，汽渡公司拥有28车位和24车位渡船各1艘，备有雷达导航、无线电通信和电子监控等设备。2022年，年航次6341次，运送车辆19.46万次、旅客37.39万人次，营业收入1000万元。

国际贸易运输

1976年，江苏省外贸运输公司扬州支公司高港中转站成立，中转出口产品主要为扬州粮油食品进出口支公司经营的兴化、高邮、宝应、泰州等地的皮蛋，年中转量六七千万只，产值100余万元。经高港转运的部分冻肉通过上海港、广州港集并，运往中国香港、东南亚和东欧地区。20世纪70年代末，苏北地区的轻工、纺织、农产品等经高港转运销往境外，出口数量较大的外贸物资有口岸脚蹬厂生产的自行车脚蹬、泰兴出产的银杏、泰州生产的白布和里下河地区生产的卷笔刀、乐器、渔网绳等。80年代初，港口境外贸易保持平稳发展趋势。1988年，高港港被定为省级二类开放港口。6月，2.5万吨级的水上过驳平台“珍海”号锚泊定位成功并投入使用，大型船舶开始停靠港口，各种境外贸易物资可直接在港口运输和中转，港口的装卸通过能力得到提高。1992年，高港港被定为国家一类开放港口。1993年4月，高港港通过国家验收，正式对外籍船舶开放。2022年，高港港区与40余个国家的港口有运输往来，外贸吞吐量568万吨。

港口管理

1955年7月，成立长江航运管理局（简称长航）上海分局高港办事处。1956年10月，长航上海分局设立高港营业站，隶属于长航镇江港务局。1958年4月，高港营业站划归江苏省管理，更名为江苏省交通厅驻沪办事处高港营业站；10月，高港营业站升格为口岸港务局，隶属于扬州专署交通管理局。1963年1月，口岸港务局改称江苏省交通厅航运局口岸港务局。1965年1月，高港港再次划归长航，由镇江港务局代管，原口岸港务局更名为镇江港务局高港分局；11月，改由长航上海分公司管辖，设长航上海分局高港港务局，管辖河口（扬州市江都区域内）、五圩（扬州市江都区域内）、东兴港（扬中市域内）、过船港（泰兴市域内）、四墩子（靖江市域内）和七圩港（泰兴市域内）代办站。从此，港口的财务、基建、运输生产等统一由长航管理。1966年，成立高港航政站。1984年1月，高港港再次划属江苏省交通厅，设江苏省高港港务管理局；4月，高港航政站机构升级，更名为交通部长江航政管理局高港航政处，隶属于南京航政管理局，管辖上自江都三江营和扬中落成洲上口连线、下至靖江四墩子和江阴利港连线62千米长的水面。1997年1月，高港港务管理局更名为江苏省泰州港务管理局，仍隶属于江苏省交通厅管理，企业内部管理模式不变。2001年1月，高港航政处更名为泰州海事处。2002年12月，港口管理权由省下放至泰州市，泰州市港务管理局按照交通部“一城一港”规划，将港域范围扩大为包括高港区、泰兴市、靖江市三地的沿江港口。2003年，港口实施政企分开，由泰州市港务管理局行使港口行政管理职能，同时成立泰州港务有限公司，负责高港区沿江港口经营。设高港港区，辖高港、杨湾、永安3个作业区。2004年，泰州港务有限公司改制为民营控股企业。2006年10月，泰州港务有限公司与新加坡丰益集团、邦建航运合作组建泰州永益港务有限公司。2007年7月，泰州港务有限公司更名为泰州港务集团有限公司，下设杨湾、高港、永安3个港务子公司以及后勤公司、卫生所和船舶修造公司，同时经营高港—扬中汽渡。2016年6月，成立泰州高港港务有限公司，成为泰州港务集团有限公司的分公司。2017年11月至2022年，泰州港务集团有限公司的分公司泰州高港港务有限公司划归江苏省港口集团有限公司管理。

第五篇　南官河与泰州引江河

南官河与泰州引江河穿境而过，两条河哺育了泰州沿河数百万人民，为两岸人民的生产、生活和经济发展作出不可磨灭的贡献。南官河的整治与泰州引江河的开挖推动了经济社会的发展与进步，更是中华人民共和国成立后特别是改革开放后全国飞速发展的缩影。

南官河

南官河是苏北地区三条南北走向的水运主动脉（西有大运河，东有串场河，南官河位居其中）之一，北起海陵区新通扬运河，南入长江，全长28.5千米。千百年来，南官河是泰州通南地区重要的引、排、航骨干河道，也是连接苏北里下河地区与苏南地区的纽带。它滋养了沿河流域数百万人民，促进了沿河地区的繁荣，承载着丰富的地方历史和文化内涵。

河名来历

南唐昇元元年（937），升海陵县为泰州，划海陵南五乡置泰兴县，县治设于济川镇。这条从泰州向南注入长江的河道流经济川镇，因而得名济川河。北宋初年，长江北岸经常发生大规模“沙崩”（坍江），致使济川镇坍于江中，该河入江口因此北退7.5千米。这一状况延续至明代大江口淤积成陆地才结束。

元至正二十五年（1365）十月，徐达进军泰州，调兵自大江口挑河15里，开济川河通贯口岸，直抵泰州南门湾。自徐达疏河后，济川河就成了一条能通贯舟楫的

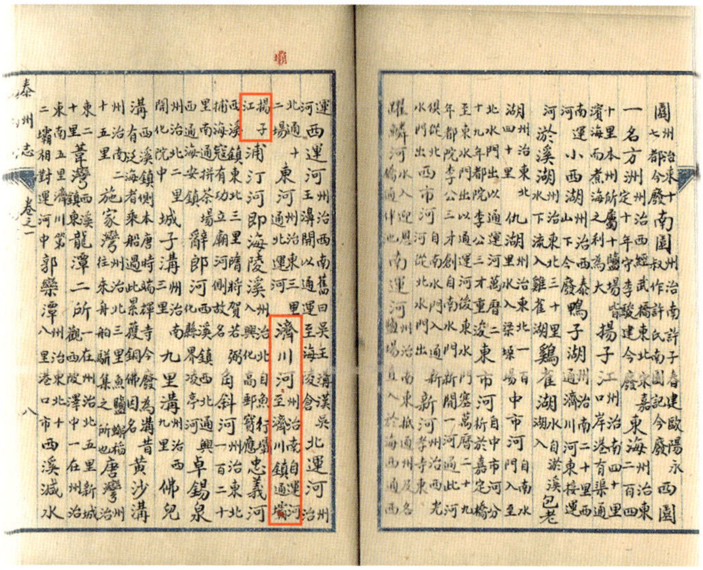

明《万历泰州志》记载“济川河，州治南，自运河坝至济川镇通扬子江”。济川河即今南官河

大河，从大江口直达泰州南门外。因济川河是徐达调军疏浚的，又位于泰州之南，故被称为南官河或南官运河。

清代，因为济川河中段流经当时泰兴县最北边界的庙湾镇，故该段也被称为庙港或庙湾港。

中华人民共和国成立后，由于该河对泰州的经济发展有着十分重要的作用，泰州市人民委员会（县级）报请江苏省交通厅制订方案，于1956年9月10日经江苏省人民委员会批准，决定整治济川河，同时，将该河的多个名称统一为南官河。

河道整治

历史上，南官河由于河道弯曲，淤浅严重，航道不畅，泰州和里下河地区南来北往的进出口物资都要沿通扬运河绕道江都仙女庙，经芒稻河至江都三江营进出，这样每艘运输物资的船只都要增加航程63千米。由于南官河于泰州汇里下河诸河道南流而注入长江，有着重要的战略地位和航运价值，从明代开始，历代政府出于军事、交通运输、引水、排涝的需要，都曾对南官河河道进行整治。

元至正二十五年（1365）十月，朱元璋所部大将徐达为了攻打驻守泰州、高邮等地的张士诚部，需要从泰兴运兵至泰州。由于南官河水道不通，徐达发动军民开挖河道，自大江口挑河15里至泰州南门，疏通柴墟至泰州的航道，直抵泰州南门。明洪武年间，因调运淮盐和军粮往南京，官府又一次对济川河（今南官河）进行拓宽疏浚。自此，其水利和航运功能大大增强。

清康熙五十年（1711），泰兴知县宋生考察口岸和迁善铺（刁铺）后，为配合缉查私盐和防止枯水季节河水倒流入江，决定在内河淤浅处筑坝。来往货船均由口岸过载行组织翻坝转运。后因江滩和沙洲淤涨，南官河大幅度南移，延伸至龙窝。清乾隆五十三年（1788），为蓄水和防洪，地方政府在泰州南门高桥东筑滕家坝，切断南官河与通扬运河之间的联通，从此位于泰州以南的上河和以北的下河，船只不能直达（后来南官河长江河口建闸，滕家坝失去控水功能，1962年南官河与通扬运河重新连通）。清道光三十年（1850），泰兴知县张行澍集资疏浚庙港（即南官河）。清光绪二十八年（1902）二月，地方木材商出资租用扬州堤工总局挖泥机疏浚南官河口岸段。

民国成立至抗日战争期间，南官河曾多次疏浚。1935年，裁去刁铺环溪弯曲段。后来，由口岸几十家木商筹资，租用挖泥机或由人工对江口至蔡滩段进行多次疏浚，临时解决冬春枯水期的通航，但并未治本。苏北地区这条贯穿南北的主要航道依旧是弯曲多、航道窄、河底浅，仅在夏秋两季勉强通航。蔡滩以北、庙湾以南的几处河段弯曲情况尤为突出，河道来回弯曲，大弯来回六七次，小弯不计其数。旧时有“船过庙湾，进弯煨得猪头烂，船还未出弯”的民谣，其直线距离只有1100多米，弯曲航程却多达十几里。河道也严重淤浅。据大达、大通轮船公司联营处口岸分处1947年4月12日的业务报告：“刁家铺以北，距口岸三十余里（水程）之金家垛，河道水浅仅及踝部，有大船六艘，由泰驶口，至金家垛地方，因水枯不能前进，后来多艘小船，又因大船横阻于前，大小船前后拥挤，无法通过，致使南北交通中断，前后达十余天之久。”这些受阻的船只，有的采取提空减载驳运下驶，有的将驳下的货物用汽车装运到口岸码头。口岸码头的申口线客货班轮停港待货转天生港配货，甚至空驶上海的情况时有发生。

中华人民共和国成立初，航道淤浅更趋严重，有的地方水深只有0.5米左右，严重影响了里下河各县的经济发展。1953年11月，泰州市政府与省交通厅组织工程技术员，会同内河航运公司人员，实地查勘南官河水道，制定可行性整治计划。江苏省人民委员会于1956年9月10日作出整治南官河的决定。

南官河整治工程包括庙湾、刁铺、口岸等处弯曲河段进行裁弯取直，对全线淤浅、狭窄河段拓展、疏浚；拆除航道的碍航桥梁；在口岸镇以南建口岸船闸、节制闸，以蓄泄河水，保证交通运输畅通，并有利于里下河各县的农田灌溉；废

南官河（2023年摄）

除口岸坝口以南通往龙窝口的旧航道，重开新河，改由高港码头东侧入江。工程技术设计标准：根据南官河的运输需要，按250吨的运输货驳，船型长30米、宽7米，满载吃水2.5米，保证枯水一列式拖带船队的双向单排航行的要求。航道标准定为河底宽20米、水深2.5米、边坡1∶3、最小弯曲半径300米。其设计水位是根据通扬运河的设计水位，灌溉季节5米，非灌溉季节3米，设计河底高0.5米，跨河桥梁通航净跨20米，净空高在最高通航水位以上5米。

南官河整治工程分2个年度施工：1956年进行疏浚工程，修建临时性套闸1座及新建沿河人行便桥5座；1957年新建口岸船闸1座，建船闸管理所办公用房。疏浚土方工程于1956年11月25日全面施工，泰兴县动员民工2万人。工程范围北自泰州西仓桥，南至泰兴县的口岸蔡滩十三圩（口岸粮库北，域内合乐军圩），全长20.519千米（其中顺原河疏浚14.498千米、新开河6.021千米），至1957年1月16日结束，共计挖土方136.45万立方米（其中疏浚57.24万立方米、裁弯79.21万立方米），开挖用地438.29亩，堆土用地1230.6亩，拆迁房屋478间，迁移坟墓1500座，共支出经费120多万元。河底高改为-0.3米，河底宽改为15.2米。自1957年1月16日起，南官河航道从泰州南门至十三圩段船舶可通航，从十三圩至龙窝口段暂不通航。1957年11月，刁铺浅段继续打坝疏浚。1958年，口岸镇区以南南官河入江新河道开工，5月南官河船闸施工，1959年10月口岸船闸建成使用，南官河船只改走口岸船闸，直取高港码头东侧的新河道进入长江，在新河道出江口西侧建泰州轮船公司口岸内河码头。南官河整治后，泰州至高港码头从原来的31.5千米缩短为26千米，已达到五级航道标准，里下河地区客流货源都能通过南官河顺利出江入海。原来到龙窝口的南官河故道废弃。

1965年，疏浚寺巷至江口段，底宽15米、底高-0.4米，河坡1∶4。1978年，疏浚刁铺旭光船厂至老通扬运河口段13.86千米。2007年，整治南官河刁铺段。2010年1月，实施南官河故土段岸线加固。2017年10月，拆除南官河大桥下违建，清除历史积存垃圾。

水环境整治

南官河作为长江通往里下河地区的重要水道，长期以来承担着泰州及周边地区大宗货物江河联运功能。它贯穿市区南北，曾接纳周边城镇大量生活污水，水质一度出现劣V类现象。2010年起，沿江街道组织志愿者在南官河堤岸栽种花草，义务做好南官河生态走廊花木草坪维护保养工作。2014年，实施南官河南起高港汽渡北至通港路生态建设工程，投资3000万元，建设全长3千米、宽9米的绿化带。2019年，泰州市制定出台《泰州医药高新区南官河区域水环境综合治理三年行动方案》，成立南官河区域水环境综合整治领导小组，组织实施南官河生态补水、支流闸坝建设、区域河道疏浚整治、入河排污口整治、雨污分流改造、区域污水管网完善、污染河道整治、区域水系连通、农村户厕改造综合污水治理等九大工程和南官河生态绿化工程。域内该项工程位于南官河西侧，南起长江入口，北至通港西路，全长5千米、宽10至65米，绿化总面积约23万平方米。2021年，完成南官河景观绿化四期工程，绿化规模约10万平方米。通过以上措施改善提升南官河及其两侧区域水环境质量，至2022年，南官河断面水质基本稳定在Ⅱ类和Ⅲ类之间。

节制闸与船闸

1957年至1959年，在南官河下游距入江口1500米处相继建成口岸节制闸和船闸，改善南官河的通航条件，增进苏北水网地带和苏南地区的经济交流，同时保证南官河周边的农田用水，解决南官河流域长期以来航运与浇灌不能兼顾的矛盾。

口岸节制闸 为确保南官河干流航线的畅通，江苏省水利厅决定在口岸镇建1座控制江水流量、蓄排兼顾的口岸节制闸。1957年开工建设，1958年5月竣工。节制闸共3孔，每孔净宽7米，共完成土石方4.25万立方米，耗用钢材311吨、木材376万立方米。设计灌溉面积50万亩、排涝面积21.15万亩。最大引水能力每秒190立方米，最大排水能力每秒260立方米。1968年、1969年相继将木面板门更换为钢丝网水泥面板门。1975年，中孔更换为钢面板门。2000年，投资539万元，实施除险加固工程，2001年2月竣工。2021年，口岸节制闸全年引水194次2.676亿立方米，排水6次0.1716亿立方米。2022年，引水188次1.49亿立方米，无排水。

口岸船闸 1958年4月，江苏省交通厅决定在口岸节制闸西侧50米处新建口岸船闸。船闸自1958年5月25日动工建造，1959年8月5日竣工通航，总造价150万元。工程历时430天，共浇筑混凝土5230多立方米，闸塘开挖及回填土方1858万立方米，耗用木材220立方米。受经费和施工条件所限，口岸船闸按照三级建筑物标准施工建造，闸室容量及其通过能力亦按照20世纪50年代末内河客货运输经营状况设计。口岸船闸闸室全长135米、净宽12米，船闸上、下游引航道长度315米、底宽25米，下游闸首至长江边距离1500米，设计年通过能力300万吨，每次可通过100吨级船舶十余艘，一次通过能力为1000吨左右，成为五级航道。为苏北水运干线咽喉，全省航道系统重点口门船闸之一。1960年后，随

口岸船闸（2024年摄）

着国民经济的发展，苏北内河航运事业有了长足发展，常年还有十多个外省市的船舶往返于南官河，进出口岸船闸，船闸通过量骤然增长。1959年至1960年，平均年过闸船舶总吨位为250万吨左右，1963年全年过闸船舶吨位增至359.7万吨，是1959年和1960年间的1.43倍，导致待闸时间数以天计。通过建（湖）高（港）、兴（化）高（港）、射（阳）高（港）3条内河航线运送煤炭等物资的定期班轮，亦因闸室拥挤、航道阻塞，不能及时过闸。

为保证内河客货船舶及时通过口岸船闸，1963年4月，江苏省航运局将口岸船闸划归高港港务局管理，船闸隶属关系的变更在一定程度上缓解了内河客运班轮过闸的紧张状况。1964年至1981年，4次对船闸维修。1983年，为确保船闸畅通和过闸船舶安全，设立远方船舶停泊区，将上游引航道的管理延伸至距船闸7千米的刁铺北，将下游引航道的管理延伸至船闸1500米的长江高港锚地。1990年、1999年，船闸先后2次大修，后被评为优良工程。2007年8月至2008年12月，江苏省交通厅航道局对口岸船闸实施改扩建工程，将原来135米×12米的闸室改建为140米×16米的闸室，将原横拉门启闭改为三角门启闭，将原机械式启闭设备改为液压式，船闸控制由原按钮操控改为电脑上位机操控，船闸控制自动化水平、灵敏度和安全保险系统得到明显提高。改造后，单闸船舶通过量由4艘增加至6至8艘，单闸船舶通过时间由每次40至45分钟减至25至30分钟。

2013年之前过闸程序：由海事出具允许过闸通知单；上下游登记过闸序号

单；经海事、运管、公安检查后买票；稽查、抵押证件；待闸拿过闸牌号；按过闸序号听调度进闸；换牌号、返还证件。2012年，“江苏内河船舶便捷过闸系统”（水上ETC）在口岸船闸管理所实施试点研究，船舶过闸船民无需上岸办理过闸手续，改变船闸运行调度方式，使船舶过闸更加便捷、顺畅、安全。2013年之后过闸程序：船舶ETC手机登记；发放船舶过闸序号；调度员通过甚高频系统播放允许过闸序号和船名号；船舶过闸。2021年，开放22375闸次，通过船舶吨位2612.6万吨，通过货物量1266.2万吨；2022年，开放15807闸次，通过船舶吨位17146万吨，通过货物量842.9万吨。

河道功效

南官河（济川河）自古以来是苏北里下河地区入江出海的捷径要道。南宋建炎三年（1129）春，金兵追踪高宗小朝廷至扬州，驻在泰州的皇室成员乘船从济川河安全出江南渡。明代，徐达疏通航道，主观上是军事的需要，客观上为泰州和里下河地区的商贾往来、沟通长江南北的客货运输提供了最经济的捷径航道，促进了南官河下游柴墟镇的繁荣（其时域内属柴墟镇），为下游两岸带来大量人流和信息流。柴墟镇的水陆交通进一步发展后，一些官府衙门也随之兴建。泰兴知县罗贤于弘治十四年（1501）在口岸镇西（今沿江街道域内）建口岸察院。嘉靖二十三年（1544），泰兴知县谢说在口岸镇西（今沿江街道域内）建口岸公馆。万历二十四年（1596），泰兴知县陈继畴在域内建实塞仓。其时，柴墟镇成为泰州和里下河地区的出江门户，沟通长江南北运输的帆樯林立，船舶进进出出，商贾往来，熙熙攘攘，俨然一派通商口岸的繁华景象。

清咸丰三年（1853），驻扬州的盐运使衙门迁移至泰州，淮盐自此改道从南官河入长江。咸丰十年，两淮盐运史乔松年在口岸镇设立淮盐分栈，主管泰兴县和周边县乡民间食盐运销船只的盐赋征收，淮盐分栈地址即在域内（今古寿佛寺附近）。自口岸镇设立淮盐分栈后，泰州盐栈即停止，统归口岸分栈收价发盐，口岸便成了淮盐等物资仓储、中转、运输为一体的重要集散地。从此泰属十一场和通属九场的出场盐船均由南官河猬集口岸镇，导致口岸市面相当繁荣，南官河航道也经常为之堵塞。中华人民共和国成立后，域内高港航运站西侧仍设有盐站，其名称先后为高港盐库、高港盐业批发部、高港盐政和泰州盐业公司高港客服中心。

清光绪元年（1875）起，南官河逐渐成为苏北地区大量木材集散地。其时，因为江苏地区出产的木材很少，大部分要从外省运进，以湘、黔两省所产的杉木木质最佳。湘、黔木商于清同治五年（1866）在江都三江营和仙女庙开辟木材销售市场，后因三江营坍江较为严重，木材经营受到影响。口岸镇为里下河地区木帆船的集结点，以南官河为主干运输通道，交通往来方便，加之口岸毗邻泰州城区，运输业务可以辐射整个里下河地区的广大城镇和农村市场，所以，光绪元年后，木材行业从三江营迁移至口岸经营，口岸木材业日趋兴旺，各木行日进斗金，开创了口岸地区木材行业有史以来最繁盛时期。从清光绪初年至1931年，先后在口岸经营木材业务的木号多达31家，其中较大的木号有恒兴益、永丰泰、兴茂盛、积善昌、履太豫等20余家，在南官河内拆作木排的季节性钩业工人有一千多名。苏北里下河地区各县的大小农村集镇几乎都有木材销售网点，进入南官河，除东岸堆存大量木材外，从龙窝口向北一直到鸭子河十多千米的河道内均停泊有木材排筏，水上船舶航行常遭阻塞。湘黔两省的大宗木材在口岸集散转运，大大促进了口岸的发展。龙窝口原系长江北岸边一个芦苇丛生的小滩头，自从木材在此集散后，河上买卖木材的客户人来人往，络绎不绝。河下从外江到内河十多里的水面上，白天工人的号子此起彼伏，入夜水上灯火通明。龙窝口从此兴旺起来，小小的集镇旅馆猛增到64家，有饭店21家、过载运输商行48家。木材商获得大量利润后，除了扩大经营，还不断筹款，资助地方公共建设，集资兴建了名闻遐迩的金寿公所建筑群、横跨南官河的福星石桥，还出资租用扬州堤工总局挖泥机疏浚口岸段南官河等。木材业的兴起，为南官河两岸的乡镇建设作出了巨大的贡献。

1920年，泰州大源内河轮船公司开通泰州至龙窝口航线（口泰线）。1928年在口岸创办的汽油船局和泰兴电轮局的小轮船均开通泰州至口岸的航线，载客装货至口岸出江后开往苏南及上海等地。从苏北到上海的大宗货物为粮食（包括小麦、红粮、豆类，以小麦为主）、棉花、棉布和鸡鸭、禽蛋等农副产品，从上海、无锡等大中城市运回各种日用百杂货、工业制品，及时转销苏北地区。南官河为衔接内河与长江的航运，沟通长江南北的客货运输，发展苏北的航运事业作出贡献。

1937年8月13日（八一三事变）以后，日军先后占领上海、南京，水上交通一度中断。1940年，日军占领口岸港，把南官河等内河通道作为入侵通道，不断运送兵力和物资向北扩大军事占领区。抗日战争胜利后，口岸成为苏北里下河地区土特产的集散地，也是城乡物资交流中转港。运出的物资有小麦、棉花、杂粮以及鸡、鸭、鱼、虾、猪、牛、鸡蛋等，每日有400至600吨，上海运往里下河的货物每日约200吨。渡江战役前，里下河大批支前船只通过南官河开往江边，配合人民解放军渡江作战。1954年8月，开辟建口线（建湖—兴化—泰州—口岸），打通了苏北里下河地区的出江口。为解决里下河地区鲜蛋、萝卜干、芦苇制品等土特产品的运输困难，1960年2月，江苏省运输指挥部开辟定期水上货运航线盐口线（盐城—大丰—东台—泰县—泰州—口岸），盐城地区所产土特产品源源不断地运往高港，然后再运往上海。盐城货班返回时，将盐城及里下河地区所需五金、化工和日用百杂货随船装回。期间还开辟口岸至邵伯航线以及口岸至清江（现属淮安市）的客货船运输航线。

1959年2月，将建口航线延至沟墩（盐城市阜宁县），同时，建口客班与长江航运客轮办理旅客联运业务，节省旅客在途和候船时间。后来，又开办物资联运的业务。1962年，建成2座简易码头和4间内河候船室，完成中转至里下河的化肥、农药、农业机械1.85万吨，运进煤炭、粮食16万吨。1963年，通过南官河转运禽蛋农副土特产品150余吨，转运苏北活猪羊至上海达2000余吨，适时解决苏北地区农副产品外运的困难。南官河整治后，每日抵达高港的内河客驳都在9艘以上，内河码头泊位不能满足客船靠泊之需。1964年，在内河添置3艘水泥趸船，建立固定的栈桥浮动码头，同时建16间总面积450平方米的内河候船室，建24间总面积300余平方米的客运站台和1间占地面积96平方米的杂货仓库，口岸内河轮船站成为泰州轮船公司下属的具有一定规模的内河轮埠。

改革开放后，公路客运发展迅速，南官河的客运逐步被公路运输所取代。据口岸内河轮船站统计资料记载，1981年以前，建湖、兴化等地每天经高港到上海的旅客为300至600余人。1985年起，每天从兴化经南官河到上海、南京的旅客不足200人，之后甚至更少。但随着国民经济的迅速发展，南官河大宗散货（煤炭、黄沙、石子、钢材）通过量成倍增长，南官河逐渐不堪重负。1995年开挖泰州引江河航道，弥补了南官河的不足。

南官河疏浚并建节制闸后，承担起里下河地区的百万农田排灌任务，但是仍属自流排灌。泰州引江河枢纽工程建成后，又开挖连接泰州引江河与南官河的送水河，由送水闸控制。送水闸设计流量每秒100立方米，打开送水河即可通过南官河向通南地区送水或抽排通南地区的涝水。送水河的设置发挥了原来南官河不能发挥的作用。

泰州引江河

淼淼水光，清清引江。“引长江水惠济天下”，是泰州引江河名字的由来，也是这座现代化水利工程的目标。

泰州引江河南起长江，北接新通扬运河，全长24千米。工程位于泰州市与扬州市交界处。既是国家南水北调东线水利工程，也是江苏东部沿海开发的战略工程。1995年11月，正式开工建设一期工程。1999年9月，河道、桥梁、枢纽3项主体工程竣工。2004年6月，工程通过竣工验收。2012年12月，开工建设二期工程，2016年12月，通过竣工验收。2016年11月至2018年11月，对一线船闸进行维修加固。

泰州引江河具有引水、灌溉、排涝、航运、生态旅游、水情教育等功能，从1999年至2022年已累计排涝46亿立方米，年均引江水30亿立方米，受益耕地达300万公顷，增加南水北调送水量每秒200立方米，船闸日均通航400多艘，年通航量达1.5亿吨。

江苏省泰州引江河工程管理处（简称泰州引江河工程管理处）自1999年成立以来，获得全国水利系统文明单位、江苏省文明单位、国家级水利工程管理单位、全省水利目标管理先进单位、全国中小学生研学实践教育基地、国家水情教育基地等荣誉称号。

河道开挖

泰州地区自古频遭水旱灾害，特别是里下河地区四周高、中间低，系江苏的“锅底洼”，更是重灾区。历代地方政府都重视水利建设。1958年，泰州引江河工程曾被纳入江苏省水利规划，并于当年冬季开工建设，共动员20万人平地挖60万立方米土方，后因诸多原因停工。1991年，泰州域内遭遇大水，造成国有资产和人民财富的巨大损失。1993年，江苏省委、省政府研究决定继续开挖泰州引江河，并建设高港枢纽，以沟通长江流域和淮河流域水系，为里下河防汛抗旱增加一条直接通道。

1995年，泰州引江河工程被省政府列入省重点建设项目。5月12日，《泰州引江河工程可行性报告》通过水利部技术审查，环境影响评估报告由国家环保总局批复同意。11月25日，泰州引江河试挖段开工典礼在刁铺镇北栾村举行，江苏省领导陈焕友、郑斯林等参加。1996年汛前，基本完成试挖段工程。10月，开始实施试挖段以南5.8千米河道工程。1997年6月，中段8千米河道工程全面开工。12月，北段8千米河道工程全面开工。该工程全部使用机械开挖，改变了千百年来开河挖沟依靠肩挑背扛、人海会战的施工模式。河道表层土方用铲运机施工，下层土方用水力冲挖机组施工，土方经泥浆泵吸运吹填至堆土区。1999年9月，一期工程的河道、桥梁、枢纽3项主体工程竣工，合计完成土方3213万立方米，混凝土20.6万立方米，石方27.89万立方米。全河长24千米，河道工程底高-3至-3.5米，平均挖深8米，河底宽80米，流经域内近3千米。省政府及地方投资12亿元，泰州引江河全线被划定为调水保护区，沿线生活污水、工业污水基本实现零排放，两岸的水土资源开发也受到严格的限制，水质常年达到二类标准。

开挖引江河，共征用域内杨湾、生宁、复原、长圩、双复、合乐、故土7个村24个组3141亩土地，拆迁536户。

2012年12月，开工建设泰州引江河

1999年9月28日，泰州引江河高港枢纽竣工典礼现场

二期工程，于2016年12月通过竣工验收。整个二期工程浚深24千米河道，河底高程由原来的-3至-3.5米加深到-6至-6.5米，河底宽度70米。二期工程主要建设内容包括河道扩挖工程、河道防护工程、支河口影响处理工程、跨河建筑物防护工程以及水土保持工程。二期工程河道弃土区共计24处，其中排泥场19处、集中堆土区5处。由于二期工程浚深了河道，通水能力满足自流引江每秒600立方米的最终规模；在一线船闸西面新建二线船闸，船舶通航量实现倍增，千吨级大型船舶畅行无阻。工程总投资6.96亿元。泰州引江河二期工程获得2017—2018年度中国水利工程优质（大禹）奖、江苏省优秀工程设计一等奖、2020—2021年度国家优质工程奖。

高港枢纽

泰州引江河的龙头——高港枢纽距长江1.9千米，是泰州引江河连接长江的控制工程，由泵站、节制闸、送水闸、调度闸、船闸（包括一线船闸和二线船闸）组成。工程由江苏省水利勘测设计研究院、扬州市水利局、扬州市勘测设计研究院共同设计。1996年10月，枢纽土方工程开挖，至1999年9月，闸站工程全面竣工。工程总投资3.56亿元，共完成土方275万立方米，石方（含垫层）6.4万立方米，混凝土12万立方米。因地基土质疏松，天然地基承载力不够，枢纽工程采用水泥搅拌桩加固地基、混凝土连续墙围封防渗，共布置搅拌桩16095根（其中闸站工程布置搅拌桩10631根）。这在

泰州引江河高港枢纽（2024年摄）

省内水工建筑物软基处理尚属首次。枢纽工程按长江百年一遇高潮位6.41米设计、300年一遇高潮位6.82米校核。内河最高水位3米，抗震设防烈度7度。枢纽同时建有综合自动化系统，运用微机进行数据采集和控制运行。整个枢纽工程气势宏伟，技术先进，是江苏现代水利工程的样板工程。2021年，泰州引江河管理处按期完成18个维修养护项目、6个防汛项目，完成引江口门安全工作综合管理塔建设。

泵站与节制闸　泵站采取闸站结合形式，布置在节制闸东侧。为改善水流条件，在泵站与节制闸交界处上下游各设置长42米的导流墙。泵站分东侧、中间、西侧3块底板，每块底板上布置3台机组，一期工程的3台机组安装在东侧第一块底板上；二期工程的6台机组安装在中间第二块及西侧的第三块底板上。站身上下共分4层，自上而下分别为进水流道层、出水流道层、联轴层、电机层。进、出水流道为双层矩形结构，上下层流道进出口各设一道钢质平面快速闸门，配卷扬式快速启闭机。主厂房净跨18.5米，下游启闭机设在厂房内。为减轻厂房上部结构重量，屋顶采用钢质网架结构。

泵站工程的结构采用X形双向流道结构，通过流道闸门组合控制，达到双向运用的目的，大大节约工程建设资金。泵站安装立式开敞式轴流泵9台（套），总装机容量1.8万千瓦时。为适应长江潮位变化带来的不同扬程需要，二期工程

泵站内景（2011年摄）

提办的6台机组（4号至9号主机泵）采用全调节式泵。1997年10月16日，水力挖塘机组开挖。1998年1月26日，泵站底板开仓浇筑混凝土。1999年1至5月，完成一期工程3台主机泵安装。1999年8至9月，二期工程6台主机泵安装结束。闸单机抽水能力每秒34立方米，总抽水能力每秒300立方米。2017年，“整合泵站工程管理的联动系统”获国家发明专利，“大型水力机组数字化智能化安全运行与故障诊断关键技术与应用项目”获江苏省科技进步二等奖。

节制闸位于泵站西侧，闸孔总净宽50米，共5孔，每孔净宽10米，底板高程为-6.35米，采用弧形钢闸门。根据上下游水位变化，闸门开启高度通过节制闸过闸流量自动调节系统自动控制。1998年2月2日，紧靠泵站西侧的4号地板开始浇筑。9月8日，开始现场组装钢质弧形闸门。10月16日，完成5孔闸门的安装。11月5日，启闭机吊装到位。11月底，节制闸安装并调试完毕。总流量每秒440立方米，另外加上下层流道设计流量每秒160立方米自流江水，该工程总引水能力每秒600立方米。

泵站、节制闸虽然规模较大，但是采用大量先进技术，建成监控系统、保护系统和远程操作系统，管理、操作十分方便，操作人员只要坐在中央控制室操作微机，就可以对机组、节制闸进行操控，并实时了解各设备的运行情况。例如，设定节制闸的引水流量每秒150立方米，在长江潮位不断变化的情况下，可以通过节制闸过闸流量自动调节系统，由计算机根据潮位变化自动调节闸门的升高，确保流量始终保持在每秒150立方米。2009年，泵站管理所被评为全国学习型先进班组；节制闸管理所被授予江苏省工人先锋号称号。

送水闸与调度闸 送水闸位于枢纽工程的东北方向，送水闸西首是小型水工建筑物，闸孔净宽16.5米，分3孔，

送水闸与调度闸（2024年摄）

每孔净宽5.5米，设计流量每秒100立方米，闸室为3孔一联，整体式平底板，底板顶面高程-2米，采用卷扬式启闭机控制；1997年10月16日，水力挖塘机组开始闸塘开挖。1998年10月9日，开始浇筑底板；12月22日，启闭机吊装到位；12月24日，闸门安装结束。1999年1月底，完成启闭机安装调试。

调度闸位于泵站以北100米处，距离引江河中心线98.86米，闸站总净宽20米，分4孔，每孔净宽5米，设计流量每秒100立方米，闸室为4孔一联，整体式平底板，底板顶面高程为-5.5米，闸门为钢质平面上下扉直升门，采用卷扬式启闭机控制。1998年1月，开始冲挖调度闸基坑土方；8月4日，开始浇筑底板；11月18日，完成调度闸岸、翼墙施工；12月20日，闸门安装结束。12月25日，启闭机吊装到位。1999年1月底，完成启闭机安装调试。当需要通过南官河向通南地区送水或者抽排通南地区涝水时，须关闭调度闸，打开送水闸。如果向里下河地区送水或抽排里下河地区涝水，须关闭送水闸，打开调度闸。

高港船闸　该船闸是泰州引江河与长江相接的控制性建筑，是江苏水利系统最大的船闸。船闸位于引江河中心线以西200米，上下游引航道与引江河中心线平行，分为一线船闸和二线船闸。

一线船闸闸室长196米、宽16米，槛上水深3.5米，上下闸首为整体平底板坞式结构，采用短廊道头部输水、对冲消能方式。闸室为分离式透水闸室，闸室墙身为钢筋混凝土半重力式结构，闸站

船闸闸首（2015年摄）

船闸通道（2024年摄）

底板采用钢筋混凝土框架梁顶撑。上下游导航墙为浆砌块石半重力式结构，表面为厚30厘米的钢筋混凝土护面。闸首主闸门为平板结构横拉钢闸门，上下闸首设控制楼，为“船帆”式倒八字造型。1996年12月16日，船闸工程正式开工。1997年5月5日，下闸首底板开仓浇筑；5月21日，开始闸室墙底板浇筑；5月上旬至10月上旬，完成上下游引航道土方工程；9月18日，闸门开始安装；12月25日，完成启闭机安装调试。船闸工程共投资7605万元，完成土方71万立方米、石方（含垫层）1.7万立方米、混凝土3.9万立方米。1998年9月18日，船闸首次试通航；12月28日，举行通航仪式。2016年，对一线船闸实施加固。1月，一线船闸加固工程可行性研究报告得到江苏省水利厅批准；2月，江苏省泰州引江河管理处高港船闸加固工程建设处成立；11月15日，加固工程正式开工。2017年5月25日，完成水下工程；8月31日，完成全部工程；11月，船闸加固工程通过竣工验收。该工程实际完成投资6848万元。

二线船闸建于2012年12月至2016年12月，闸室长230米、宽23米，槛上水深4米。整个二线船闸工程施打上游围堰钢板桩145根，闸室土方开挖6万立方米，多头小直径施打40多米，混凝土护坡拆除1万立方米，上下游航道清淤3.5万立方米，闸塘降水井施打10口。一、二线闸门均为平板结构横拉钢闸门，上下闸首造型与一般的船闸建筑风格截然不同，一线船闸闸首建筑造型“风帆远航”的深刻寓意，与二线船闸闸首建筑造型“叠帆月影”文化创意遥相呼应。

船闸的开启与关闭采用综合自动化系统。由于河道直、河面宽，可行千吨级船舶，形成24千米长的水上快速通道，带动形成苏北三级航道网。船闸上行和下行流程设置基本相同，一闸船舶全部开出，放一闸船舶进入内河，这样循环运行，平均每个单向过程大约半小时。随着现代科学技术的不断发展，2017年7月，高港船闸管理所打造“零距离、零缺陷、零障碍”的船闸服务品牌，推进“智慧船闸”建设，建立融综合管理、调度指挥和服务于一体的大数据平台，全面推行“不见面服务、不上岸过闸”的服务模式，成立通航业务受理中心，通过智能化语音平台，一站式线上办理各项业务，方便船舶登记，缩短待闸时间。利用船闸视频监控系统、闸口抓拍系统的视频数据、水位数据，对船舶实施精准调度，提高放闸效率。南来北往的商船需在此停泊等待过闸或栖憩补充物资，呈现出“日过桅帆千杆，夜泊舟船十里”的繁荣景象。高港船闸每年通航量达到1.5亿吨，为加速区域物资流通、推动区域经济发展作出巨大的贡献。

2019年，落实船舶诚信管理制度，查处违章船舶220艘次，处理船舶严重失信行为30艘次，确保船闸通航有序。同年，还成功应对因京杭运河缺水和临近船闸大修导致的通航高峰，全年开闸3.57万闸次，放行船舶16.3万艘次，过闸吨位累计1.58亿吨，放行吨位同比增长10.2%。2020年，船闸“不见面服务，不上岸过闸”管理模式和高港船闸闸口抓拍分别获得全国水利职工创新成果一等奖和优秀奖。2021年，船闸管理所被评为全国职工职业道德建设百佳班组、全省水利系统文明示范窗口单位。

工程效益

供水　高港枢纽自建成以来，取得了巨大的经济效益和社会效益，年平均引江水30亿立方米，江水通过泰州引江河流向苏北、东部沿海及里下河地区，流量可达每秒600立方米，受益耕地达300万公顷。扩大江水北调能力，长江水通过高港枢纽经新通扬运河、三阳河、潼河，由宝应站抽入里运河北送，增加南水北调送水量每秒200立方米，把江水源源不断送往水资源缺乏的北方地区。泰州引江河高港枢纽可自流引水每秒600立方米（节制闸每秒440立方米，泵站底层流道每秒160立方米），或抽引江水每秒300立方米，通过泰东河、通榆河、卤汀河等送水骨干河道，将长江水东引、北调至江苏沿海垦区和各个灌区，同时，通过送水河，向通南高沙土地区供水每秒100立方米。

2001年，省内淮北地区及沿江、沿淮丘陵山区发生严重的春、夏、秋连旱。泰州引江河累计引长江水21.57亿立方米，有效缓解里下河等地区的旱情。2007年春夏时节，长江水位较低，泰州市沿江各通江涵闸自流引江水比较困难，通南地区水稻栽插亦困难，6月8日，高港泵站开动2台机组，以每秒80多立方米的流量向通南地区送水，累计送水7200万立方米，通南地区旱情得到一定程度的缓解。2009年，向苏北、里下河及东部沿海地区引水21.5亿立方米。2010年，全年累计开闸267天，引水23.4亿立方米。2011年，节制闸累计自流引江水17亿立方米，开机调水4.32亿立方米，为应对里下河地区多年不遇的严重旱情发挥积极作用。2014年，自流引江水266天，累计引江水28.57亿立方米，超过往年平均引水量的40%，向里下河地区送水0.31亿立方米，向通南地区送水1.12亿立方米，有效改善泰州城区水质和生态环境。2016年，共自流引江水212天，累计27.72亿立方米，为通南地区送水6次共1.81亿立方米。2017年，向苏北及里下河地区引水256天，累计引水37.6亿立方米，同比增长36%，创历史新高；向通南地区开机送水1465台时，送水1.73亿立方米。2018年，向苏北及里下河地区引水273天计39亿立方米；高港泵站3次向通南地区开机送水，共送水1.57亿立方米。2019年，向苏北及里下河地区大流量引水315天，累计引长江水60.3亿立方米，同比增长近50%；冬春枯水季向通南地区送水2.8亿立方米。2020年，泰州引江河共执行省水旱灾害防御调度指令37次，向苏北及里下河地区大流量引水290天，累计引长江水50.8亿立方米；冬春枯水期，7次向通南地区开机送水0.69亿立方米。2021年，共执行调度指令42次，高港枢纽常态化大流量引水292天，计44.74亿立方米，向通南地区送水2.43亿立方米。2022年入汛后，长江中下游地区发生60多年来范围最广、程度最重的水文干旱，泰州引江河管理处严格按照江苏省水旱灾害防御调度指令调引长江水，并组织工程建成以来首次主汛期闸站联合运行，高港枢纽自流引水333天计50.39亿立方米，泵站开机运行43天送水2.55亿立方米。

排涝 里下河地区腹地总面积1.35万余平方千米，地势四周高、中间低，既是鱼米之乡，也是多灾之地。该区域内排水原来以射阳河、黄沙港、新洋港、斗龙港排水入海为主，江都抽水站抽排入江为辅。泰州引江河工程建成后，提高该地区的防洪排涝标准。当里下河地区出现洪涝时，高港枢纽泵站可以每秒300立方米抽排涝水下泄入江，确保江淮安澜。同时，通过调度闸、送水闸的控制，还可解决通南地区2000平方千米的排涝问题。2003年，里下河地区遭受1991年以来的特大洪涝灾害，高港枢纽泵站首次正式开机排涝。从7月2日到7月29日，连续安全运行5818.5台时，累计抽排里下河地区涝水7.18亿立方米，大大

泰州引江河航道（2024年摄）

减少里下河地区灾害损失。2005年8月上旬，受频繁降水及第9号台风“麦莎”影响，里下河水位不断上涨，并迅速超过警戒水位。8月4日，高港枢纽泵站紧急开动9台机组，以每秒320立方米的流量向长江抽排里下河地区涝水。至8月15日，计抽排涝水3.2亿立方米，使里下河地区水位迅速下降至警戒线以下。2005年，高港枢纽排涝4.71亿立方米。2009年，为改善泰州城区水环境开机抽水0.5亿立方米，为里下河地区排涝0.8亿立方米。2010年9月，受台风外围影响，里下河地区积水严重，高港枢纽抽排涝水0.87亿立方米，控制里下河地区河网水位。2016年，开启泵站机组2次共31天，机组累计运行5161台时，抽排里下河地区、通南地区涝水6.83亿立方米。2018年梅雨期间，泵站开机1329台时，排除涝水1.67亿立方米。2021年，抽排里下河涝水4.1亿立方米。

航运　泰州引江河为三级航道，可行千吨级船舶，由于水面宽、河道直，形成一条从长江到泰州的水上高速通道，大大缩短泰州市主城区到长江的航行时间。泰东河拓浚后，泰州引江河沟通里下河和东部沿海地区，形成一条长300千米的三级航道，从而实现江海联运，加速物资流通，为区域经济发展发挥作用。2020年，泰州引江河管理处优化船闸运行调度流程，完善信息化管理、实行申报诚信化，船闸累计放行单机船14.7万余艘，船队1700余支，船舶通过量1.56亿吨。2021年，高港船闸每闸次放行船舶吨位提升4%，累计放行单机船12.43万艘、船队1445支，船舶通航量再创新高。2022年，一线船闸、二线船闸累计放行船舶11.69万艘、船队1619支，船舶通航量1.56亿吨。

生态旅游资源

泰州引江河干流可基本保持长江水质，达Ⅱ类水质标准，通过引入江水泰州城区部分河段的水质可达Ⅱ至Ⅲ类标准。同时，苏北里下河腹地、江苏东部垦区、苏北灌溉总渠以北部分地区因增供大量江水，水生态环境得到明显改善。泰州引江河沿线实施高标准的水土保持和绿化防护工程，河坡全部护砌，防止被河水冲刷；沿线主要选用从美国引进的杂交狗牙根草以涵养水源；沿途河岸上种植杨柳、紫薇、碧桃、春梅、蜡梅、红枫、桂花、苦楝等花卉苗木，起到移步换景的效果，是人们休闲观光的好去处。2003年起，泰州引江河管理处以水利工程为依托，实施旅游项目开发，建成岳家军抗金印象主题公园、棋园、琴园、绣园、引江河工程纪念广场、音乐喷泉广场、落雁塘垂钓中心、汇舟湾江上游、三月潭水上乐园、雁鸣桥、涌莲桥、滋北亭、仰岳亭、柴墟冈等景点和旅游项目。（详见第六篇生态旅游）

第六篇　生态旅游

依托泰州引江河高港枢纽美丽的自然风光、丰富的水土资源和深厚的历史文化底蕴，域内建有国家AAA级旅游风景区——泰州引江河风景区，融人文景观与自然景观于一体；同时，结合地势特点和产业布局，在长江和南官河沿岸分别打造极具诗情画意的生态公园。现代工业与生态文明融合发展的美丽画卷，让沿江街道成为周边群众休闲旅游的极佳去处。

泰州引江河风景区

泰州引江河风景区以泰州引江河工程为依托、以水文化和历史文化为底蕴，以水情教育为特色，注重工程造型与周边环境的协调统一，被评为国家AAA级旅游景区和国家水利风景区、江苏最美水地标之一，同时被泰州市旅游局等单位联合评选为泰州城市八景之一。2022年，入选国家水利风景区高质量发展典型案例（全国仅12家景区入选）。景区内有充满水韵的巨型雕塑——引江河纪念碑和颇具特色的棋园、琴园，岳家军抗金印象主题公园和三月潭水上乐园，镶嵌于花丛绿茵之中的沃特龙大酒店，樱花园和具有传奇色彩的落雁塘及沿河风光带等，集旅游、休闲、娱乐为一体。

泰州引江河风景区入口（2024年摄）

引江河工程纪念广场

1999年建成，位于船闸和泵站之间。引江河工程纪念碑的巨型雕塑矗立在广场中央，四周绿树环抱。纪念碑由底座和大型不锈钢雕塑组成，碑底座高约1.5米，整座雕塑建筑在二级台基之上，原本高大雄伟的雕塑更添气势。整个雕塑离不开一个“水”字，底座由花岗岩砌成，花岗岩上雕刻着水的波纹，底座之上方镶嵌着由草书“水”演化而来的银白色图案，形似“引江”二字，更像一面风帆。

纪念碑朝西一面刻着由时任江苏省委书记陈焕友手书的“引江河工程纪念碑”八个大字，朝东一面刻着江苏省人民政府撰写的纪念碑文。

棋园和琴园

纪念碑以南本是一块平地，设计师巧妙地建了一座棋园。棋园是以古代象棋残局谱“国富兵强”为主题设计的景点。棋盘长25米、宽22.3米，棋盘上的7枚汉白玉棋子分别为将、帅、士、士、兵、卒、炮，每枚直径2米、高0.5米、重逾4吨，南北各设1尊智者像，重15吨。棋园寓意昔日硝烟弥漫的楚河汉界，今天铺满盛开的鲜花，表达追求和谐发展的美好愿望。

在泵站的控制大楼前是琴园。琴园是以钢琴键盘为主旋律设计的景点。从空中俯视整个琴园就像一架钢琴，琴键由红色大理石制作而成，琴凳为日月花坛，坛内鲜花朵朵，琴园犹如一名穿着

引江河工程纪念广场（2024年摄）

棋园（2024年摄）

长裙的天使，又似一位朝气蓬勃的现代水利人，正悠然奏响治水的美好乐章。

沃特龙大酒店

2004年4月开业，位于高港枢纽泵站的东面，镶嵌于花丝绿茵之中，坐南朝北，前有“水之韵”现代雕塑和绣园，后有下沉式音乐喷泉，按四星级标准建造，蕴涵浓郁水文化特色，拥有客房、会议中心、餐厅、桑拿、舞厅、健身中心、室内酒吧。酒店依江伴水，四周草木葱茏，风景如画。酒店南面是典雅的下沉式音乐喷泉广场。广场低于地面，四周是水泥台阶，一方面便于游人从地面下行到广场，另一方面也可以供游人休憩，欣赏音乐和喷泉。整个下沉式音乐喷泉由电脑控制系统控制。音乐喷泉广场的东面是网球场。至2022年，该酒店共接待博鳌亚洲论坛国际医药产业大会等高规格会议1000多个。

岳飞抗金印象主题公园

坐落在沃特龙大酒店的南面。公园入口是金香大道，入口西边是“江之春”音乐雕塑，以“引江之春”命名。

南宋建炎四年（1130）秋，岳飞曾经在柴墟一带抗金，为充分挖掘这一段历史，打造了岳飞抗金印象主题公园，并对柴墟冈遗址进行保护。主题公园由岳飞

岳飞雕塑（2024年摄）

雕像、岳家军抗金浮雕墙、得胜榜书碑刻、“神武”号古战船、野营遗迹复原、野马形象复原、羊打鼓意象复原等景观叠加而成。其中，岳飞青铜像高4米、重4吨，岳飞身披盔甲，手按剑柄，神态英武，面向北方，气宇轩昂，栩栩如生。临水处建有仰岳亭，与岳飞雕像隔潭相望。亭内有石凳、石桌供游人小憩。柴墟冈遗址在岳飞抗金印象主题公园的东北方向，系古战场遗址，土山连绵起伏、蜿蜒曲折。

三月潭水上乐园

位于岳飞抗金印象主题公园南面。三月潭清澈见底，风平浪静时，宛若一块无瑕的翡翠，映着天空中飘浮的白云，四周被绿树环抱，整个水潭又恰似晶莹剔透的玉盘镶嵌在绿树丛中。每到夏天，这里便成了天然的“氧吧”，潭中遍植荷花，夏秋季节潭中盛开的荷花与岸上的绿树相映成趣。潭上建有一座拱桥，状若水上彩虹，名曰“涌莲桥”。该桥栏杆参照宋代福建安平桥式样设计，简洁美观，以优美的身姿横卧在清澈的水面上，取得“长虹卧波”的效果。拱桥把整个三月潭一分为二，潭边建有钓鱼台，钓台上有座椅，使三月潭成为垂钓者的乐园。

潭边垒石成岸，奇石突兀，随势起伏，错落有致，石间遍植矮小的花卉，四季繁花似锦，犹如给三月潭镶上一道美丽的花边，并栽有垂柳，达到“三月潭畔柳苍苍，万缕千丝拂地长”的效果。

三月潭水上乐园（2024年摄）

三月潭周围分地段、分品种遍植名木名卉，有罗汉松、五针松、小楠木、山茶、樱花、石楠、苏铁、青枫、梅、樟树、慈孝竹、合欢、桑树、新木姜子、榧树、银杏、红叶李等50多种，四季繁花似锦，树木葱茏。

三月潭的东边有一条小溪，连通三月潭与沃特龙大酒店南面的音乐喷泉，使潭水和喷泉里的水成为活水。夏季，溪边小道绿树成荫，走在小道上，既有茂林修竹之浓荫，又有曲径通幽之逸致，让人流连忘返。

樱花园

位于“樱鸿帆远”文化园区内，“叠帆月影”造型的下闸首右侧。整个樱花园以双面石刻浮雕墙“风生水起”为引、“凤凰引江赋”为纲，“凤凰引江”“善泽东方”“里下河韵”“古运新曲”“长江水脉”“水美江苏”6座主题雕塑串联，配以成林的樱花，美不胜收。园区入口前有樱花大道（也叫青石板路）。

樱花园占地面积约330亩，连绵成片、纵深成线的千株樱花，大有“三月引江光景好，绿叶含烟苞缤纷。萼舒雅致芳四溢，云天花雨赛仙姝”的霞蔚春色，其中火红吉祥的“樱缤画廊”、亭亭如盖的“漫如云亭”、光彩夺目的“樱蕾绽放”、造型新奇的“樱帆风雨”……一个个巧夺天工的构思，无不显示出“凤凰引江”的文化品位和实力。园内除了有樱花这一主要观赏树种外，还配合种植了香樟、广玉兰、桂花等常绿树，五角枫、银杏、白玉兰等落叶树，另外还有红叶石楠、重森女贞、高羊茅等灌木，草坪

樱花园（2020年摄）

近5万平方米。每年3月樱花绽放，满树烂漫，如云如霞；在谢樱时节，落英缤纷，地上好似铺上一条长长的花毯，成为一道亮丽的风景线。

落雁塘及沿河风光带

送水闸的东北方向是古柴墟落雁塘旧址，传说曾是明代口岸人薛寿昕垂钓的地方。薛寿昕生性耿直，在朝中不愿与奸佞为伍，辞官归田，为排解孤独，爱上垂钓。后人倾慕不慕名利、洁身自好的薛寿昕，把该塘取名为“落雁塘”以作纪念。

2006年，地方政府在原有废水塘的基础上进行疏浚拓宽和环境整治，开鱼塘，设曲桥，塑艺雕，建茶楼，创作《古落雁塘》磨漆画，建成“绮霞垂钓”景区，使得拥有700多年历史的古落雁塘重放异彩。

落雁塘在引江河的东边，已成为引江河风景区的一个重要景点。塘的周围大树参天，一到夏日，苍翠的树木遮天蔽日。落雁塘垂钓中心水域面积18亩，塘上修了一座拱桥，为纪念雁声救人的传说，取名“雁鸣桥”。该桥把塘一分为二。塘内精养了多种长江鱼类，塘边有几座木制的露天挑台，便于游客更近水面垂钓。四周以块石驳岸，犬牙交错，别有一番情趣。塘边为鹅卵石铺就的曲径，游客可在这条小道上散步，也可在这条道上垂钓，塘中间有一座三四间屋大的椭圆形小岛，岛上建有“渔之歌”组合雕塑，雕塑由大雁、渔网、渔船组成，船舶静静停在这里，营造出“江风渔火、渔歌唱晚”的意境。

塘东北边临水而建一座二层半圆形阁楼，取名“水天阁茶社”，取自唐朝王勃《滕王阁序》“落霞与孤鹜齐飞，秋水共长天一色”。朝塘一面为透明玻璃落地窗，登临水天阁，或品茗，或休闲观景，塘面景色一览无余。这里空气清新，环境优美，起伏的喷泉、缥缈的水雾、舒缓的音乐，渔船、拱桥、红花、绿草，构成一幅独具水韵的生动画面。

落雁塘西面是引江河的“汇舟湾江上游”景点。引江河边停泊着游船和快艇，供游客水上游览，岸上有商场和篮球场，每到节假日，这里便是垂钓者和篮球爱好者的乐园。

引江河两岸是全长24千米的引江河沿河风光带。两岸实施高标准的水土保持和绿化维护工程。绿化面积达500多万平方米，绿化覆盖率近95%，有樱花、国槐、红枫、蜡梅等10万余株乔木、45万余株灌木、50万余株宿根类花卉。通过乔、灌、草相间，色、香、形结合，春草、夏花、秋叶、冬果四季景色调和，形成“桃李争春、绿荫护夏、枫叶染秋、红梅暖冬”的四时景观，镶嵌在东西两岸。引江河河水清澈透明，碧波荡漾，两岸林木苍翠，芳草萋萋，构成一条色彩丰富、节奏明快的绿色长廊，又像是给引江河两边镶上彩色的花边。

落雁塘（2024年摄）

生态公园与湿地

沿江街道持续开展基础设施建设和人居环境改善工程，对一些边角地、撂荒地进行综合利用，将其打造成适合健身休闲的公园和湿地。依据地形地势而建，设计巧妙，不拘一格，营造出“小而美”的场景，实现土地资源的科学合理利用，有效改善人居环境，给人们带来诗情画意般的享受。

滨江生态公园

2019年建成，位于南官河以西、虹桥港以南、泰镇公路东侧，滨江工业园区管委会北侧，占地面积约8.8万平方米，古寿佛寺在公园的东南角。这里原为一片荒地，街道因势造景，将这里打造成有山有水的生态公园。公园西面紧靠泰

滨江生态公园（2023年摄）

镇公路处建有廊亭和石凳，供游客和市民休息。公园东部紧靠南官河边，建有彩色柔性铺装场地和河畔板道、健身步道。

整个景区一半以上为水域面积，南部长满芦苇和菖蒲，呈现一片水乡原生态状。北部以池塘为中心，形成水清岸绿的景观。塘内栽植水生美人蕉、再力花、黄菖蒲等水生植物，以及雨久花、狼尾花等宿根植物。塘边建有亲水平台和垂钓平台，增加临水、亲水的观景空间，营造雅致清新的观赏气氛。溪流、池塘与南官河相通，使整个生态公园的水成为活水。弯弯曲曲的溪流在景区穿行，小河上所建的景观桥无一雷同，小桥流水的景观随处可见。

公园的绿化很有特色，选择合适的乔木、灌木和草本植物进行组合，形成层次感和立体感，增加景观的变化性和美感。这里的小土山有四五座之多，公园东部两座小山连在一起，密密麻麻栽种各种树木，有常绿的雪松、桂花、樟树和落叶银杏等。因为是密植的，所以南官河西岸形成密林区，成为闹市区与生态公园之间的天然屏障，既阻隔闹市区的喧闹声，又净化空气。中央水景区北侧，各个小土山分别栽种不同的树木，有水杉林、银杏林、香樟林等，山间、山腰栽种耐阴的开花植物和色叶植物，实现植物景观增彩透绿与移步换景，使人不觉得单调。临水边遍植杨柳，健身步道两边统一植香樟。从远处看，小土山逶迤连绵，健身步道弯弯曲曲，在山间、在水边穿行。公园芳草茵茵，绿草中植有杜鹃、蜡梅、樱花、紫荆、海棠等。每当鲜花盛开时节，微风吹来的淡淡清香，沁人心脾。

公园的步道旁及河边都安装了路灯或彩灯。每到夜晚，灯光在树林中闪烁，与地上的花草交相辉映。夜间，有很多鸟类在此栖息，这里成了鸟的天堂。公园山林秀美，碧水微波，树木葱郁，鸟语花香，是市民赏景、散步、休闲、骑行的好去处。

赵泰支港生态湿地

位于沿江街道中心，北起送水河，南至长江。赵泰支港宽26至32米，长约1.5千米，兼具排涝和景观功能，同时还承担着园区凯发新泉污水处理厂处理尾水的排水任务。整个湿地面积7.6公顷，由扬州市勘测设计研究院有限公司设计，由苏州市水利工程有限公司施工，建设总投资2000万元。2018年6月开工，2020年10月通过竣工验收。

整个生态湿地以赵泰支港小流域水环境整治和水质达标为主要目标，从控源截污、生态治理、活水畅流、生态修复、水质预警、长效管理等方面开展一系列生态涵养工程，通过生态湿地涵养净化水质，进而实现改善水质的目的。

整个湿地选用自由表面流人工湿地构建生态廊道，湿地设计水量为每天2万立方米，出水水质目标为《地表水环境质量标准》V类以上水质标准，水位为1.5米，水力停留时间为72小时，净化后的河水通过永长圩泵站排入长江。湿地以挺水植物为主，浮叶植物、沉水植物为辅，包括美人蕉、芦苇、菖蒲、水鸢尾、香蒲、再力花、千屈菜、水葱等，种植密度每平方米约15株，是一处宜人的自然生态区。

湿地的河岸道路宽9米、全长1300米，构建成生态路道，沥青混凝土路，路面平整、抗滑、坚实，为城市道路主干道二级标准，成为优质慢行的滨水绿道。河道四周种植茂密的湿地植被，河道两边绿化全长2600米、宽5米、局部宽达10米，绿化总面积约1.5万平方米。

赵泰支港生态湿地是街道的“绿肺”。湿地里河流蜿蜒曲折，碧波荡漾，形成一个狭长的小湖泊。河水宛如一条纤细的丝带，轻轻地环绕着两岸郁郁葱葱的树木，水边的芦苇随风摇曳，其他各种水生植物生长繁茂。赵泰支港生态湿地是各种鸟类栖息的天堂。游人悠闲地漫步河岸，呼吸纯净的空气，欣赏自然美景。

滨江公园

公园东西向全长约1600米，绿化宽度30至400米，占地面积约18万平方米，是江苏省长江（高港）省级重要湿地的一部分，具有典型的自然河流与沿江滩涂湿地特征。公园内生态系统完整，生物多样性丰富，是泰州市宝贵的自然资源、重要的生产生活水源地，也是野生动物重要的栖息地。

2018年，沿江街道搬迁江边小码头，关闭小砂石场，取缔沿江边的围网，利用南临浩瀚长江、北倚沿江高等级公路的地理优势建起公园。利用自然形成的池塘，有序建成芦苇塘、荷花塘、菖蒲塘等景观池塘。塘边遍植杨柳，塘岸有各种景观步道、优质慢行滨水绿道、鹅卵石步道、柔性铺装步道。江边建有观江平台，增加临水、亲水景观空间，平台上有巨大的遮阳伞，供游人休憩和观景。蔚蓝的天空、奔腾的江水、色彩斑斓的树木花草美不胜收。

该公园拥有丰富的野生生物资源。不仅有夜鹭等湿地留鸟，还有白鹭、大白鹭、池鹭、灰头麦鸡等迁徙水鸟，这里成为候鸟的中转站。江中还有长江刀鲚、中华绒螯蟹等长距离洄游生物，是泰州市生物多样性热点区域之一。

滨江公园落日余晖（2024年摄）

第七篇　精神文明

域内自古民风淳朴，有重教崇文、尊老爱幼、家庭和睦、邻里守望相助的优良传统。沿江街道在抓好经济建设的同时，与时俱进抓好精神文明建设各项工作，建强用好宣传文化中心、道德讲堂等阵地，大力开展文明城市创建、文明家庭评选等活动，涌现出一大批先进典型。

主题宣教活动

1963年起，域内广泛开展“学雷锋，树新风”活动，每年3月5日前后，组织开展各种送温暖活动。党的十一届三中全会后，着重开展爱党爱国教育、社会主义精神文明建设和改革开放、基本国策等宣传教育活动。

1981年起，域内开展“五讲四美”（讲文明、讲礼貌、讲卫生、讲秩序、讲道德，心灵美、语言美、行为美、环境美）活动，后来又拓展了“三热爱”（热爱祖国、热爱社会主义、热爱中国共产党）活动。学校利用每周一的集体晨会、思想品德课等对学生进行教育。各村利用宣传橱窗、横幅标语和广播喇叭等载体，对村民进行宣传教育。1983年起，域内再次掀起“三热爱”教育的热潮。1989年起，域内把“三热爱”教育、“两史一情”（中共党史、中国近代史，中国国情）教育等活动结合起来，村民受教育面达90%。

进入21世纪，域内开展公民思想道德教育，宣传职业道德、家庭美德、社会公德；开展青少年思想道德教育，提升青少年思想道德水平。

党的十八大召开后，街道在群众中大力开展党的十八大精神和社会主义核心价值观（富强、民主、文明、和谐，自由、平等、公正、法治，爱国、敬业、诚信、友善）的宣传教育。2014年以来，每年的9月20日全国公民道德宣传日，街道采用宣传栏、电子屏、展板、宣传册、倡议书等形式，向广大群众宣传公民道德、文明创建等内容以及道德模范的感人事迹。

道德讲堂

沿江街道大力推进“道德讲堂”建设。2013年12月31日，沿江街道举办第一期“道德讲堂”主题教育活动，机关各部门、各社区工作人员参加，活动紧紧围绕“讲文明、树新风”主题，设置自我省身、诵读经典、学习榜样、交流点评等环

红色经典诵读活动（2022年摄）

新时代文明实践所“传承民俗添年味　非遗文化贺新年”文明实践主题活动（2024年摄）

沿江街道“我们的节日·元宵”文明实践活动(2024年摄)

志愿者宣讲长江大保护知识(2023年摄)

节。至2022年，共举办“道德讲堂”197期，主要内容有“公民道德”“克己奉公，尽忠履职”“勤政廉政”“夸夸身边模范人物”“迎七一”“两学一做”“喜迎建党95周年”“文明与你同行，创建从我做起”等。

新时代文明实践所

2014年5月，沿江街道新时代文明实践所成立。至2022年，沿江街道新时代文明实践所每年开展文明实践活动。先后举办“浪漫‘七夕’相约剪纸”活动、“浓情端午，巧手做香囊”亲子DIY活动、“共建清洁美丽世界”、“‘六·五世界环境日’宣传活动”、“长江放歌”广场文艺演出、志愿服务大集市等活动。

志愿服务

2014年5月，沿江街道志愿者服务队成立，主要开展义诊、食品药品安全知识宣讲、免费维修家电、帮残助残等便民服务。2016年，沿江街道各社区成立志愿者服务队，志愿者在“志愿江苏”平台成功注册，获得全国统一编号。2021年10月，沿江街道组织志愿者开展“‘河’我一起　守护美丽滨江”辖区长江沿岸净滩行动。2022年3月4日，沿江街道在滨江花苑小区开展“参与志愿服务　传承雷锋精神”文明城市创建志愿者服务活动；11月1日，沿江街道机关干部、社区工作人员、网格员、志愿者走进腾龙御园小区，开展“城市清洁日”志愿者服务活动。

文明创建

文明城市创建

2010年起，沿江街道积极开展文明城市创建活动，做好园区路道、绿化带环境整洁工作，落实长效机制，抓好村庄环境整治工作。

2014年，沿江街道成立创建文明城市工作领导小组，制定部门领导挂钩联系制度，建立部门与社区联创共建机制，制定实施方案，明确12个重点整治项目工作责任，对泰镇路、润江路等5条主干道、社区出入口立面环境和滨江花苑小区西侧及北侧商业街、小区广场、泰镇路钢材市场等区域进行综合整治。对滨江花苑小区、腾龙御园小区和各社区未拆迁生产小组的环境进行综合治理，对泰镇路、疏港路等4条道路增加清扫、洒水班次，全天候巡回作业。对小区路面、消防设施、户外广告牌、走道灯、垃圾箱等进行整修、出新，加大对主干道特别是13个砂石码头及其运输车辆的监管力度。在主要路道和所属小区设置灯杆标语，悬挂横幅150余条，发送宣传信息45条，在机关、小区的创建栏、LED等处宣传创建内容32条次。

2015年至2019年，机关工作人员、社区干部全员出动，对辖区内长江大道、泰镇路等主要路道实行长效常态化管理，组织人力定期清扫路面，清理生活、建筑垃圾。2020年至2022年，在街道统一部署下，对照城市社区管理要求，腾龙御园和滨江花苑为民服务中心组织物业、保安、楼长等人员定期对责任区域进行巡查，规范开展创建工作。街道主要负责人以“四不两直”（不发通知、不打招呼、不听汇报、不用陪同接待，直奔基层、直插现场）方式开展督查，并带头到2个小区开展卫生维护、秩序规范等工作。

文明家庭创建

1997年起，域内11个村认真落实上级党委关于全面推进“十星级文明新风

志愿者清理垃圾（2023年摄）

户”（法纪星、计生星、致富星、文教星、义务星、五爱星、团结星、科技星、新风星、卫生星）创评工作的要求，结合学习域内虹桥村的试点经验和各村实际，有计划、有组织、分阶段地开展宣传教育、自报公议、村组评星、审定挂牌等工作。1998年起，域内做好以家庭为单位的精神文明创建工作。2010年6月起，沿江街道对文明家庭创评工作抓得更实更细，通过年初部署、年中初评、年底总评、认定公示、挂牌激励等创评活动，激励创建热情，促进村民文明素质的普遍提高。

2014年，各社区根据“友爱好邻居”“互教好婆媳”“和睦好夫妻”“孝顺好儿女”“教子好父母”5个条件，评选出一批“五好文明家庭”。2017年，街道召开“十佳和谐幸福家庭”表彰大会，向13户“幸福家庭”颁发荣誉证书。

2018年，沿江街道表彰一批“幸福家庭”。顾夕霞、翟国良、鞠永高、蒋虞锁、吉文亮、梁卫兵、栾海军、韩小琴、孙国成、陈杰、杨传芳11个家庭受到表彰。

2021年至2022年，沿江街道评出文明家庭7户。原社区评选出的“平等和谐文明”家庭有王燕、贾耀、王君、施海桥、徐雨文、黄雯婕、王效德、李文明、黄颖、冯迎春、张纪宏、张雨铮、韩高峰、贾美淮、顾钰、陈美兰、李兰萍、季军民、徐雨、吉文亮等家庭；“敬业诚信”家庭有孙国成、冯迎春、黄良发、陈杰等家庭；“家风淳朴”家庭有潘霞林、程丽、陈杰等家庭；“热心公益事业”家庭有朱德高、钱诚、陈政华等家庭；“家教良好”家庭有张景汶、李文辉、高新科、蔡昊、施礼勇等家庭。

附：1997年3月虹桥村“十星级文明户”评选标准

一、爱国爱村星：爱党、爱祖国、爱社会主义、爱集体、爱人民。拥护党的领导和路线、方针、政策，能顾全大局，正确处理好国家、集体和个人的利益关系。

二、创业致富星：经济增收，年人均收入超过当地平均水平，合理使用土地，不撂荒，不弃管；居室宽敞，衣食充足，生活质量高。

三、遵纪守法星：家庭成员学法、懂法、守法，能用法律武器维护自身的合法权益，自觉遵守村规民约和社会公德，无违法犯罪行为。

四、科技进步星：认真学习科技知识，家里有一位以上的“科技明白人”。

五、孝老教子星：尊老爱幼，老有所养，少有所教，不虐待老人和儿童，婆媳关系融洽。

六、人口计生星：自觉遵守婚姻法和计划生育条例，无早育、抢生、超生和近亲结婚现象，做到计划生育，优生优育。

七、倡导新风星：建房盖屋、婚丧嫁娶不大操大办，做到喜事新办、丧事简办、尊老爱幼、男女平等，不参与黄赌毒、封建迷信和邪教活动，弘扬社会正气，倡导文明。

八、团结和谐星：家庭和睦、夫妻互敬互爱，邻里团结，无打架斗殴现象。家庭成员处事通情达理，不拉帮结伙，邻里之间互帮互助，关系和睦，无吵闹、打斗和是非纠纷现象。

九、环境卫生星：家庭及周围环境卫生整洁，物品摆放整齐合理，人畜分居，柴草粪肥不乱堆乱放。家庭成员讲究卫生，健康状况良好，自觉维护公共环境卫生。

十、公益奉献星：积极参加各种社会公益活动，按要求完成农田水利建设、修筑公路、植树绿化、兴办教育、村庄建设工程等投工投劳社会公益事业任务。

乡规民约

明清以来，从苏州、江淮等地区到域内驻村垦荒的人日渐增多，居民相处和谐，操劳持家，勤俭节约，乐善好施，尊老爱幼，形成淳朴的民风。中华人民共和国成立后，特别是进入21世纪以来，在村民自治过程中，各村（社区）结合实际，制定一系列约束、规范村民行为的规章制度。村民自觉遵守，社会秩序良好。2010年年底，原5个社区经过广泛征求意见，制定出台各社区居民公约，召开居民代表大会讨论通过。2020年10月，沿江街道滨江社区结合原5个社区居民公约的内容，修订《村规民约》，发至各组各户共同遵守执行。

附：2020年10月修订的滨江社区《居民公约》

为了推进民主法治建设，维护社会稳定，树立社区良好的民风、村风，创造安居乐业的社会环境，促进经济发展，建设文明卫生新城，经全体居民讨论通过，制定以下社区居民公约。

一、社会治安

1.每个居民都要学法、知法、守法，自觉维护法律尊严，积极同一切违法犯罪行为作斗争。

2.居民之间应团结友爱，和睦相处，不打架斗殴，不酗酒滋事，严禁侮辱诽谤他人，严禁造谣惑众、拨弄是非。

3.自觉维护社会秩序和公共安全，不扰乱公共秩序，不阻碍公务人员执行公务。

4.严禁偷盗、敲诈、哄抢国家、集体、个人财物，严禁赌博，严禁替罪藏匿赃物。

5.严禁非法生产、运输、储存和买卖爆炸物品；经销烟火、爆竹等易燃易爆物品须经公安机关等有关部门批准。不得私藏枪支弹药，拾得枪支弹药、易爆物品，要及时上交公安机关。

6.爱护公共财产，不得损坏水利、道路交通、供电、通讯、生产等公共设施。

7.严禁非法限制他人人身自由或非法侵犯他人住宅，不准隐匿、毁弃、私拆他人邮件。

8.严禁私自砍伐国家、集体或他人的林木，严禁损害他人庄稼、瓜果及其他农作物，加强牲畜看管，严禁放养猪、牛、羊。

对违反上述社会治安条款者，触犯法律法规的，报送司法机关处理。尚未触犯刑律和治安处罚条例的，由社区委员会批评教育，责令改正。

二、消防安全

1.加强野外用火管理，严防野火发生。

2.家庭用火做到人离火灭，严禁将易燃易爆物品堆放室内，定期检查，排除各种火灾隐患。

3.加强社区防火设施建设，定期检查消防池、消防水管和消防栓，保证消防用水正常。

4.对社区内、户内电线要定期检查，损坏的要请电工及时修理、更新，严禁乱拉乱接电线。

5.加强居民尤其是少年儿童安全用火用电知识宣传教育，提高全体居民消防安全知识水平和意识。

三、村风民俗

1.提倡社会主义精神文明，移风易俗，反对封建迷信及其他不文明行为，树立良好的民风、村风。

2.红白喜事，应喜事新办，丧事从俭，破除陈规旧俗，反对铺张浪费，反对大操大办。

3.不请神弄鬼或装神弄鬼，不搞封建

迷信活动，不听、看、传淫秽音像，不参加邪教组织。

4.建立正常的人际关系，不搞宗派活动，反对家族主义。

违反上述规定的给予批评教育，出具检讨书，情节严重的交上级有关部门处理。

四、邻里关系

1.居民之间要互尊、互爱、互助，和睦相处，建立良好的邻里关系。

2.在生产、生活、社会交往过程中，应遵循平等、自愿、互惠互利的原则，发扬社会主义新风尚。

3.邻里纠纷，应本着团结友爱的原则平等协商解决，协商不成的可申请社区调解委调解，也可依法向人民法院起诉，树立依法维权意识，不得以牙还牙，以暴制暴。

五、婚姻家庭

1.遵循婚姻自由、男女平等、一夫一妻、尊老爱幼的原则，建立团结和睦的家庭关系。

2.婚姻大事由本人作主，反对包办干涉，男女青年结婚必须符合法定结婚年龄要求，提倡晚婚晚育。

3.夫妻地位平等，共同承担家务劳动，共同管理家庭财产，反对家庭暴力。

4.父母应尽抚养、教育未成年子女的义务，禁止歧视、虐待、遗弃女婴，破除生男才能传宗接代的陋习。子女应尽赡养老人的义务，不得歧视、虐待老人。

六、环境卫生

积极开展文明卫生社区建设，搞好公共卫生，加强居住小区环境整治，严禁随地乱倒乱堆垃圾、秽物。搞好家前屋后绿化，美化环境，讲究卫生，居民落实门前三包（包卫生、包秩序、包美化）责任制，自觉搞好家居卫生，做到房前屋后无积水、无杂草、无垃圾，户外物品摆放整齐有序，生活垃圾放入指定线路上的垃圾箱，杜绝乱扔、乱倒现象。

2010年6月后，沿江街道组织各社区定期评选道德楷模，及时更新美德善行榜，在全街道宣传好人好事，展示助人为乐、尊老爱幼、热心公益等美德善行，为街道树立起一面面道德旗帜。

陈政华：无私资助寒门学子

陈政华，原高港村居民，私营企业负责人，是远近闻名的热心人，他富裕不忘帮助他人、回馈社会，四川汶川大地震、青海玉树大地震发生后，他主动捐款上万元。

陈政华的哥哥在泰兴马甸初级中学教书，哥哥常提到，他班上小王是一个品学兼优的学生，但该生小时候遭父母遗弃，养父母年逾花甲，且身体不好，家里连个像样的房子都没有，一家老小12人全挤在一条破船上，生活艰难。陈政华想到自己过去也因为家庭困难没能完成学业，于是他当即决定从此戒烟，自己省一点，资助小王上高中、大学。

2011年，小王顺利考上江苏省泰州中学，高中三年每学期的学费，都是由陈政华交足，他还动员妻子每个月送300元生活费给小王。逢年过节，让妻子给小王添衣服、送吃的。2014年，小王以高分考取中南财经政法大学，陈政华一如既往地资助小王，直至2018年小王毕业后进入国企工作。

贾美淮：任劳任怨照顾父母

贾美淮，原常福村居民。他无怨无悔地侍奉年迈体弱、卧病在床的双亲，给予他们无微不至的照料。

贾美淮的妻子去世较早，在他60岁时，84岁的父亲突患脑梗死，言语不清，这一病就是十几年，全靠贾美淮照顾护理。为了更好地照顾父亲，贾美淮在父亲的病床前搭了一张床，和年迈的母亲一起伺候父亲洗漱、喂饭、按摩、洗脚、通便，每天都重复着这些烦琐的护理工作。贾美淮任劳任怨，经过十几年的精心护理，老父亲身体慢慢恢复了。

祸不单行，贾美淮的母亲三次摔伤手腕骨和左肩骨，三次住院期间，贾美淮既要照顾年迈的父亲，又要照顾住院的母亲，任劳任怨，长达数年，毫无嫌弃之意，直至母亲去世。如今，父亲已102岁了，而贾美淮自己也年近80岁，但他仍然精心细致地照顾父亲。

孙继萍：无微不至孝老爱亲

孙继萍，女，原滨江社区十六圩组居民。2012年，丈夫在一次意外事故中摔成一级重残。当时她才36岁，儿子刚上小学，公公年事已高，婆婆也患病，生活的重担全压在她一人的肩上。孙继萍不怕苦，不怕累，陪着丈夫多次到省、市医院住院治疗。在她的悉心照顾下，丈夫的身体终于有所好转。与此同时，孙继萍还不忘细致周到地安排家中老人的饮食起居，端茶倒水，擦洗按摩，每天都等老人睡后她才拖着疲惫的身体回房休息。十年中，她以女性特有的坚韧和执着，用自己的真心和默默付出，撑起一个充满温馨的家。

王翠珍：热情关心困难家庭

王翠珍，女，原高港社区妇女主任。她三十年如一日，视群众如亲人，把妇女工作当作联系群众、服务社会的窗口。村里有位单亲妈妈于某，患有精神疾病，孩子才上小学，每次发病连孩子都不认识，更别提外出工作了，母女俩只靠低保维持生活。王翠珍知道情况后，主动带于某到扬州看病，照顾于某的孩子。于某经过治疗，病情慢慢好转，医嘱药不能间断，王翠珍默默记在心上，经常到于某家探望，每天定时打电话提醒于某吃药，于某药快吃完时，就带于某前往扬州配药。平时，王翠珍对于某的孩子就像对自己的亲生孩子一样。

戴和生：尽心尽力关爱鳏夫

戴和生，原高港社区人。在高港社区兢兢业业工作30多年。他擅写文章，还写得一手好字，社区的活动标语通常都是由他书写。

戴和生还是个乐于助人的社区干部。村中孤寡老人樊某，无亲无故，生活很贫困。樊某身体不好，戴和生经常去看望他、照顾他。一天，樊某肚子疼，一开始以为只是小毛病，在高港中医院挂水挂了一个多星期后，病情仍不见好转，反而有加重的趋势。樊某顿时没了主意，就打电话将情况告诉了戴和生。戴和生接到电话后，立即赶到医院，向医生了解情况。戴和生听了医生的建议后，先为樊某做了全身检查，然后又联系医院，将樊某转到泰州人民医院进行医治。戴和生虽然已到退休年龄，但他并没有回去安享晚年，仍然在村中上班。因为不能时刻在樊某身边照顾，戴和生又请来护工照顾老人。

戴纪华：尊老爱幼顽强生活

戴纪华，女，原常福社区人。2003年，丈夫因病去世，丢下了常年患病、年迈体弱的公婆和还在读小学的女儿。戴纪华仅靠种田为生，生活的重担落在了她一人身上。面对这个残缺而又困难的家庭，十多年来，她心无旁骛，一心一意地照顾公婆，并把孩子拉扯大。后来，公公和婆婆相继中风，瘫痪在床。戴纪华千方百计地筹钱为二老看病，尽心尽力地安排二老的饮食起居，直到2019年公公和婆婆相继去世。

滨江派出所民警：持续接力爱心奉献

兰兰的母亲阿春（化名）五十来岁，患有精神病，兰兰出生后，她的亲生父亲一直对母女俩不闻不问。阿春无收入来源，还需每日服药，加上年幼的兰兰还需要抚养，这个家庭立时陷入困境。兰兰8岁时，阿春精神病发作，被送往精神病院强制治疗，兰兰无人照顾。滨江派出所社区民警了解这一情况后，向派出所领导详细汇报。派出所领导决定献爱心，帮扶到底。

一开始，派出所4名女辅警主动轮流到兰兰家当起义务抚养人，照顾她的生活起居。为了方便兰兰学习，民警专门凑钱为她购买了电脑，装了宽带。由于兰兰家生活极度困难，派出所还派专人负责与沿江街道、民政部门联系，帮助办手续，为这对母女争取了低保。在此基础上，还为阿春争取了每月600元的精神病人救助金。

按照相关政策，阿春每个月可以领取定额的供养补助。但是，需要提交的材料很麻烦，填表很费事。社区民警、帮扶责任人黄峰知道这个情况后，第二天就办妥了供养补助手续。

滨江派出所时任所长桂小银把女儿接到所里，让她和兰兰成为朋友。端午节时，他还特地带上妻女到派出所和阿春母女一起过节。

时任教导员毛宝和在新学期即将开始时到兰兰家，给兰兰送去学习用品，并和她亲切交谈，鼓励她学习上要加油，要始终保持积极向上、乐观进取的精神状态。

虽然派出所负责人和社区民警调动不少，但派出所对兰兰的帮扶工作从未停止，兰兰也从当年懵懵懂懂的小女孩成长为省重点高中的优秀学生并考上理想的大学。她忘不了派出所的真情付出，忘不了全体民警、辅警的颗颗爱心，更忘不了几位“爸爸”和阿姨的谆谆教诲。

沿江街道新时代文明实践所（2024年摄）

第八篇　物产美食

域内地处长江中下游之畔，物产丰饶。菱角、茭白、水芹菜、蒌蒿、秧草、马兰等是特色农产品。刀鱼、河豚、鲥鱼、鮰鱼、白鱼、鲇鱼、鳙鱼、江虾、江蟹等是特色长江水产品。内河水产品种亦丰富，肉质鲜美。20世纪80年代，长江水质受到污染，加之过度捕捞，导致野生刀鱼、鲥鱼、河豚等名贵长江鱼种锐减，甚至消失。2017年年底，国家对长江实行“共抓大保护，不搞大开发”政策，长江水质重新变好，各类鱼种又渐增多。2021年起，国家实现长江十年禁渔政策，并大力开展增殖放流活动，长江水产品种获得新生。

域内用长江水产品制作的全鱼席名噪一时。对长江实行禁捕政策后，河豚、刀鱼、鮰鱼等美食改用人工养殖的水鲜食材制作，依然鲜美。居民餐桌上有螺肉炒韭菜、干咸菜烧五花肉、炒蝴蝶片、蟹黄肉圆、干豇豆烧肉等家常菜，还有含汤螺蛳、苋菜炒摊饼、茄儿饼、春卷、蟹黄汤包等美食小吃。

物产

特色农产品

菱角 一年生浮叶水生草本植物，人工栽培历史悠久。域内河网密布，水质优良，河流大多数与长江相连，河水皆是活水，几乎所有的河面或沟渠均有种植，品种有四角菱、两角菱、圆角菱、沙角菱、野菱等。颜色有红色的、青色的。这里的菱角具有鲜嫩、壳薄、肉厚、味甜等特点。嫩菱米可生食，可用作烧汤、炒菜的辅料，老菱米熟食可益气健脾。去壳的菱角可加工成菱粉，更是上乘的补品。野菱角形虽小，但其肉特别香糯，口味不逊于栗子。菱的茎、叶可作青饲料或绿色肥料。夏季八九月份，菱角生长或成熟之时，水乡人家每隔三五天，坐着木盆去翻菱，晚上把菱煮熟，选上等的菱角第二天到街市出售，贴补家用；剔下来的小菱角，全家老小可饱餐一顿。

茭白 又叫高瓜，是禾本科菰，属多年生浅水植物，具匍匐根状茎。秆高大直立，叶舌膜质，顶端尖，叶片扁平宽大。域内河塘多，河塘岸边适宜茭白生长。茭白生吃香甜，可凉拌，可作为炒菜的辅料。茭白的营养丰富，不仅含糖类、有机氮、水分、脂肪、蛋白质、纤维、淀粉，还含有赖氨酸等17种氨基酸，具有祛热、生津、止渴、利尿、除湿等功效。

茭白（2024年摄）

枇杷 秋打蕾、冬开花、春结籽、夏成熟的四季果。域内原杨湾村、生宁村几乎每户家前屋后或高地上都栽种枇杷树。枇杷树四五年时间长有百十个枝头后就开始结果。域内居民摸索出了一套施肥、浇水、治虫、防冻、疏果、保鲜、贮存的经验。枇杷树冠大，大树可年产果实数百斤，有“枇杷半年粮”之说。20世纪80至90年代，枇杷算得上是域内家庭中不可或缺且来源稳定的收入。域内四季分明，雨水充足，所产枇杷果大核小。枇杷皮薄，肉鲜甜，是水果中的珍品，有清脑提神、止咳化痰的功效，很受消费者欢迎。域内百姓有句顺口溜：“咳嗽无需花钞票，两串枇杷自然好。不是枇杷上市时，叶子同样有功效。”芒种前后，枇杷上市，销往苏南、扬州、泰州等地。

香糯　糯稻的种植与其他水稻的种植方法相同，产量不及其他水稻高。但由于糯米营养价值高，所以价格比其他米高出一两倍。域内农户多有种植，并把糯米作为馈赠亲友的礼品。因糯米有香味，人们总喜欢把它称作“香糯”。糯米营养丰富，含有蛋白质、脂肪、糖类、钙、磷、铁、维生素B1、维生素B2、烟酸及淀粉等，具有缓解尿频、补脾暖胃、补中益气的功效。白糯米米粒较长，颗颗闪亮；黑糯米带有紫红色的种皮，称血糯米。用香糯熬粥，其香扑鼻。端午节前或在平时，人们总要裹几个糯米粽。用白糯米制作成的糯米肉圆更是一种独特的菜肴。

水芹菜　多年生草本植物，茎直立，中空，茎生叶有柄，柄长10厘米左右。水芹菜适应性较强，洼地、水田等水源充足的地方均可栽培，它比芹菜更加脆嫩，带有一股独特的清香。域内原时仙村、杨湾村等地多有种植。每年处暑到白露期间排种，第二年清明节前采收完毕。盛产期在春节前后，其时正值冬季缺菜季节，水芹菜成为市场上的抢手货。用水芹菜炒肉丝、豆干、卜页等，味道清香，鲜美可口。水芹菜也可作药用，具有清热解毒、润肺利湿的功效。

蒌蒿　也称芦蒿，菊科蒿属的多年生草本植物，植株有清香气味。域内虽然无人工种植，但小河岸边、江边芦苇荡、常年土壤潮湿的路旁，都可见到蒌蒿。经常适量食用蒌蒿，可以起到明目、生发、黑发、降压、降脂、止血、消炎、解热及防癌等功效，具有较好的食疗作用。域内餐桌上常见到蒌蒿炒肉丝、芦蒿炒香干等，色香味俱全，备受居民欢迎。

秧草　1至2年生草本植物，又名金花菜、三叶菜、草头、南苜蓿等。秧草性喜冷凉，耐寒性强，对土壤适应性较强，在−5℃低温下叶片冻死，气温回升后萌芽生长。7月至9月可分期播种，8月至翌年3月陆续采收，整个生长过程无需施化肥、治虫害，是无公害绿色食品。秧草含有多种维生素、氨基酸、食物纤维、有益的无机盐，微量元素较多。秧草有降血脂、抗凝血、防出血、清内热及预防冠心病等功效。1983年前，域内各生产队都划出部分土地种植秧草，鲜嫩的分给群众食用，剩下的作为猪、牛、羊的饲料，也可作为农田的肥料。实行家庭联产承包责任制后，域内每户每年种植新鲜的秧草，或自家食用，或到市场销售，或腌制咸秧草留作秋冬季节食用，也是赠送亲朋好友的上乘礼物。

马兰　俗称马兰头，品种有红梗和青梗两种，以红梗为优。嫩茎、嫩叶作蔬菜食用，可炒食、凉拌或做汤，香味浓郁。域内村民都有在春季到田野、路边或者沟渠旁采集野生马兰头的习惯。有些村民还把采集到的马兰头焯一下晒干。到了秋冬季节，红烧肉中加马兰头是一道特色菜肴。马兰头中含有丰富的微量元素以及维生素B和胡萝卜素，其中钾的含量是普通蔬菜的20倍，锌、镁的含量也很丰富。马兰头有清热解毒、调节血压、止痛散瘀等功效。

马兰（2024年摄）

特色长江水产品

河豚　属淡水洄游类鱼，称为“长江三鲜”（河豚、刀鱼、鲥鱼）中的头鲜。河豚体型椭圆无鳞，头圆吻钝，唇发达，口小横列，位于胸鳍前方，上下颌各有2个板状门齿，眼小，鳃孔小，尾部渐细。背灰褐，体侧稍黄，腹面白。体背、体侧斑绿随种类不同而异。有背鳍，体表密生小刺。有气囊，遇险时会吸气膨胀。一般体长20至35厘米。初春从大海入江，游至域内江域，因饵料充足，营养丰富，体型肥硕，优于其他江域所产。沿江水域菊黄豚肉质最为细腻。清明节前后，人们捕而烹食，香飘数里。乡里人说：“一家烧河豚，味香半个圩。”民间有“不吃河豚，焉知鱼味”“吃了河豚百味无”的说法。

河豚的卵、肝、血液、眼睛有剧毒，民间有“拼死吃河豚”之俗语。20世纪70年代以前，长江野生河豚资源丰富。后来，由于沿江开发，长江水质受到污染，影响鱼类生存环境，加之过度捕捞，野生河豚资源逐渐稀少。现在上市的河豚皆为人工养殖，其味类同长江河豚。近年来，国家对长江实行大保护政策，采取十年禁渔、增殖放流等措施，河豚等长江水产重新焕发生机。

刀鱼　又称刀鲚，属淡水洄游鱼类，为“长江三鲜”之一。身侧扁，从头向尾部逐渐变细，呈尖刀形，因此得名。刀鱼

刀鱼（2006年摄）

口大有胡须，吻短圆，上颌长超过胸鳍基部，胸鳍条细长，腹部圆润，有棱鳞。沿江江域刀鱼一般体长18至25厘米，体重30至80克，100克以上的偶尔可见。宋代刘宰诗赞：“肩耸乍惊雷，腮红新出水。佐以姜桂椒，未熟香浮鼻。河鲀愧有毒，江鲈惭寡味。”刀鱼进入长江早于其他洄游鱼类，每年2至3月由海入江生殖洄游，最佳捕捞期在清明前。刀鱼肉质细嫩，富含蛋白质、脂肪，味道鲜美。沿江街道一带江面宽阔，水流平稳，刀鱼游至这里身上的盐分基本淡化，同时在淡水中吸收大量养分，使身体长肥，肉质变得鲜嫩。清明节前为食刀鱼的黄金期。刀鱼的细芒刺遍布全身，这些细芒刺在清明前软如绵，清明一过，刀鱼芒刺就转硬，其身价自然陡跌。由于过度捕捞等原因，至20世纪末，长江刀鱼产量锐减。现在，在湖水中人工养殖刀鱼的实验已获得成功，称为“湖刀”，味道依然鲜美。

鲥鱼　洄游鱼种，平时生活在海洋里。每年4至5月溯江而上，回淡水流域产卵，来去有时，故称“时（鲥）鱼”，为“长江三鲜”之一。域内江域鲥鱼体型硕壮，呈椭圆状。长约30厘米左右，大者50厘米以上。头侧扁，前端钝尖，口大斜裂。鳞片大而薄，有细纹。腹部狭窄，腹面有锐利锯齿状棱鳞。胸鳍基部有大而长叶鳞。尾鳍深分叉。体背及头部浅灰色，略有蓝绿色光泽，下侧和腹部银白色，腹鳍、臀鳍灰白，尾鳍边缘和背鳍基部淡黑色。鲥鱼名声之大，除因其鲜美，还因其稀罕，其捕捞期很短，过时即无踪迹可寻。明清时，一度将三江营附近一段的鲥鱼列为皇家贡品。鲥鱼鳞下多脂肪，烹调时一般不去鳞，带鳞清蒸，保持真味。鲥鱼的脂肪含量很高，富含不饱和脂肪酸，具有降低胆固醇的作用。从20世纪80年代开始，鲥鱼的种群数量锐减，已濒临绝迹。

鲥鱼（2006年摄）

鮰鱼（2006年摄）

鮰鱼 又称回鱼、长鮠鱼，头微扁略大，鳃孔大，身青白色，腹部膨隆，尾呈侧扁，体光滑无鳞，呈纺锤形。春季为上市旺季，俗称菜花鮰。秋季肉味鲜美，俗称菊花鮰。鮰鱼肚为鱼肚中的上品。鮰鱼芒刺少，肉质白嫩，鱼皮肥美，兼有河豚、刀鱼之鲜，而无河豚毒素和刀鱼多刺。鮰鱼的营养价值很高，含有丰富的蛋白质、维生素和矿物质。鮰鱼每年4至6月产卵，当年孵化鱼苗，年底可长至400至500克，第二年年底可达1.5千克。鮰鱼一般1.5至2.5千克，少数个体可达10千克。在天然水体，鮰鱼以小鱼小虾为饵料，人工饲养条件下，可完全摄食人工饲料。域内江域鮰鱼较多，由于实行长江十年禁渔政策，现市场上出售的鮰鱼都是人工繁殖的，仍是水产珍品。

白鱼 又称白丝、翘嘴，域内江域白鱼肉质洁白鲜嫩，鲜食和腌制咸宜。唐杜甫诗赞："白鱼如切玉，朱橘不论钱。"白鱼体型较大，常见体重1至2.5千克，也有重10至15千克的。鱼体细长，侧扁，呈柳叶形，头背面平直，头后背部隆起，体背呈浅棕色，体侧呈银灰色，腹面呈银白色。白鱼行动迅猛，善于跳跃，可飞越1米多高屏障。捕获的野生白鱼，离水很难存活，多以冰鲜状态运销，现市场有人工养殖的白鱼出售。

鲇鱼 又称胡子鲇，域内江域鲇鱼呈芽黄色，与其他江域浅灰色鲇鱼有异，属大口鲇，口下位，眼小。成鱼有须2对4根，上颌须深达胸鳍末端，下颌须较短。体无鳞，多黏液。臀鳍长，后端连于尾鳍。个体重2至5千克，也有个体30千克以上的。鲇鱼营养丰富，能和鱼翅、野生甲鱼媲美，百姓视其为鱼中珍品。

江虾 域内沿江盛产江虾。过去春、夏、秋三季，域内居民或于江中扬帆张网，或于浅水加套置放虾笼捕捉江虾。若遇虾汛（虾阵），一次可捕获几十斤江虾。也有村民趁江中潮水平息后，用钓虾网钓虾。那时江虾多，有时一网拎起可见三五只虾在网中活蹦乱跳。梅雨时期的江虾味道最为鲜美。江虾有白色的外壳，壳较薄但较硬，虾体壮硕，虾籽饱满，虾脑橘红。江虾的蛋白质、钙含量非常高，是滋补佳品。

鳙鱼 体态长而侧扁，头大而圆胖，吻宽钝，体背侧灰色而稍具金黄光泽。腹侧银白色，体侧有许多不规则的黑色小点，域内居民习惯上称之为"草呆子""草霸头""胖头鱼""草鲢"。

过去人们不喜欢鳙鱼，因为头太大，吃不到多少鱼肉。后来人们认识到其头部肌肉软组织丰满，做菜做汤均口感独特，纷纷抢购，致使其价格上涨，比鲢鱼贵不少。鳙鱼肉质雪白细嫩，属于高蛋白、低脂肪、低胆固醇的鱼类，含有维生素C、维生素B2、钙、磷、铁等营养物质。域内居民尤其喜欢红烧鳙鱼或砂锅鱼头。

江蟹　学名中华绒螯蟹，俗称螃蟹、大闸蟹。域内江域盛产江蟹，壳青脐白、螯黄、爪金、毛酱。入秋时江蟹膏肥脂满。20世纪70年代前，长江偶见蟹汛（蟹阵），几十只甚至上百只螃蟹集体行动。域内自然水域中蟹分布广泛，尤以长江水系蟹味道最鲜美。80年代前，域内自流灌溉，蟹苗随长江潮水进入圩内河塘生长，夏秋时节，田野中多见螃蟹爬行。至21世纪初，域内有养殖专业户引长江水入池塘养殖螃蟹。养殖蟹的体态特征、口味与原生江蟹不相上下。

内河水产品

域内河流众多，互相连通，水质优良，水产品种丰富，有青鱼、草鱼、鲢鱼、鳙鱼、甲鱼、鳜鱼、鲹鱼、鲫鱼、昂刺、泥鳅、鳊鱼、鳑鲏、黄鳝、鳗鱼（毛鱼）、青虾、鳡鱼（管枪）、鲤鱼、虎头鲨（虎头呆子）等鱼。还有河蚌（蚬子）、游蚬、螺蛳等水产品。

1980年前，各村组的河塘一般由集体养殖鱼类，此后有的村组由能人承包水面养殖鱼类，有的由几户一组分头包养村组水面。每逢清明、春节等重要时节来临，各村组照惯例下河捕鱼，每一农户都能分到鲜鱼。2022年，沿江街道有可利用水面4000亩左右，年水产品总产量约15吨。

美食

水鲜类

烧河豚　杀河豚与烧河豚须由专业人员操作，一定要将河豚的眼、肝、血清理干净，将河豚肝切成薄片放入滚油煎至金黄，再将河豚放入油锅，适火煎炸至微黄。加入3倍于河豚的清水，大火烧开，撇去浮沫，放入姜、葱、料酒、老抽等调料，炖25分钟。放入河蚌等辅料，同煮10分钟，再放入豚皮炖15分钟后调味装盘。全盘微酱，汤红汁浓，豚肉细腻，豚皮滴嘴，豚肋（雄豚精囊）滑嫩，入口即化。

烧河豚（2024年摄）

秧草河豚　主料河豚，辅料秧草。将洗净的河豚放入油锅内煸炒至微黄，加水，大火烧开。再放入姜、葱、料酒适量，转中火烧30分钟。后将煸炒过的秧草放在河豚四周，同煮10分钟，起锅装盘。豚黄草绿，荤素搭配；豚肥草鲜，味美色佳。

燕笋河豚　主料河豚，辅料燕竹笋。将洗净的河豚放入油锅煸炒至微黄后，放3倍清水，大火烧开，放入姜、葱、料酒等调料，转中火煮25分钟后放入豚皮，转小火煮30分钟，加入燕竹笋同煮15分钟，调味装盘。豚肉微红，豚皮肥厚，燕笋鲜脆，荤素一体，鲜香肥嫩。

红烧鲥鱼 主料鲥鱼，配料冬菇、冬笋、猪板油。将鲥鱼去鳃，洗净内脏，不刮鳞，晾干。冬菇、笋切成长片，板油切成小丁备用。将锅烧热，倒入豆油熬熟，鲥鱼入锅油煎，两面呈金黄色后取出。放入板油丁、笋片、冬菇片、葱、姜一起煸炒至四成熟，放入鲥鱼，加酱油等调料及适量清水，用旺火烧开，再转小火焖15分钟，收浓汤汁装盘。鱼色金艳泛红，鲜香诱人，鱼鳞酥脆，鱼肉肥腴。

清蒸鲥鱼 主料鲥鱼，配料冬菇、鲜笋、火腿。做法一：去除内脏不刮鳞，抹少许盐于外表30分钟后，洗净沥干水分，装盘备用。配料摆放在鱼身上，入笼猛火蒸20分钟即熟。去掉姜片、花椒，倒掉多余汤汁。将调味勾芡上汤浇在鱼身上即可。做法二：洗净鲥鱼，用少许盐腌制入味后装盘待用，切姜片入盘垫在鱼身下，切碎姜、葱塞入鱼膛内，冬菇、鲜笋、火腿切片码在鱼身上。入笼猛火蒸15分钟起锅。将原汁入锅烧开，加入胡椒粉、蒜、盐调味，将调好的浓汁淋在鱼面上。鱼白汤清葱绿，鱼鳞香脆，鱼肉肥腴，鲜香四溢。

红烧刀鱼 在热锅内放入适量荤油（豆油亦可），加入葱、姜炸香，将鱼下锅，轻轻翻煎至皮色微黄，加入老抽等调料，猛火煮2分钟，使鱼身上色，放清水没过鱼身，转中火烧煮。加盐调味，再大火收汁即可。色红味美，肉肥刺软，入口即化。

清蒸刀鱼（2024年摄）

清蒸刀鱼 主料刀鱼，辅料火腿片、竹笋、香菇。拎着洗净的鱼尾放入沸水锅中，烫去黏液和腥味，或刮去鳞片，放入盘中。将辅料相间排在鱼身上，加入绍酒、精盐、鸡汤、葱、姜、熟猪油等调料，上笼蒸20分钟，取出装盘，拣去葱、姜，撒上适量胡椒粉，以香菜或焯过水的西兰花点缀。鱼色银白，香菜翠绿，鱼肉细嫩滑润。

红烧鮰鱼 将鮰鱼剖杀清洗后，在热水中烫去表面黏液，剁块下锅微煸，加料酒、姜、葱、老抽等佐料烹制。该菜的特点是芒刺较少，肉质肥嫩，汤汁稠厚，味道鲜美。

水煮虾 梅雨季节的虾，虾籽饱满，

水煮虾（2024年摄）

花生米）及酱油等调料，大火烧10至15分钟，即装盘上桌。这道菜域内几乎家家会做，因其味鲜美独特，渐成域内酒家饭店推出的特色菜。江杂鱼个头小，形态各异，色泽不同，但肉质鲜嫩，多味杂陈，色香并现。

虾脑橘红。将活虾洗净倒入沸水中焖烧3至5分钟捞起沥水。加入适量食盐、料酒、姜和米葱熬制汤汁，将汤汁均匀地浇在虾盘中，此时虾红、姜黄、葱白、汤清。

红烧江杂鱼　域内居民喜将草鞋底（鱼名）、乔丁、红眼、昂刺、肉滚等十余种小江杂鱼及虾、蟹、螺蛳烩于一锅。江杂鱼经过杀、洗，沥干水分后，放入熟油中煎至皮色微黄，加水和鲜嫩毛豆（或

清蒸白鱼　主料白鱼，辅料竹笋、香菇。去鳞片洗净白鱼，沿鱼脊剖开，去五脏洗净。正面向上置于盘中，将辅料相间排在鱼身上，加入绍酒、精盐、葱、姜、熟猪油等调料，上笼蒸30分钟，取出装盘。以鲜西兰花或焯水西兰花点缀，鱼白汁清，肉嫩味美，花瓣艳丽，色香味俱全。

清蒸白鱼（2024年摄）

百姓家常菜

螺肉炒韭菜　过去，域内河沟、渠道里，螺蛳随处可见，用手捞或用耥螺网耥，一会儿就能收获半篮螺蛳。入水汆熟取出螺肉，将洗净的螺蛳肉放入菜篮，撒上少许食盐搅拌，去掉小螺蛳肉中残留的泥沙，冲洗干净备用。再将韭菜切段待用，在锅中加入适量食油，猛火烧熟，加入螺肉或适量食盐、味精，煸炒至七八分熟，加入韭菜翻炒两三分钟，撒入适量胡椒粉和料酒，快速翻炒，起锅装盘。螺肉松软鲜美，韭菜翠绿清香，清明前这道菜更是美味佳肴。

干咸菜烧五花肉　域内居民喜欢在秋季将高脚菜洗净腌制十天半月后，将其捞起煮熟晾干，成为干咸菜。先将五花肉洗净，切成小块，下锅焯水，水中加姜、葱、料酒去腥，水沸3至5分钟后，捞出冲凉，洗净沥干水分。再将事先泡发的干咸菜用清水洗净，切成2至3厘米长，挤干水分。锅中放油，下蒜头、花椒、八角煸香，入焯过水的肉块煸至出油，烹入料酒，加适量的生抽、白糖，让肉入味上色。加入开水，加进挤干切碎的干咸菜，慢炖一小时左右至五花肉酥烂。因干咸菜自带盐分，所以视情况考虑是否放盐，肉与干咸菜一起烧，会染上咸菜色，肉经过干咸菜的吸脂而变得肥而不腻，干咸菜吸附肉的油脂而去涩达润。

炒蝴蝶片　将鳝鱼活杀去肠去骨，洗净后顶头横劈成蝴蝶形大片，青椒去蒂去籽，切成片，冬笋（或洋葱）切片。将绍酒、精盐、酱油、白糖、肉汤、水淀粉兑成汁待用。锅烧热，放入菜油，烧至六成热时，放入鱼片滑熟。倒入漏勺沥油；锅留油再上火，放入姜末、蒜泥、葱末、青椒片、冬笋片（或洋葱）略煸，放入鱼片；把兑好的汁搅匀，烹入锅中，加入香醋、芝麻油，翻锅均匀盛入盘中，撒入胡椒粉即成。此菜鱼片鲜嫩，口味香醇。

肉圆　域内居民也称斩肉。将半肥半瘦的猪肉切成块，搅碎后放入盆中，加入葱、姜末、料酒和蛋清，再加入适量的食盐、糖、鸡精、淀粉和适量清水，搅拌均匀且有黏性，再用手将肉糜团成大小相当的肉丸子，放入八成热油锅中，大火炸至外表呈金黄色，捞出后沥干油液。也可将团好的肉丸直接汆水中，这样制作出的肉圆更鲜嫩。此时肉圆是半生的，还需下锅煮沸，小火焖熟装盘。肉圆红烧时，需在锅中倒入水、酱油、糖、料酒，大火煮滚，再小火煮至入味。

蟹黄肉圆　将鲜活的河蟹洗净扎紧，放进蒸笼中大火蒸15分钟，待蟹熟开锅冷却后，将蟹肉、蟹黄、蟹膏剔出备用。制作时有的将蟹黄、蟹肉、蟹膏与肉糜搅和在一起，有的将其加进肉圆中心。

冰糖扒蹄　将猪蹄髈在清水中泡洗去血，有皮的拔净猪毛，冲洗干净；冷水下锅，大火烧开，再小火煮约5分钟，撇去浮沫；将蹄髈捞出，沥净水分，在蹄髈表面均匀涂上一层蜂蜜和老抽；砂锅中放油烧热，将蹄髈四周煎至焦黄，油炸效果更好。炸好后放入高压锅中，倒入高汤，调入适量冰糖、生抽、盐、葱、姜，焖煮至用筷子可以轻松插进肉中。将高压锅中适量的汤卤倒至砂锅中，再加入适量的冰糖和水淀粉，烧开至汤汁浓稠，将蹄髈捞出放在盘中，淋上勾好的芡，再撒上小葱即可。冰糖扒蹄皮酥肉嫩，肥而不腻，软糯可口。域内民间宴席一般都有此菜。

干豇豆烧肉 夏秋时节是豇豆收获旺季，域内居民将豇豆去尾后用开水焯一下，在太阳下曝晒成干货。冬春季节，用温水浸泡干豇豆至柔软，可切成几段，挤出水分备用。将仔排划成单根，剁成3至5厘米的小段（或五花肉切块），入清水漂洗，去除血水，上锅焯水，水中加料酒、姜、葱，水沸3分钟后捞出冲凉。将肉倒进加热的油锅中，煸至无水气，加入料酒、香醋去腥，加入生抽、白糖提鲜，入老抽着色后将干豇豆倒入锅中，加清水，汤沸后加冰糖，以增加菜品的亮度，加入八角、桂皮、茴香，转小火焖炖40分钟左右，加入适量的盐入味，大火收汤即关火装盘。

红烧鳗鱼（2024年摄）

红烧鳗鱼 将鳗鱼洗净，用盐稍稍抹下，去除黏液，将鳗鱼切成块状；热油锅下葱、姜、蒜煸香，鳗鱼入锅稍炸，加料酒酱油大火煮5分钟，转小火焖20分钟，加盐、糖上色出锅。此时鳗鱼块

清蒸大闸蟹（2006年摄）

外表丰润富有光泽，入口即化。

清蒸大闸蟹　秋风一到，螃蟹上市，将螃蟹洗净后，用细绳将蟹脚捆住，放笼屉内隔水蒸煮15分钟，壳呈红色时即可食用。手剥食时，先掀开背壳，卸下二螯，抠去蟹脐，清除胃、肠、蟹心和蟹腮，备姜、醋等调成的佐料，边蘸边吃。食用后，可用少许白酒或柠檬水滴入掌心，两手相搓，再用清水冲洗以去腥，或在清水中放些茶叶或柠檬汁擦手去腥。

美食小吃

含汤螺蛳　将前一天捞的青螺蛳洗净，再浸泡在淘米水中，滴入几滴麻油，使螺蛳中的泥沙充分吐出，然后用特制工具或用老虎钳夹去螺蛳的尾巴。锅中倒入适量食用油，将螺蛳倒入锅中翻炒片刻，加入五香、姜丝、香葱、料酒，爱吃辣的可放些辣椒，加入一碗高汤，大火煮沸，继续焖煮3至5分钟，出锅前加少量酱油和盐。在吮吸螺蛳肉时，可用针、牙签帮助挑食。

苋菜炒摊饼　将鲜嫩的苋菜洗净，切成三五厘米长，晾干，在油锅里将苋菜炒至八成熟，放些蒜头、鸡精、精盐（可稍咸些），将苋菜装到盘子里备用。用碗装些小麦面粉和冷水调成糊状，将铁锅烧红，倒入适量植物油，待其发热冒烟后，将和好的面浆倒入，用铲子将面浆均匀摊开，饼熟后切成小块，再将苋菜倒入锅中，等微咸的苋菜汤被面饼吸收后即可铲出上桌。

茄儿饼　将茄子洗净刨去皮，横切成一片片圆盘，厚约1厘米左右，再将每片剖成两片，剖至边缘时留下一部分连接。将韭菜洗净切碎，加盐去水，再将小虾、生猪肉剁碎，加佐料后炒熟，拌在一起即可。用盆子将小麦面粉和凉水调成稀糊状，一手持两片分开的茄盘，一手将菜馅塞入其中，将茄子分开处捏紧后，放进面粉糊中，使其周身沾满面浆，之后放入油锅中摊煎。当茄儿饼的一面煎至金黄时，翻过来摊煎，直至煎熟。

春卷　将面粉、盐和水倒入大盆中

春卷（2024年摄）

搅拌成光滑面团，用保鲜膜封好，醒发2至3小时，用平锅底烧熟，手拿面团在锅底迅速抹上一圈，并顺势提起面团，抹在锅底的面就成了薄薄的圆饼状面皮，轻轻将它揭起，就是春卷皮。将新鲜的荠菜、韭菜等洗净、焯水、剁碎，选用肉末、蛋皮、香菇、金针花、竹笋、螺蛳头、药芹等，加入淀粉搅拌制成馅儿。摊开春卷皮，包上适量的馅儿，卷好，下到烧烫的油锅里炸至金黄即可。

蟹黄汤包　用面粉加酵母、温水适量揉匀，待发酵后加碱揉匀，除去酸味。待醒好面后切成长条，将长条再按15克左右切成众多小块，用擀面杖将小面块擀成中心厚边缘薄的圆形面皮。将新鲜熟螃蟹去壳，取蟹肉、蟹黄、蟹膏进行熬制，再加少量食盐拌匀，拌成蟹黄馅。将面皮一张放在手上，五指收拢包入蟹黄馅，将面皮对折，左手夹住，右手推捏，收口成圆形汤包，将汤包置于笼屉中用旺火烧蒸，一般由于面皮较薄，旺火蒸10分钟左右即熟。食用蟹黄汤包时，一般加些姜丝、醋。蟹黄汤包具有清热止渴、补中益气等功效，是馈赠佳品。

焦米茶　将大米淘洗干净，放在阴凉处晾干，然后倒进铁锅小火翻炒，直至大米色泽发黄，焦香四溢，到了适当的火候，铲起一部分留作储备，剩下的放在锅中，倒进冷水煮至沸腾，再焖一会儿，焦米茶就做成了。焦米茶清汤清水，汤里带点焦香味。酷暑时吃上凉飕飕、香喷喷的焦米茶，可消暑降温。焦米茶可生津止渴，对消化不良、腹泻、便秘均有效果。21世纪后，域内居民夏天仍喜欢吃焦米茶。

第九篇　传统文化

明初，大江南北的先民陆续来此安家落户后，数代人历经艰辛，在生产、生活中相互融合，兼容并蓄周边优秀的文化精髓，既有江南水乡的千年风情，又有苏中深厚的乡土气息，形成了独特的沿江传统文化。域内民间的戏曲、号子、民谣、故事传说等表达了人民群众的心声，花担、花船、舞龙灯等营造了节日的喜庆氛围；既有各种形式的娱乐体育项目，又有随处可见的广场群舞，增添了人们的生活情趣；既有能工巧匠精工细作的手工艺制品丰富了人们的生活，又有文人雅士的书画诗词歌赋为桑梓留下脍炙人口的绚丽作品，给人们留下挥之不去的永恒乡愁。

民间文艺

戏剧

扬剧 为域内群众最为喜爱的地方剧种。旧时多由民间小戏班演出，有《双推磨》《杨乃武与小白菜》等传统剧目。中华人民共和国成立之初，扬剧爱好者喜欢的剧目有《走上新路》《大丰产》《小二黑结婚》《应征前夕》等。20世纪50年代中后期至70年代，扬剧在域内更为流行，各大队春节文娱演出扬剧节目，或是唱扬剧折子戏，大的演出剧目有《红岩》《罗汉钱》《耕耘记》《海山渔歌》《中秋之夜》《沙家浜》等。改革开放后，在各村组织的文娱活动中，唱扬剧选段的不乏其人。现今中老年群众仍有不少人喜爱听扬剧、唱扬剧。

京剧 中华人民共和国成立前，域内有不少京剧爱好者，常三五成群聚集在一起清唱《牡丹亭》《借东风》，与口岸镇上的京剧爱好者组成正风票社，登台客串《宇宙锋》《杜十娘》《上天台》《窦娥冤》《坐宫》等。常演的剧目还有《小寡妇上坟》《苏三起解》《梁红玉》《钓金龟》《白蛇传》《打金枝》等。1952年，正风票社更名为口岸文工团。“文化大革命”期间，域内京剧爱好者排演《红灯记》《沙家浜》《智取威虎山》《龙江颂》等现代京剧。“文化大革命”前，长圩大队的贾四儿进入江苏省京剧团，经他联系，省京剧团1980年后常来演出。每当名角沈小梅出场时，台下一片鼓掌声。1989年，口岸京剧协会成立，有会员40人，域内15位票友加入。1997年，在泰州首届艺术节会演中，京剧协会演出的《红灯记》选段获一等奖。1999年1月，高港区京剧联谊会成立，域内京剧协会成员参加区联谊会，参与新排练传统节目《苏三起解》、折子戏《智斗》等，与仪征市京剧联谊会进行演唱联谊活动。2000年至2017年，域内京剧会员组织爱好者在各村（社区）演出近20场。2017年，村民拆迁后大多居住在腾龙御园小区，文娱爱好者成立新的文艺团队，并常在百姓大舞台演唱京剧选段。

淮剧　也叫江淮戏、淮戏，是域内群众喜爱的地方剧种之一。因域内马麟童、马秀英父女蜚声淮剧界，淮剧在域内影响很深，各村都有爱好者。20世纪70至80年代，随着广播、电视的普及，学唱淮剧的人逐渐增多。1983年至2000年间，域内不少人家在孩子考取大学或老人过大寿时，都要请淮剧戏班搭台唱戏，淮剧爱好者越来越多。如今在文娱宣传活动时，常有人唱淮剧选段，上演淮剧节目。

话剧　中华人民共和国成立初在域内兴起，为知识青年春节文娱广场演出的剧目之一。演出的话剧剧本多由县级文化馆统一编写，以贯彻党的方针政策、歌颂好人好事为主。

木偶戏　又称傀儡戏或木头人戏。木偶俗称“三根棒”，一棒支撑木偶头部，另两棒用以操纵木偶的双手。演出时，表演者双手操纵木偶的各种动作，合着二胡、笛子、锣鼓，边演边唱。民国年间，域内有木偶戏班，多以家庭成员为主体，也聘请多才多艺的人参加，常在乡间流动演出，无固定场地，经常活动在集市、庙会、打谷场上。富裕之家有红白喜事，多请木偶戏班演出。剧目多为老百姓喜闻乐见的《五女祝寿》《打龙袍》《借东风》等。20世纪90年代后，仍有木偶戏团受小学、幼儿园之邀，演出《哪吒闹海》《三打白骨精》等剧目。随着影视业的发展，21世纪后域内已不见木偶剧表演。

舞蹈

打莲湘　莲湘用竹竿做成，竹竿直径约3厘米、长90厘米左右，上有孔，装有金属的珠链，两头扎有红布。参与活动的人在锣鼓的伴奏下，身体扭动，双手各执一根莲湘互相敲击。中华人民共和国成立后，开始盛行。

舞龙灯　域内从古代起，民间逢年过节有舞龙灯的习俗。龙灯一般身长20至30米，最长的为21节30米，每一节间隔1.2米左右，用直径30厘米的圆柱体篾圈扎成，相互间用彩色布贯连，龙身绘满龙鳞，龙尾也十分精致，多为高高翘起的鱼尾形。舞一条龙通常需要20多人，除每节有一人外，还要有舞龙球的和敲锣鼓的。舞龙的头顶扎白毛巾，身穿彩色箭衣，腰间系红色腰带，腿扎黑色绑带。舞龙之前先是单邦锣敲起。在紧锣密鼓声中，舞龙球的首先上场施展虎跳步，绕场一周打开场子，接着龙头便带动龙身上场，在龙球的逗引下翻腾起舞。舞龙者能舞出翻身、堆宝塔、龙脱壳等十多种套路，令人目不暇接。龙灯又分白龙、青龙、乌龙（黑色龙）、赤龙、黄龙五色。每逢喜庆节日则是双龙对舞，或多龙齐舞，以示吉祥喜庆。过去，舞龙灯在春节期间最为活跃，增添民间欢乐祥和的气氛。20世纪90年代，春节期间或遇有重大庆祝活动，域内高港、双复等村的舞龙队都有精彩表演。因域内系水陆交通要道，春节期间除本地的舞龙灯之外，也有从船上上来的小龙，一般长10米左右，至各村户上拜年凑热闹。至21世纪初，域内舞龙队已少见。

舞狮　又叫耍狮子，狮头是用竹篾蒙布扎制而成，它的眼睛和嘴巴能转动开合，狮身用结实的帆布做成，外面缝上细麻作鬃毛。一般为二人合舞或一人独舞（又称小狮子），一人持彩球，舞狮的动作有跌扑、翻滚、跳跃、搔痒、滚绣球、过跳板、上楼台等。域内原合乐村舞小狮子远近闻名。小狮子扎得非常精美，舞狮人身上穿彩色服装，每人拿一只小狮，队伍由16至20人组成，群舞穿梭，转翻滚跳。由于舞狮的人都要有一定的功夫，很难组织一套班子，1980年后域内已少有舞狮表演。

挑花担　此种表演形式由来已久，历经清代、民国年间，中华人民共和国成立后一度盛行。花担是用竹篾扎成的两只竹篮，篮子的把手有半人高，从竹篮到把手都用彩纸、纸花黏贴上，五颜六色，非常漂亮。扁担上裹着彩绸（多红色），由身材修长、长相漂亮的姑娘挑花担。挑花担之前需在两只花篮里放上扣好的砖石，以保持花篮的平衡，禁得起风吹。挑花担的姑娘着装艳丽，佩戴一副茶色眼镜，手甩一块手帕，与锣鼓伴奏的几个人组成班子，活跃在乡村人家门前的场地上。一通锣鼓开场后，挑花担的姑娘晃动着花担，唱着民间小调，如："锣鼓一打响当当，花担来到你府上，送来财气门庭旺，五子登科更荣光。"一段唱好，锣鼓响起，锣鼓停下后，敲锣鼓的人中有人唱凤凰，一般唱过三五段后再转下一个场子。域内村居拆迁后，村民入住安置小区，每逢春节花担表演人员挑着花担向本村居民拜年。常福村、滨江等村的花担拜年活动一直活跃至2019年春节。

荡花船　花船用竹子扎成船形，上有顶篷，下用花布围着，围船的花布上有的还嵌有绢做的花。船舱两边的门框上还刻有花匾，花匾上有对联“国泰民安，风调雨顺”“紫气东来，龙凤呈祥”“四季平安，五谷丰登”等。花船内通常有一年轻女子身穿花衣彩裤，头戴花冠，脚穿花鞋。船的两旁各有一个年轻小伙子扮做艄工（俗称“小二子”“小三子”），身上着装整齐，手持一根2米的竹竿来回走动（撑船），船头一人扮艄公，船尾一人摇橹，扮艄公的老婆。艄公手里拿着破芭蕉扇，拍拍打打。船的左右两侧各有四个姑娘，与船舱内的姑娘同步有节奏地摇荡着船身。花船随着艄公往来旋转，姑娘们唱歌，艄公和艄婆的对白以插科打诨为主，逗人发笑，一段简单的说笑后，姑娘们唱一段地方小调。然后锣鼓响起，艄公、艄婆和艄工继续说笑，这样反复几次后再转至下一场演出。旧时唱的以《杨柳青调》《手扶栏杆》为常见。中华人民共和国成立后，多以文化馆下发的唱词为主。现在，在节庆活动时，仍可见花船表演。

唱凤凰、唱麒麟　道具凤凰是用竹篾扎成，全身装上羽毛、花卉。道具麒麟也是用竹篾扎成，满身装饰鱼鳞片、花卉。表演时由一人拿着，3至4人带着锣鼓，走村串户演唱。一般由执铜锣者（俗称大锣）刹板吟唱，所唱的曲牌固定，多为四句七字段，唱词有的是事先编好的，有时见景生情，随编越唱。内容多为历史人物、乡村习俗、男女之情，多数是祝颂吉祥、恭喜发财之类。

打腰鼓　中华人民共和国成立初期从陕北引进。此后，这一形式在学校学生活动方面较为普遍，不仅孩童喜爱，成人也乐此不疲。一群少年儿童头扎白毛巾，身着统一服装，腰系长型小鼓，双手执鼓槌敲击鼓面，边打边行走。2005年，域内滨江实验学校腰鼓队曾参加泰州火车站竣工庆典表演。

河蚌舞　域内又叫“河歪儿精舞”“渔翁撒网”。表演者为一男一女，男子饰渔翁，头戴草帽，身着襦裙，脚穿草鞋，手持渔网。女子饰蚌精，藏于竹篾制成的大蚌壳内，头披彩纱，戴墨镜，着彩衣、彩裤和绣鞋。蚌壳内壁镶镜片和彩纸，开合时光亮耀眼，犹如珍珠晶莹发光。表演时蚌精紧夹渔网，被渔翁拖上岸，渔翁一抖，网离蚌壳，渔翁往复撒网蚌精左躲右闪，时开时合。在民间乐器伴奏下，二人对唱民间小调，演出样式别具一格，非常受人喜爱。20世纪70年代后，这种娱乐形式已不多见。

踩高跷　过去，每逢新年或庙会时有踩高跷的习俗。高跷短的半米，长的一米多，上支木托。表演者身着戏装，脸上化妆，头上戴着小生或花旦的帽子，脚踩木托，把腿绑扎在顶端，由二人或数人往来逗舞。逗舞时有负责吹唢呐或敲打锣鼓的伴奏，一般表演“唐僧取经”“许仙与白娘子”等故事。

广场舞　20世纪80年代末、90年代

初，开始有退休的妇女在村前的广场上练健身操，慢慢发展成跳扇子舞，利用彩色折扇做道具，随着播放的音乐节奏收放扇面。广场舞都是按照录制的歌曲来编舞，人数不受限制。高港区成立后，参与跳健身舞活动的中老年妇女越来越多。进入21世纪后，随着全民健身活动的普及，参加跳广场舞的人更多了。腾龙御园小区每到晚上有十多支队伍在小区外的场地上、地下室跳广场舞。沿江街道经常组织社区舞蹈爱好者参加各项竞赛活动。《江畔芦花别样美》《银杏树下》等节目获得市、区竞赛一等奖。

号子

拔麦号子 农民在拔麦子时，为了提高士气、鼓舞干劲、抒发情感所打的号子。

如：哎哟哟！四月里来南风吹，田里麦子一片黄，金黄的麦子滚波浪，老人、媳妇和姑娘，田里面来拔麦忙。哎呦喂！麦粒饱满穗儿大哩！丰收有希望！

木排号子 做排、运排的钩业工人，在劳动中为了消除疲劳和烦闷，自编自唱，逐步形成了木排号子。

如：号子一打望前方，哪怕风浪逞凶狂，日行千里不怕累，脚踩木排游长江。一声号子我一身胆，声声号子暖心间。一声号子我一身汗，齐心合力拼命干，哎哟嗬，哎哟嗬！排工们！再苦再累的活儿也能干。

车水号子 人们在车水时常喊出号子，意在振奋精神、消除疲劳、鼓舞劲头。有的是自编的小曲，有的是顺口溜之类的词语。

如：号子嘛一打震天响，种田人一年四季忙啊！大米饭来喷喷香，秧田要水不能忘。支好水车车水忙，灌得田里秧苗畅。你车水来我耥耙，头顶烈日不怕苦啊！赢得秋熟粮满仓！粮满仓哎！呃喳那个哎嗨，叫我来呀我就来，不是哪个绣花鞋呀，呃喳哪个嗨呀！脚蹬水车车蹬转，斗板戽水往上吸啊，一级一级地向上转，清水直往稻田流啊！头顶太阳不怕晒，一脚一脚往前迈，秧苗有水长得快，田间管理要抓好，秋收才能产量高。

栽秧号子 每年农民们在田里栽秧时总喜欢打号子，多是抒发农村男女青壮年情感的内容。

如：河水清清，碧波荡漾，河边蒿草草叶子长。栽呀么，栽得好来栽得快，不栽哪个脚汪塘，啊呀喂！横平竖直排成行！一片片水田白茫茫，大姐姐小妹妹栽秧忙，啊哩隔上栽，啊哩隔上栽，啊哩隔上栽呀，栽呀栽得好啊栽得快，呀子喂，哎呀喂，为的是呀，为的是多打粮呀，啊呀子喂，为国家建设作贡献，啊呀喂子哎咳！

挑担号子 农民们在挑稻、麦把子、挑粪送肥或在送粮时，为消除疲劳、抒发内心的喜悦之情，自编自唱的号子。

有的仅是简单的几句“呃唷唷来，唷来个号子”，也有的号子稍复杂些。

如：今年稻（麦）子大丰收，社员个个干劲涨，挑起把子大步走，场上脱粒机声响，脱下稻（麦）子送公粮，先顾国家后集体，干部社员人心齐，哎唷唷，干部社员人心齐！

打夯号子 兴修水利、砌房造屋打夯时，劳动者为减轻疲劳、鼓舞干劲、动作一致，自编自喊的说唱形式。由一个身体强壮、嗓子好的人领头喊起打夯号子：“打夯的哥们！”其他人一起随着唱起：“嗨呀！嗨呀！”一句一抬是跑夯。到了卧底夯，最较劲的时候，众人：“哎呀嗨”，一鼓作气抄起各自的夯柄一起用力将石夯举高，随着夯号声起落，石夯重重地落在预定的夯槽上。这便是打夯的一遍程序。接下来又是整四句连唱跑夯，再度起夯，循环往复，直至将基础夯实为止。

领：拉起个夯来！

众：哟哟嗨！哟嗨呀！

领：哟嗬嗨！啊嗨哟！

众：哟嗬嗨哟！嗨呀呼儿嗨！

领：伙计们哟，加把劲啊！

众：加把劲啊！哟嗨嗨！

领：角角棱棱要打到呀！

众：要打到呀，哟嗬嗨嗨！

码头号子 搬运货物的码头工人们在装卸货物时三五成群，相互协作，为了消除劳累、增强干劲，加快搬运进度，嘴里不时发出“吭唷！吭唷”的号子声，有时齐声唱起自编的号子歌。

如：工人阶级做主人，干活更加有精神。社会主义阳关道，万众一心朝前跑。国家建设掀高潮，码头工人少不了。多装快卸鼓干劲，力争上游作贡献！吭唷号！吭唷号！我们也要作贡献！哎号来，一扛就上扛到肩上，挺起腰来背不弯，鼓起劲来不怕难，装车装船英雄汉，哎哟哟，我是英雄汉！英雄汉！一下就下，轻轻放下，稳稳当当，损坏不了，活儿完工，回家睡觉！哎咳唷，养蓄精神，天天上班，才有钞票！哎咳唷，才有钞票！

小调

几百年来，域内老百姓中口口相传的民间小曲较多，最流行的是诉说男女爱情的《五更调》《孟姜女送寒衣》，凄楚哀婉、动人心弦。随着时代的变迁也有歌颂共产党、歌唱新生活的小调。

十二月小调 《孟姜女送寒衣》版本不同，但唱词都表达了孟姜女对丈夫的真挚感情和一人千里送寒衣的艰辛。

正月里来是新春，辞别旧岁喜盈门；家家团聚人欢笑，孟姜女空房守孤灯。

二月里来暖洋洋，紫燕成双绕画梁；燕子飞来又飞去，孟姜女影单泪汪汪。

三月里来是清明，芳草青青雨纷纷；座座坟上飘箔纸，累累白骨筑城人。

四月里来养蚕忙，桑园想起万喜良；

桑篮挂在桑枝上，抹把泪来采把桑。

五月里来五端阳，端阳佳节蒲艾香；人家调制雄黄酒，孟姜女想郎哭断肠。

六月里来柳丝长，孟姜女夜夜想情郎；醒来不见万郎面，只见关山雾茫茫。

七月里来七月七，牛郎织女会佳期；银河千里挡不住，生死同心不分离。

八月里来桂花香，秋风吹得天气凉；孟姜家中缝寒衣，缝好寒衣把路上。

九月里来是重阳，重阳美酒菊花香；但愿能见万郎面，千言万语诉衷肠。

十月里来降寒霜，风刀霜剑似虎狼；愿郎挺住等奴来，穿上棉衣暖心房。

冬月里来大雪飘，孟姜女不怕路迢迢；不怕冰天和雪地，滑倒爬起朝前跑。

腊月里来过年忙，别人家杀猪又宰羊；孟姜寻夫到边关，不见万郎誓不还！

五更调　传统的五更调为：一更鼓儿呢，月牙儿照东方。奴家入绣房，心中真寂凉。二更鼓儿哩，月牙儿渐渐高。我郎在外面，越想越心焦。三更鼓儿哩，月牙儿挂中央。想起郎的爱，温暖在心田。四更鼓儿哩，月牙儿已偏西。听得敲门声，吓坏郎的妻。五更鼓儿哩，月牙落西山，奴郎把家还，见郎奴心安！

辛亥革命前后，一些有进步思想的文人采用五更调编醒世歌谣，宣讲时事，《爱国歌》的“五更调”唱：一更里月初升，爱国的人心内明，锦绣江山须保稳，怕的人家要瓜分……

抗日战争、解放战争时期，直至中华人民共和国成立后，五更调内容以配合宣传形势和各项政治任务为主，也有反映新时期男女爱情的内容。

抗日战争时期域内的一首“五更鼓调”：

一更鼓儿哩，月亮升东方，鬼子入炮楼，心里直发愁，只怕新四军，担心被砍头；

二更鼓儿哩，月儿渐渐高，村里静悄悄，民兵集合好，队长令一下，围住敌碉堡；

三更鼓儿哩，月儿正中央，敌兵入梦乡，信号弹升起，四边枪声响，鬼子忙抵抗；

四更鼓儿哩，月亮偏西方，我郎抱炸药，跃至炮楼旁，轰隆一声响，敌人枪哑膛；

五更鼓儿哩，月儿落西山，冲锋号响亮，战士跃前方，入楼捉俘虏，敌兵举枪降；

天亮扫战场，我郎英名扬，（大）红花戴胸膛，立功又受奖！立功又受奖！

梨膏糖小调　原为江浙地区卖梨膏糖的小贩吆喝的小调。内容生动风趣，说白滑稽幽默、唱词通俗易懂，唱腔是域内百姓熟悉的民间小调。

如：一包冰屑吊梨膏，二用药味重香料，三山楂麦芽能消食，四君子能治小儿痨，五和肉桂都用到，六用人参三七草，七星炉内升炭火，八卦炉中吊梨膏，九制玫瑰均成品，十全大补共煎熬。

梨膏糖多是现场生产、现场销售，并以歌谣作为广告。买梨膏糖的人敲着小铜锣，嘴里唱着：老爹爹吃了我的梨膏糖呀，一觉睡到大天亮；老奶奶吃了我的梨膏糖，耳不聋来眼不花；小孩子吃了我的梨膏糖，长得高来白又壮。配以“呜呀呜喱哐呀，梨呀梨膏糖呀”作为过门，有时加入时事新闻、奇闻轶事。

民谣

有反映旧时渔民生活不易的，如：鱼死不闭眼，弄两个牢钱不到晚；渔花子上街，醉得七倒八歪。渔民出江气如虹，不怕风浪力无穷；捕鱼捉虾篓中装，安全返家是英雄。年头年尾水上走，鱼虾捕得几竹篓；鱼贩江边等开称，又来几个勒索鬼。

有反映旧时老百姓生活艰难的，如：廿四送灶，廿五磨豆腐，廿六做馍头，廿七蒸年糕，廿八炒花生豆，廿九有啊有，三十夜不在家，躲债在外冷哈哈！

有反映中华人民共和国成立后人民幸福生活的，如：春雷一声震天响，来了救星共产党，穷人翻身得解放，挺起腰杆主人当。

互助合作掀高潮，齐心奔向康庄道；勤劳肯干收入高，日子过得比过去好！

如今家乡美如画，机电化加信息化；家住高楼有汽车，安居乐业神仙夸！

民间体育

打沙袋

域内素有拳击爱好者打沙袋，他们在庭院或屋外并排的两棵树上扎一根木棍，中间吊一个装满黄沙的沙袋，以供练习拳击使用。拳击沙袋时，左右手一先一后轮流击沙袋。

放风筝

过去，域内人家自己动手扎绘风筝，除自己放飞外，还赠送亲友。风筝骨架用竹篾制成的，用彩色纸做成蝴蝶、飞鸟、飞机等形状。一般用三根线扣住两个角，一根线扣住正中间，用缝被子的粗线绕成线球，在天气晴朗的时候到空旷处放飞。20世纪90年代后，风筝扎制技术愈加精巧，有的爱好者还在风筝上安上响铃，在半空中发出笛鸣般的响声。参与放风筝的人员广泛，部分爱好者还经常相约开展比赛活动。

甩石锁

石锁，通常用石头凿成或水泥铸成锁状，重量不等。练习者抓住锁柄，通过抛、接、传、旋转等动作，既练力量，也练技巧，达到强身健体之效果。练习者多从

居民练习甩石锁（2024年摄）

五斤左右较轻的重量开始，逐步加大重量，同时增加动作难度。2015年以后，腾龙御园小区石锁运动爱好者成立泰州高港腾龙石锁健身队，每天早晚在腾龙御园二期北侧的空地上练习和交流。

抖空竹

空竹，域内俗称哑铃，通常所见的是用毛竹制成（后来有塑料空竹），竹盒中空，侧面开有哨孔。玩的人双手各拿两根一尺长的小竹棍，顶端都系一根长约五尺的棉线绳，绕线轴一圈或两圈，一手提，一手送，不断抖动，加速旋转时，空竹便发出鸣声。抖动的姿势多变，绳索翻花，表演出串绳、抡高、对扔、过桥等动作，称作“鸡上架”“仙人跳”“满天飞”“放捻转”等。小区广场常见爱好者清晨抖空竹的身影。

游泳

域内大小河沟较多，自古代起先民就有玩水的习惯。如今游泳已成为居民们强身健体的运动项目。孩子们往往一吃过午饭便三五成群地到水质清澈的河沟里游泳。人们特别喜爱相互比赛，看谁游得远，游泳的花样多，常见的有“狗趴式”“蛙式”“仰游”“踩水”和“扎猛子”（潜水）等。随着安全和健康意识的提高，到野外河塘中游泳的现象已极少，人们大多选择到游泳馆等场所游泳。

钓鱼

域内多河渠、沟塘，大人、小孩都喜欢钓鱼这一户外活动。过去钓鱼，人们是用钢针在火上烧后使其弯曲成钓钩，在针孔上穿上富有韧性的丝线，在钩上装上鱼饵（如蚯蚓、面粉团），用一长约2.5米的竹梢，将穿在鱼钩上的丝线绑在竹梢顶端。钓鱼用的钓线上必须穿有羽毛管剪成的浮标，一般5至7枚。有人以钓鱼为业，养家糊口；更多的是娱乐型的，高兴时拿起钓竿去野外钓钓鱼散心，欣赏大自然的美色，改善自己的伙食。进入20世纪80年代中期以后，爱好者成立钓鱼协会或钓鱼俱乐部，经常开展钓鱼比赛。现在鱼竿、鱼线、鱼钩均由专业厂家生产，有专门的渔具店。

象棋

清代起，象棋是域内文人雅士爱好的体育活动之一。中华人民共和国成立后，域内各中小学都有象棋兴趣小组，老师、学生在课外活动时经常捉对厮杀，并开展校内班级之间的象棋比赛活动。2014年腾龙御园老年活动室开放后，总有几桌象棋爱好者在此对弈。

芦柴编织

域内，江滩、堤坡长满芦柴，人们到此定居后除把芦柴当草烧之外，还利用去叶的杆子编成芦柴望，铺在椽子上，抹上混有石灰的泥浆，盖上瓦片或齐草（无叶的小麦秸秆）盖屋顶。编成芦帘作挡风的墙（又叫笆壁）。还有人将芦柴劈成竹蔑状编成窝摺、芦垫（供晒东西用）、芦柴篷等。除自家使用外，还拿到集场销售。此编织技艺代代相传。20世纪80年代后，因塑料制品越来越多，此类编织物逐渐消失。

柳条编织

域内江堤两旁、河渠纵横交错之地，适宜栽插柳条。江边的柳条2年能长到1米多高，富有韧性，人们利用其编织成需要的器具，如柳帽、笆斗、戽水篓等。20世纪60年代，扬中出现柳器编织厂，他们的编织技艺传入域内，生宁、杨湾大队曾办起柳器厂。

秋冬之交，将柳条割下来，堆码好，使之不受雨淋。第二年春天，将柳条堆放在河中浸泡，注意控制好温度，大约一个星期，待柳条皮自然脱落后，将柳条晒干变成白色。少数柳条皮不易脱去，则由手工刮除。也有根据用户需求用硫黄熏，显出柳条本色。细柳整柳编成笆斗、工业包装箱、筐子，这些柳器对柳条要求不高。粗柳则分开，留下外层，去掉中间的芯，根据样品进行精细编织，一般编果盘、狗篮、猪窝、茶碗盘等物品。将这些精致的柳器送往江都嘶马，或送至泰兴县土特产公司出口欧美，高峰时年产值达10万元以上。至2000年左右，域内不再有人从事柳器编织。

玉器制作

清代至民国年间，域内有手工艺匠人加工石器、玉器，至市场出售。20世纪

60年代，村办时仙砂轮厂成立，后发展为口岸五金砂轮磨具厂、泰兴县砂轮厂、口岸玉器模具厂、泰兴县玉器厂、泰州市艺祥玉器有限公司，产品出口欧美、东南亚、拉丁美洲等地。

玉器制作过程：一是选料。根据玛瑙的颜色、质地判断玛瑙的真假。二是开料。去除玛瑙原石的毛边、裂纹、划痕后，将整块玛瑙切割成片状，再分割成小块，大小与所要雕琢的器物差不多。三是打磨。使用多道不同颗粒度的打磨、抛光，使玛瑙表面光滑、色彩鲜亮、光泽柔和。四是雕刻。包括表面纹饰的设计、刻画、填补及多次打磨，完成玉器制作。

制木梳

旧时，域内民间有专门的小作坊制作木梳。20世纪60至70年代，长圩大队、时仙大队、虹桥大队都曾办过木梳厂，也有作为副业的个体经营者。制木梳的工艺流程：一是备料。用来制作木梳的木料多是梨树、枣树、桃树的树干，买回来后在水中浸泡至少一个夏天和一个冬天，经过寒暑浸泡后木头不会蛀。二是锯梳坯。将树干锯成制梳所需的木板，厚薄与木梳基本相当，再割锯成大小不等的梳坯。三是开齿。对梳坯先用粗砂纸磨好，按模纸打上梳齿印，按印开梳齿，开齿要求动作快、稳、匀，一点点偏离梳齿都可能断掉报废，要求刀工娴熟、精准。所有的梳齿按要求开好后，梳子的雏形告成。四是打磨。对已成型的梳子需用细砂纸进一步打磨。五是油漆。必须上清漆，以显示原来的木纹，给人以美感。六是烫画。在梳子上烫花木鸟鱼图案。域内木梳一度畅销国内外。20世纪80年代后，木梳厂停办。

刻花匾

域内春节前有在正屋后沿房梁上、门框上张贴花匾、喜笺的习俗。喜笺俗称金纸条儿。花匾有大、中、小之分。大花匾每张长约90厘米、宽约50厘米，贴在七架梁堂屋后的二梁上，只能贴5张，每张之间贴与大花匾一样长，宽约8厘米的嵌条。中等的、小的花匾长宽按房屋大小定。贴在门框顶上的小花匾也有长宽不等的几个规格，供用户选择。这类花匾中间要配以金纸“福”。大小花匾、喜笺的雕刻工艺流程：先用羊脂油拌蜡制成长60厘米的木质刻盘，备好犀利的刻刀，再按各类花匾、喜笺的大小，用煤油灯熏遍旧样，制成模版。模版制成后，才可将备好的红毛边纸坯50张一沓固定在刻盘上，然后动手雕刻。花匾、喜笺上有文字、图案，文字多为“五福临门”“欢度春节”“恭贺新禧”“龙凤呈祥”“招财进宝”“人口平安”等，图案有鲤鱼跳龙门、狮子滚绣球、龙凤呈祥等。

20世纪60年代，域内的虹桥、复原一带刻花匾的较多。80年代后，机器刻制的花匾、喜笺逐渐取代人工刻制。

张弶漂鱼花

每年逢农历小满节气前后半个月，是利用弶网到长江捕鱼花的最佳时节。张弶的人在小满前准备好弶网和小船（俗称小划子），至长江捕鱼花（即鱼卵），一般有白鲢和青鲢两种鱼卵。小划子要迎着风浪逆流而上，船上的人全神贯注，双目紧盯江面搜寻顺流而下的鱼花。捕回的鱼花经过人工照料孵出小鱼苗。先是喂蛋黄，将煮熟后的蛋黄碾细喂鱼苗，稍大，每天喂磨碎后浸泡的豆饼，麦片。长至2至3寸时，即成为出售的鱼秧。当年的鱼种须待来年清明节前后出售。1958年人民公社化时，这部分人成为社办养殖场职工。1962年，泰兴县水产养殖场人工繁殖鱼苗成功，人工培育的鱼苗逐年增多。1967年以后，到长江张弶网捕捞鱼卵培育鱼苗的人越来越少。

古迹寻踪

济川镇遗址

济川镇始建于汉朝元封年间（前110—105），南唐设置泰兴县时，曾为县治所在地。

明《万历泰州志》载有“济川河（今南官河）在州治南，自运河坝至济川镇通扬子江”。清顾祖禹《读史方舆纪要》则载济川镇的方位“在县（指泰兴县城）西北四十里”。明人朱一冯对柴墟镇（今口岸）的地理位置记述为：县治（指泰兴县治）西北四十里为柴墟镇，西枕长江，说明济川镇和柴墟镇为同一方位，且相互毗邻。济川镇位于济川河入江处，遗址当在今龙窝口至杨湾港之间。历史上，这里坍塌严重。宋乾德二年（964），县治由济川镇移至柴墟，盖缘于旧治坍于江。南宋建炎四年（1130），岳飞任通泰镇抚使，驻兵柴墟。

至于后来泰州南门出现的济川桥、济川港、济川里、济川镇（民国初年设），似因济川河而得名，泰兴城内出现的济川街、济川桥，皆因纪念济川镇曾为县治而得名。

报国寺

旧址在泰州引江河船闸北菜场附近。因寺内有若干柏树，又称为百柏寺。据说该寺始建于南宋年间，距今七八百年。寺庙名取于岳飞“精忠报国”之意。后因战乱，寺庙荒芜，直到清光绪二十六年（1900）左右，来自安徽的挂单和尚重修报国寺。1959年，毁于火灾。

永胜寺

又名草关帝庙，位于原复原村下四圩南首。相传挂单和尚重修报国寺时，兼修过草关帝庙，师祖子机的三徒弟静波为草关帝庙主持。1954年，草关帝庙成为复原小学低中级班教室。1958年后，成为口岸供销社复原下伸点，直到1992年下伸点撤销。2010年，因开发区建设需要，草关帝庙被拆除。

大庙

又名观音庵，位于原生宁村二圩南首，即今泰州引江河枢纽工程水闸处。该庙始建于北宋年间。清乾隆年间改建，有“索得麒麟”金匾存于庙中。抗日战争前，乡人已在庙内办学。抗日战争胜利后，成为西洲唯一的一所公立完全小学。中华人民共和国成立后，庙中全部房屋征用为大庙小学校舍。“文化大革命”期间，称永红小学。1996年，因泰州引江河工程建设，被拆除。

龙王庙

位于龙王闸站东侧。始建于宋代早期。初始规模不大，只有一进大殿和几间厢房。清道光八年（1828）重修。1921年，由老高港轮船码头创始人高森甫出资，重修门殿、大殿、后殿三进，每进五间，院内两侧厢房为客堂、主持室、寮房、厨房等，计20多间，占地十亩。在庙门上方嵌进“龙王庙”石刻匾额。由于庙房较多，曾为高港村办公室、医疗站、血吸虫防治站、大食堂、生产队仓库。1959年，成为龙王庙民小的宿舍。学校撤并后，办起了黎敏药机厂。

时仙庙

位于原时仙村母子圩北、二圩南附近。始建于道光年间。时仙庙坐东朝西，三面环水，一进院落，中轴线上有山门、大殿，西侧分别是东西配房、厢房、杂殿，正殿面宽三间，进深六椽，单檐硬山顶，筒板瓦屋面，雕花布脊，前带廊，廊柱为圆木柱，上有彩绘，柱头三踩斗。

中华人民共和国成立后，时仙庙成为时仙小学校舍。20世纪70年代，学校规模扩大，村民决定拆除庙宇，在庙址西侧50米处新建公立完全小学。

将军庙

在原杨湾村江边小队的堤岸处。据传，150年前村民从江中捞得一块木牌，上刻有白马大将军神像和字样。为求得不坍江、不倒圩，村民修建将军庙，供奉白马大将军木牌。后因江边坍江而毁。

第十篇　民俗风情

来自大江南北的先民在这里围堤垦田，数代人在生产、生活中磨合，相互影响、相互包容，在这块俗称“西洲”的肥田沃土上，形成了兼容并蓄的农事、生活、婚嫁、建房等习俗和独特的地域风土人情，乡音浓厚的方言俚语，动人的民间故事。

习俗

生产习俗

农事习俗 **开秧门** 谷雨前后至栽秧前的第一件大事。动手栽秧前必须由有声望的家庭主妇去秧田拔第一把秧苗，用稻草扎成秧把，由挑秧的人（俗称秧驼子）挑到田中供栽秧的人栽插。插秧时必须由富有经验的老者（俗称秧师）先插第一行，其他人才好下田插秧。动手插秧的第一天谓之开秧门，家中要煮糯米饭吃。

关秧门 插秧结束前（通常指最后一块田），要留一大把秧苗将其插在田头秧行之中，称关秧门。关秧门时必须等在田中插秧的人都从田里出来再进行，否则被关在田中的人会成为秧黄子（即生黄病）。当天栽好秧后，洗尽手臂和腿的黄泥，晚上畅饮秧酒。栽在田头的这把秧可供日后补插未活或缺棵的秧棵。

尝新 域内农家旧时有尝新的习俗。当新的麦稻收获以后，用新麦磨面粉蒸馒头、摊饼，将稻子碾成米煮饭，先装盆碗之中供奉于正厅祭桌之上，点上香烛磕头后，家人食用食物。此习俗延续至人民公社化之后才逐渐消失。

看青 旧时，域内农户每逢农作物即将成熟之时，几户相约派人轮流看护田里的农作物，以防别人偷盗。农业合作化之后，各生产队为防外人偷盗即将成熟的作物，安排专人巡视，谓之看青。晚上安排人轮流看青，直至庄稼上场再派人值夜看护。20世纪80年代后，该习俗消失。

渔民习俗 域内临江近河，水网密布，水产资源丰富，不少人以捕鱼为生。以捕鱼为生者多贫困，俗语说："鱼死不闭眼，弄两个牢钱不到晚；鱼花子上街，醉得七倒八歪。"他们祖辈盼望能过上好日子，敬神特别虔诚。如渔民出江前必以供品香烛敬船神放鞭炮祭船，出船要喊渔民的俗语"船是三块板，动身就要喊"，这"喊"类似打号子，是渔民生产中的一俗，渔民认为“喊”不仅能齐心协力，也能发吉兆，还能降福消灾。在“喊”的内容上有讲究，要喊出口彩来。这种“喊”成了渔民呼唤式祈语。

船民习俗　域内船民相互之间不喊船上的主事者为“船老大”，他们将“船老大”视为神，船民除敬菩萨外，要特别敬重“船老大”，将“船老大”供于船上。每月初二、十六要供奉，逢时过节也要供奉。船过长江，事先要占卜，问“船老大”能不能过江，“上上签”即走，“下下签”靠船，次日再问。

正月初五以后，船民们为了喜庆丰收，自己出钱，搭高戏台，请来戏班子唱大戏。船民们轮流出资唱神戏，一般都要唱到正月底才结束。此俗至中华人民共和国成立后废止。

婚嫁习俗　旧式婚嫁　旧时，域内婚姻沿袭千年传统，全凭“父母之命，媒妁之言”，往往是由媒人或亲友、熟人向男女双方家长提亲，一般要经过拿帖儿、合婚、相亲、访亲、订婚、通信、备嫁妆、拿嫁妆、迎亲、坐富贵、拜堂、闹洞房等程序。

拿帖儿。经媒人介绍双方情况，双方家长有结亲的意向，女方请媒人将自己女儿的生辰用毛笔写在烫金的红纸上送交男方，男方家长请人合婚，如无相冲、相克即可做亲。

访亲。合婚之后男方认为可以做亲，双方开始访亲，依亲托熟了解对方家庭境况、子女人品，双方相互认可后，由男方确定订婚时间。

订婚。男方按选择的吉日举办订婚仪式，宴请女方主要亲朋，并上门交纳聘礼，此后双方开始如亲戚一般走动。

通信。男方确定婚期后请媒人按风俗带上礼品，如女方同意会收下礼品，不收就是不同意男方的婚期，需要重新考虑，直到女方同意为止。双方都要为结婚作准备，女备嫁妆、男备新房。

拿嫁妆。男方按期办理结婚之事，此时女方陪嫁物品也已准备停当。男方于吉日（俗称正日）的早晨派出由福老儿（男方选定的男性有福之人）挑礼担，礼担里有2条鲢鱼、4根猪肋条（有的人家用前蹄后膀各1块）、2瓶酒、2条烟、2条糕、2双红筷子、圆子或馒头（一般是16个、36个或66个），红蛋、白果、花生、红枣、桂圆各5个，寓“五子登科”之意。还有还娘家碗、还娘家席、万年青、开门封、红烛、鞭炮等。福老儿率领拿嫁妆的队伍（人数必须是双数）去女方家中，至女方村庄遇人要发喜烟、喜糖，至女方家后要燃放鞭炮迎接。此时，福老儿将开门封交给新娘的兄长或兄弟再接礼担，并请男方来拿嫁妆的人入席，以茶水糕点热情招待后发嫁妆。拿嫁妆的在午时前拿回男方家中，点燃鞭炮相迎，然后由专人将嫁妆安置于新房之中。

迎亲。男方在成亲的当日须备彩轿（今为装有彩饰的汽车）至女方接亲，到达女方时，接亲的人被女方亲友拦在门外向男方要喜烟、喜糖、喜钱。在闹得酣热之时，女方亲友中总有指定的人出面“调解”，与男方做主的人谈条件，经过协商达成协议后将喜烟、喜糖塞进门里，门才打开，迎亲的人一拥而入把新娘接走，离家上轿前拜别父母，然后登轿。抬轿的头儿喊一声“起轿”，这时迎亲的鼓乐齐鸣，女方燃放鞭炮相送，送亲的队伍人数成双一起出发。一路吹喇叭、敲锣打鼓抬进男方家，下轿（今下汽车）由福奶奶（女姓有福之人）或新郎迎接进入家中。此时，早有小辈将新房门关好闹要喜糖、喜钱，达要求后才开门，新娘新郎及送亲的一拥而入。

坐富贵。迎回新娘后，新娘与新郎必须端庄地坐在福奶奶整理好的新房内的新床沿正中，送房先生（即婚礼主持人）向新娘身上撒拌有花瓣的红枣、染红的花生和白果。然后吃富贵汤圆，之后由福奶奶或伴娘陪同走出新房举行拜堂仪式。

拜堂。由送房先生主持拜堂仪式，父母坐家中正厅香案前的方桌两侧，此时红烛高照，香已燃，新娘新郎男左女右，手牵福奶奶递给的扎着红球的红带出场，一拜天地，二拜高堂，然后夫妻对拜。

闹洞房。婚礼仪式结束后，新人进入洞房，长辈、平辈皆可与新人嬉闹寻开心，给新郎新娘提逗乐的要求，增添喜庆欢乐的氛围，即闹洞房。

回门。结婚后的第二天，新娘要在新郎的陪同下回娘家，俗称回门。早晨新婚夫妇吃过早餐后，携带烟酒、糖果、糕点等礼品回娘家做客。女方家设宴款待新郎、新娘，请主要亲友陪席。当天新娘、新郎必须在日落前回到自己家中，取对婆婆日后眼睛有利之意。

新式婚礼　中华人民共和国成立之初，域内基本沿袭旧时婚礼习俗。1950年5月1日，《中华人民共和国婚姻法》颁布后，青年人先相亲，订婚必拍订婚照，然后登记结婚，领取结婚证书，再办婚礼。20世纪60至70年代，因物质条件匮乏，婚礼仪式比较简单，迎亲花轿改为自行车。80年代，经济条件稍有好转，陪嫁开始流行三大件——手表、自行车、缝纫机，另有少量衣物。在农村，迎亲花轿改为拖拉机。90年代，婚礼上开始出现伴娘、伴郎，陪嫁物品的三大件变为电视机、摩托车、缝纫机。进入21世纪，陪嫁物品有液晶彩电、电冰箱、汽车，女方的压箱钱由现金加银行卡。婚礼一般在饭店举行，由司仪主持。

交生日　域内男女结婚之后有娘家向婆家交生日的习俗。新娘在婆家过自己的第一个生日前，娘家要带着鱼肉水面和鞭炮到婆家告知姑娘生日日期，婆家必须将媳妇娘家的水礼摆在托盘中，供在香案前的方桌上，点燃香烛、放鞭炮，并摆酒席招待来交生日的人。

送夏　新娘进入婆家后的第一个端午节前，娘家在立夏之后要送新娘、新郎的夏令用品，有夏布蚊帐、夏衣裤（或布料）、男女凉鞋袜、1把遮阳伞、2顶草帽、2把芭蕉扇子。20世纪80年代，有送电风扇的。进入21世纪，改送空调等。

生育习俗　催生　女儿婚后怀孕，生养前一个月，娘家要到婆家"催生"。主要是将快要诞生的婴儿所需的内衣裤、鞋帽、尿布及孕妇所需的草纸（卫生纸）、红糖、艾草、灰匾子等物品送去。80年代后，到医院生养，不再用灰匾子，催生时另备有尿不湿、产妇营养品等。

分娩　20世纪70年代前，孕妇大多数在家生养，请接生婆接生，产房要密不透风，以免风吹坏了孕妇。同时，不许外人及自己的丈夫进来。生产时，孕妇排出的胎盘及胎膜放入一个长圆形的陶罐里，撒满石灰后封好，藏放于床下，等孩子周岁后，再移出埋在厕所附近，小孩长大后即便在外飞黄腾达，也不会忘自己的衣胞之地。80年代后，到医院生养，由专业的医护人员接生。

报喜　婴儿出生后，要立即向娘家及亲友报喜，报喜时须送鸡蛋，向亲友送蛋的数量视被送者与生育者关系远近而定，一般的送3个，关系稍近的送5个，关系特别近的送9个，所送的蛋上都要染成红色。送蛋报喜的目的除与亲友分享喜悦外，同时也是告诉娘家及亲友前来看月子、做满月。如今，送红蛋的情况少了，多数都送用红塑料袋装着的生鸡蛋或超市购买的真空包装茶叶蛋。旧时，如生男孩有向邻居送"毛米粥"（即糯米粥上放点红糖）的习俗。

洗三　婴儿出生的第三天称三朝，在医院生养的顺产产妇一般在三朝这一天就可以出院回家。三朝当天，给婴儿洗澡，称洗三，又称贺三朝。主家会请一位福寿双全的老太太主持洗三仪式，为婴儿洗身，一边洗，一边念诵祝福的喜歌。洗浴完毕，主人备酒菜或汤面招待亲朋好友，俗称汤饼筵，也叫吃三朝酒。

坐月子　产妇生养之后一个月内不得出房门，需卧床休息静养，即坐月子。产妇一个月内不接触冷水、不能劳累、不能吹风、不吃生冷食物，要喝生瓜汤、艾叶梗加红糖煎的汤。

看月子　过了三朝至新生儿满月前，亲友开始登门看望产妇，送肚肺、猪蹄、猪腰、老母鸡、烧饼、馓子、鸽子等营养物品，即看月子。娘家要看三次。

满月　婴儿出生满一个月称为满月，这天要宴请亲友吃满月酒，为婴儿剃满月头。

生日习俗　域内人的生日都是以农历计算的。小孩1周岁时的生日称为周岁或过周。舅父要挑礼担上门，家中宴请亲朋好友，举行抓周仪式。小孩自过周后，每年都有一次生日，逢"10"的生日一般要大办。

过大寿　过去一般70岁要做大寿。现在一般要80岁、90岁或百岁做大寿，也有提前一年做的。

贺寿要布置寿堂，寿堂上设香烛。过寿者为男性，则寿堂挂“寿星”，为女性挂“王母”或挂“三星高照”“麻姑献寿”“松鹤延年”等吉庆图，也有直接挂个大“寿”字的。桌上供荤盘、水面、寿桃、糕点、万年青等。祝寿时“寿星”坐正中，平辈作揖，晚辈磕头或鞠躬，子女将寿桃敬献于过寿者品尝。仪式结束后，与贺寿者入席。

寿宴须摆“中面晚酒”，中午先饮酒品菜肴，主食是面条，谓长寿面，第一碗须给过寿者吃，然后其他人吃。晚上以酒席招待，主食米饭佐以糕点或包子。

送礼担　在过大生日时，有送礼担的习俗，给儿童贺生日的礼担上要有鲢鱼、猪肉肋条、汤圆、水面等礼品，还要有鞭炮及儿童用品。给成年人贺寿时，除送上述食品外，还要送衣料等。给老人贺寿时，还应加上米粉或面粉制成的“寿桃”等。现在朋友间过生日，多送花篮、蛋糕、贺联、字画，也有直接送礼金的。

送礼担时，把贺礼装在礼担上，一人挑担，众人相随。路途较近的，敲锣打鼓送到主人家，路途较远的，则把礼品用汽车运到靠近主家门口的地方下车，挑着礼担送到主家。主人将礼品陈列于八仙桌上，点上香烛供奉。所送礼担中的食品数必须逢双。送礼担的人吃完晚饭回家前，主人再将礼品中食物的一部分退还带回，以示大家同喜。

建房习俗

选址　从地势、环境、视野、河川、道路等角度综合考虑选择地址。选定后，即在地基四界打上用青线包扎红纸的木桩，洒上白石灰作为界址线。

开基　房址选定、房料备齐后，选择吉日吉时破土动工，即挖夯槽，夯槽挖好后，用夯夯实基础，然后手持点燃的鞭炮环夯槽跑一圈，再在基础上砌墙。

上梁　事前将梁两边的桁架好，由木工、瓦工在梁上挂红布条，贴“福”“禄”“寿”，梁的两头下面插金花，柱上贴吉庆对联。吉时一到燃放鞭炮，正梁就位时站在两头的木瓦匠说吉利话“红日东升喜洋洋，主家请我来上梁，前面金龙入华堂，后边又来金凤凰，繁荣昌盛家运旺，洪福齐天享安康”，边说边进入上梁仪式的高潮“撂糕”“抛馒头”。主人将装有米糕、馒头、糖块等礼品的木盘或笆斗由木匠、瓦匠师傅带到梁顶，然后由木匠、瓦匠师傅将这些物品从梁上向四周抛撒，让前来看热闹的男女老幼争抢。主家办上梁喜庆宴席，款待宾朋。也有人家在房屋砌造到安装正梁时因故未能举行上梁仪式，但不能影响建房的正常进行，就在大梁两头的下方各搁置一双红筷子，以示这梁只是暂时悬搁着，待以后适当时候再举行仪式，到正式上梁时，一切仪式照旧，只要把搁置的红筷子抽掉即可。

岁时习俗

春节　农历正月初一日为农历新年，从初一零时起，家家户户燃放鞭炮。清晨，每个人都身着新衣。早饭吃枣儿茶（元宝茶）、汤圆。之后拜年，晚辈先拜长辈，家中拜好后还要向家族的长辈拜年，长辈给家族的小孩压岁钱。当天有花船、花担、龙灯等表演活动。过新年期间，不说不吉利的话，有孩子的人家会贴一张“童言无忌”的报条于墙柱上。

大年初二，一般要先去舅父家拜年，刚结婚的女婿要陪同新媳妇带上礼品向岳父、岳母拜年。其他亲朋之间也开始相互拜年，并拿年酒。

财神日　大年初五是财神日，又叫“破五”。进入子时，家家户户争着敬香点烛，抢放鞭炮迎财神。旧时，村民吃河水时，家家争着去河里挑第一担水，就算抢到了财神。

看攒星　域内民间有正月初七、初八看攒星（七簇星）的习俗。这两天的傍晚，上弦月在上空，七簇星在月亮附近，每年的位置不同。传说观看七簇星与月亮的位置可知新一年的吉凶，民间俗语：“上角仓仓满，下角水涟涟，月口刀兵动，月背是荒年。”

灯节　正月十三日为高灯。这一天是农历新年灯节的开始，大家小户给小孩扎花灯、买花灯。当晚孩子们手提宫灯、飞机灯、鱼灯，推着滚灯等各色彩灯，比谁的灯更漂亮。这天晚上家家吃圆子，并点燃香烛，供芝麻糖圆子。有的人家还放鞭炮，升起红灯，至正月十八落灯。

元宵节　正月十五日为元宵节。当天，荡花船、舞龙灯、挑花担，猜灯谜、逛灯展、吃元宵，非常热闹。

落灯　正月十八日为落灯。这天晚上家家吃青菜面，民间有“高灯圆子落灯面，今年吃了望明年”之说。落灯宣告新年结束，人们开始新的生产活动。过去，正月初五以后就有人放飏灯，正月十三至正月十八日是放飏灯的高峰期。出于安全考虑，放飏灯的习俗基本消失。

二月二　二月初二有接新出嫁的女儿回娘家的习俗。二月二又是“龙抬头”的日子，有新春之后在这天理发的习俗。近年此俗仍存。

清明　4月5日前后为清明节。清明早晨，人们在门前插杨柳，男女青年头戴用柳枝叶扎成圈的柳帽去田埂上踏青、漫游。还有人用螺蛳头儿剁碎拌面做饼儿汤，据说食之可以祛病免灾利目。中午，有的在家中祭祖，有的上坟祭祖。中华人民共和国成立后，清明节已成为进行爱国主义教育的传统节日之一，域内组织广大师生到烈士墓或烈士陵园祭扫。

立夏　立夏时，尝“地三鲜”，即食用黄瓜、蚕豆、红苋菜；尝“江三鲜”，即食用江虾、江鲢、鲥鱼。这一天，妇女多喜用皂角树叶插在发际。人们有称体重的习俗。

端午节　农历五月初五日为端午节，又称“端阳节”。这天，家家在大门两边插上艾叶、菖蒲。孩子们手拴彩线编的“百脚绳”，脚穿虎头鞋，吃与粽子一起煮熟的绿壳鸭蛋，传说吃了绿壳鸭蛋不疰夏。早晨吃粽子。中午吃“五红”，即五种红色的菜肴，如炒苋菜、红烧肉、红烧黄鱼、炒雪片（黄鳝剐片）、炒虾子等。更多人家不止“五红”。旧时，南官河上每年端午有龙舟赛。

六月六　又称“天贶节”。在域内有“六月六，洗白肉”之说。这一天，妇女洗头，孩子们下河洗澡。有六月六吃“元宝”（即馄饨）、用凤仙花染红指甲的习俗，此俗至今仍存。

乞巧节　农历七月初七为乞巧节，传说是牛郎织女相会的日子。是日晚上，有少女的人家以水果为供品，对天焚香拜织女，磕头后，少女穿针引线向其乞求女红技巧，故称为“乞巧节”。现在，已渐渐发展成为情人节。

中元节　农历七月十五日为中元节，俗称“七月半”。过去，有办菜祭祖、烧化纸钱、放河灯的习俗。现在，多数人家改为到墓地祭祖。

中秋节　农历八月十五日为中秋节，俗称“八月半”。节前，至亲厚友开始互赠月饼，家家户户做糖烧饼、馒头。明月东升时，各家以糖烧饼、月饼、柿子、石榴、菱角等祀月，并点燃香烛，祭后家人团聚赏月。

沿江街道“月满中秋　情浓沿江”主题活动（2022年摄）

重阳节　农历九月初九为重阳节。过去，有早上吃米糕（俗称重阳糕）、登高的习俗，还有赏菊花、品菊花茶、吃螃蟹的习俗。重阳一过，白昼渐短，干活不再吃晚茶，因而有“吃了重阳糕，就把晚茶搁”之说。1989年，国家将重阳节定为敬老节。从此，这一天各地多开展各种形式的尊老、敬老活动。

下元节　农历十月十五日为下元节。民间用新收的糯稻加工成米粉做圆子祭神。1958年后，此俗逐渐消失。

冬至　民间有祭祖的习俗，称之为“过冬”。过冬有小冬、大冬之分，冬至前一日祭祖的称为过小冬，当日祭祖的称为过大冬。此俗仍存。

腊八　农历腊月初八称为腊八。中午吃腊八酸粥，配有芋头、南瓜、山芋、蚕豆或黄豆、花生米、红小豆、红枣、白果等食材。此俗犹存。

送灶　农历腊月二十四为送灶日。中午，各家要向灶老爷供青菜豆腐饭。晚上，将撕碎的青菜叶、剪好的稻草供在灶老爷像前，揭下灶老爷的画像和两侧的对联到户外焚化。

除夕　农历腊月的最后一天为除夕。这天早上，将屋里屋外整理干净。午饭后贴春联，挂喜笺、花匾。晚上，家家户户吃团圆饭，也叫年夜饭。饭后，上供品、点香烛、放鞭炮。礼毕后，给小孩压岁钱，全家人换上新衣鞋帽，伴灯不眠，俗称“守岁”。

游艺习俗

域内儿童游戏花式多样，内容丰富，充满童真童趣，从功能上分，大致可分为4类。

娱乐类　吹肥皂泡、丢手绢、指眼睛鼻子、瞎子摸人、画五官、玩万花筒、击鼓传花、掼纸炮、玩手影、丢沙包、跳白果、堆雪人、捉知了、打水漂、砸杏仁、捉萤火虫等。

健身类　跳房（又名跳方阵、跳方格子）、踢毽子、滚铁环、跳绳、斗鸡、骑马打仗、跳马、跳远踩脚、拿母（拾子）、掰手腕、抓沙包、挤麻油、打陀螺（玩打不死）、钓鱼、抓子、抖空竹、跳橡皮筋、放风筝等。

博弈类　老鹰捉小鸡、翻火柴面、剪刀石头布、抛抢香烟壳、套圈、官兵捉强盗、拔河、打钱墩、推纸三角、玩弹子等。

益智类　走五码、打弹弓、藏猫猫（又名躲猫猫、捉迷藏）、打石球、打枪、推手平衡、玩七巧板、玩积木、折叠纸、翻绷子等。

器具

农用器具

过去，农具有大小型之分。小农具如钉耙、锄头、镰刀、小锹等，每个农户都自备自用。大型农具不是每家都有，如用于车水的水车、耕地的耕牛和铁犁、扬场用的风车、碾农作物秸秆用的碌碡、磨粮食的石磨等，可借用或租用。

20世纪80年代起，随着社会的进步、农业机械化普及程度的提高，不少传统的生产用具逐步消失。至2017年，沿江街道拆迁基本结束，耕地被征用，世代使用的农具，仅被部分老年农民使用于零星隙地的翻种、收割，也有少数农户恋恋不舍，予以珍藏。

耕作农具　过去，土地耕作主要依靠的畜力工具为犁。域内使用的犁为水田犁，犁辕弯曲度大而偏上，犁背较长，三角形，犁尖为铁质，较锋利，利于耕翻、碎垡。一人一牛一犁，每天可耕地3至5亩。20世纪70年代，被手扶拖拉机及配套耕作机具所取代。

田管农具　主要有小锹、锄头、钉耙、耥耙、簸箕、粪桶、粪勺等，用于田间除草、间苗、松土、培土、施肥等。

耥耙　专用于水稻田松土、耘耥、除草。耥耙由耙柄、耙体、耙齿三部分组合而成。随着推广农药除草，现已被淘汰。

畚箕　用于捡拾狗、猪粪便或用于担运肥料的器具。多用竹篾、柳编成，形状像簸箕，但比簸箕浅些，再扣上三根绳子作系，用扁担挑或杠子抬。20世纪80年代前，每户有一两副，今已少有使用。

粪桶　挑运粪便和稀质肥料的工具。木质，圆柱形容器，有两个耳子，耳子中间有圆洞，系绳子或穿毛竹片夹子，一般备两只（称一副）。现部分农户家庭虽有保存，但基本上弃之不用。

粪舀子（粪勺）　浇灌粪便和稀质肥料的工具。木质，由舀子头和柄子组成。舀子头有底，底与口呈倒“八”形圆柱状。有耳，与粪桶配套使用。柄子较长，一般为木棍，也有少数用竹竿的。今木质粪舀已不多见，多为塑料制品。

排灌器具 有水车、耙斗、粪勺等，尤以水车是农田排灌的主要农具。人力水车一般由两人或四人同时操作，可以车进水，也可车出水。20世纪70年代以后，逐步被电力排灌机械所取代。

水车由水槽、鹤板、鹤板连接件、水槽隔板、车轴、踏枕、车拐、支架、车杠、线车等部件组成，木质结构。车轴上有四至六副车拐。操作时，人们伏在车杠上，脚踏车拐，转动车轴提水。水车除车轴两端的轴瓦是铁制品外，其他部件都是木质的。车轴、槽筒的正身为杉木，脚蹬、轴齿、壳是桑木的，斗板是杨树的。随着水利工程建设的推广，机电排灌设备的普及，水车不再使用。

收获农具 过去，三麦、水稻作物主要靠人工使用镰刀收割，带绳捆扁担挑，利用稻床子、连枷掼打。后来，大面积使用脚踏脱粒机、电动脱粒机。20世纪90年代后，普遍靠专用大型稻麦两用收割机。

连枷 系稻、麦、豆类作物脱粒的一种工具。由连枷头、连枷轴、柄三部分组成。连枷头由竹片紧密排列、固定成长方体。连枷轴为一铁棍，连接连枷头与柄。柄多为木棍，也有竹子的，其大头留一孔，使连枷头可灵活转动。操作时，抓住柄用力甩动连枷头，拍打脱粒作物即可。随着脱粒机械的广泛应用，连枷已不再用于脱粒稻、麦作物，仅被部分农户用于小土地收获的油菜籽、大豆（黄豆）的脱粒。

揚扒 翻晒稻麦的一种工具，形状似字母T。由揚扒头、柄和拐三部分组成，为全木质。揚扒头为长方体扁形，有口，在揚扒头中间与柄和拐连接。由于烘干及机械技术的运用，揚扒已不多见。

囤盘 储存粮食等物，与窝摺配套使用的底盘。全木质结构，由木板拼成，圆形，上有边沿、下有垫衬，阻隔地面潮湿。今已不再使用。

窝摺 囤积粮食等物的用品。为芦苇编制品，一段时期家家户户都有，曾经是域内对外经销的主要产品之一。随着市场需求的变化，现已不再生产，域内农户已不再使用。

脱粒机（老虎机、滚龙机） 稻、麦脱粒的一种工具。由机座、机壳、滚筒、动力传送等主要部件组成，全铁质。主要有两大类：一类为人力脚踏脱粒机；一类为机械动力脱粒机（俗称老虎机）。随着农村机械化水平的不断提高，脱粒机在域内基本绝迹。

石磙子 圆柱体，有19沟和21沟之分。脱粒方法主要是用牛拉动石磙在稻、麦场上有规律地碾压（俗称打场）。

稻床架子（掼床） 稻、麦脱粒（俗称掼把子）的传统农具。制作时选取杂树作材料，制成正方形框架，在中间安一根横梁，横梁上凿十多个小孔，用于穿插固定的一根根竹竿，在方框的四角上安装长40至50厘米、宽8至10厘米的床脚，后面两条床腿高5厘米，掼床成倾斜式。使用时放在晒场上，掼稻麦把子的人手握一把稻麦把子将有稻麦穗的一头掼在掼床上，反复掼打直到稻麦粒完全掼净。

风车　扬净稻、麦等谷物杂质的一种工具。由风箱、风叶、中轴、手柄、风道、漏斗、净扬口和风斗架等部件组成，基本上为木质结构。操作方法是摇动手柄形成风力，吹掉杂物。今已不再使用。

粮食加工器具

20世纪60年代前，粮食加工靠人力、牛力，利用石磨、石碾、碓臼等。之后随着电灌站附设稻麦加工设备，石碾、石磨先后被淘汰。

碾坊　20世纪60年代以前，稻谷加工大米，主要靠碾坊碾米。域内私家碾坊多达十多家。私家碾坊，必备牲口（有马、黄牛或水牛）一头，碾房两间及配套碾具。碾房面积大的50平方米左右，大间用于安装石碾，小间放置风车、米筛等配套碾具。石碾由碾盘、碾柱、碾梁组成。

石磨　主要用于磨面粉、磨豆浆。由磨架子和磨盘组成。磨架子为木质结构，四条腿，上有圆形木盘，石磨盘固定在木盘上。石磨盘分上下两块，上磨盘下方和下磨盘的上方均有磨齿。上磨盘为空圆心扁形圆柱体，在盘体的1/2处穿入一横木，横木两头出头，其两头和中心位置分别有圆孔。下磨盘为扁圆柱体，其中心有磨脐，使上下磨盘形成灵活转动的整体。由一两人推磨盘转动（或牲畜拉），一人均匀地将麦或浸泡后的大豆送入上磨盘的空心圆内，利用磨齿磨成面粉、豆浆。今已不再使用。

石臼　舂米或加工糙米、糯米粉等食品的工具，俗称舂嘴。由臼、碓头、碓杠、碓架子等部件组成。碓头以较粗的硬质树根为主料，下头安装铁件成碓齿。大碓的碓杠为一根粗大的杂树，在其1/3处安装横梁。碓杠与碓头用卯榫衔接，并绑块石头。石臼一般埋在地下，与地面相平。碓架子一般由两竖两横木料做成，碓架子靠后处设洼塘，碓杠架在碓架子上，碓头对准石臼即成。利用杠杆原理，使碓头上下运动，实施食品加工。碓有大碓、小碓之分，大碓一般为糙米等类食品的加工，小碓一般为糯米粉之类的食品加工。今已不再使用。

碾子　用人力或畜力把稻子、麦子、高粱、谷子等脱壳的石制工具。由石制碾子、磙子和碾盘组成。今已不再使用。

生活类器具

过去老百姓使用的生活器具，很多已难见，只存在人们的记忆中，少数仍在使用。

筛子　去除米、麦、豆、油菜籽等作物中杂物的工具。由筛帮、筛底、筛网三部分组成。以竹篾为材料，圆形，筛底呈若干个六角形，筛衣子为若干个空正方形。筛子有米筛、漏筛、隔筛之分。一般米筛等由人端着操作，域内尚有使用。大筛子用支架吊着操作，多用于大批量作业。

缸　用来盛放粮食、水等的陶制容器。一般为上大下小的圆台形状。

扁担　用于挑水、挑粮草。多用毛竹片制成，宽12厘米左右，长1.5米，两端呈“9”状，系扣绳索用。

小车　用于推运肥料、粮草，木质（橡胶）独轮。车架通常用刺槐或柞木、桑树、檀树、榉树制作，左右两侧放置货物。

棉花车　用于掸棉花。用木头制作底座，上装竹制直径1.5米转轮，再装上摇柄。

捻陀捻　制作棉线的一种用具。由捻陀头和杆子组成。捻陀头为木质，扁圆柱体，似乒乓球大小，中间有小孔，插杆子用。杆子为竹质，似筷子，上头有一小口。今不存。

蓑衣　用关丝草和苎麻线编制而成，有衣袖，供雨天外出或干农活时避雨使用。

斗篷（斗笠）　用于防晒、防雨的帽子。用竹篾编成圆锥形网状骨架，用竹箬或塑料薄膜铺实，再安装上圆箍。

土墼箱（土坯箱）　制造砌墙、支锅所用的土坯模具。全木质，空芯长方体，一般内长24厘米、宽10厘米、高10厘米。制作时，把黏泥土和成泥，分次将泥团掼到箱内再脱去（俗称磕土墼），自然晒干即可。

水龙　旧时的救火器具。通常在圆柱或椭圆形水桶口中央的横板上安有一根木立柱，立柱上装上一根较长的横木（龙杆），龙杆上装有两根连接桶内水管的压棒。救火时，上下来回压动龙杆，水桶中的水从出水管压送出着火处，原理与压井水相似。今已不再使用。

石夯　砌房打实地基的工具。在石头柱下包铁箍（或木桩加铁板底），铁箍左右装三个铁环各系三根绳，上装两个把子。打夯时，两人领夯，其余六人用力上提，再下放，人工抬夯带号子打夯。今由电夯或挖掘机取代。

睡窝儿　儿童会走路前后的睡、坐用品。用木板箍成的椭圆形桶状，桶中部有一通风透气的隔板。上层为儿童睡觉或坐着用，下层冬天可放火盆供取暖用，在其一头垫上一块砖头，又可作摇篮

睡窝儿（2024年摄）

用，催儿童入睡。今已不再使用。

站窝儿 三至五岁的儿童站立（坐）在内活动的用品。形状像底大口小喇叭状的圆柱体，木制，一般高74厘米，底直径55厘米。其中间有通风透气的隔板或衬子，上层约高46厘米，供儿童站着玩耍，下层约高28厘米，站窝子冬天可放火盆，供取暖用。今已不再使用。

站窝儿（2024年摄）

竹床 供儿童日常睡觉用：在上下箍之间的2/3处头设一座位，掀开盖子，供儿童坐着玩耍。少数人家在竹车子的底部安装四个轮子，在竹车子上部安装把手，大人可以推着孩子玩耍。今已不再使用。

蚊帐 帐子多为长方形顶，两开门，用竹竿穿入顶面两长边的套内，挂于架子床上。用苎麻捻成的细纱织成的布，经漂白后按床的长、宽、高的尺寸，制成立体避蚊虫的帐子，称为夏布帐子。20世纪60年代中期，出现用尼龙纱布制成的帐子，称为尼龙帐子。90年代起，逐渐不使用蚊帐。

火盆 人们冬天取暖的器具。一般为陶制小盆（钵），为口大底小的扁圆柱形。盆内放砻糠或稻瘪子、麦穰子，上面放带火星的草麦灰。部分人家直接用陶制的小缸或盆等做火盆。

铜炉 人们冬天取暖的器具。一般为黄铜制成，由盖子和炉体组成，呈底小、盖略大、中间鼓起的圆柱形，有拎把子。今已不再使用。

铜炉（2024年摄）

汤壶(汤焐子、暖壶) 人们冬天取暖的器具。制作材料有铜、银、铝合金等,扁圆体,上部有小口、盖子、拎环。壶中装开水取暖,冬天的晚上放在被窝中使用。汤壶也有大小之分,小的一般捂手,也有揣放在怀中驱寒。今已不再使用。

汤壶(2024年摄)

草鞋 由糯稻草编织而成,讲究的用布条编成。有底无帮,以带系脚穿用,方便轻巧。今已不再使用。

蒲鞋 春秋天穿用的鞋子。由蒲草编织而成,讲究的鞋帮子和鞋面子用麻丝编织而成,用布条掩鞋口,形似布单鞋。今已不再使用。

毛窝儿 冬天穿用的鞋子。由糯稻草与芦花子编织而成,形似棉鞋,鞋帮子高于踝骨,较为保暖。今已不再使用。

高木屐子 雨雪天穿用。由蒲鞋或毛窝儿和木屐子组成,即蒲鞋高木屐、毛窝子高木屐。今已不再使用。

灯盏 家庭日常照明器具。由灯盏头和灯点座组成。灯盏头为铜质,似无底的小碗状。灯盏座可分成三段:中间一段为圆柱体状;其上方为放灯盏头的圆形或方形的座,中间凹下;下方为底座,圆形或方形。灯盏头放入食用油和灯草,灯草略伸出灯盏头边沿外,点亮灯草即可照明。

烛台 家庭照明、做寿、祭祀或冥事用具。烛台有简易型和工艺型。简易型一般为木制,即在圆木棒上头安装一圆钉,配圆柱体状座子即成,有更简单的在一块正方体木块上钉一根钉子。工艺型的多用铜质或铅质材料,形制在烛台头与座型上大体相同,其中间部分多浇注成吉祥图案、文字等内容或挂件。

煤油灯 家庭的照明用具。由墨水瓶、白铁灯管和捻子三部分组成,也有用白铁焊接瓶状盛煤油,并附设把子,可挂在墙壁上使用。今已不再使用。

罩子灯 家庭的照明用具。由灯座、灯头、捻子等部分组成。灯座和罩子是玻璃质的,灯座脚似小碗倒置状,座脚上面是无缝对接的扁圆体形储油器,有螺纹圆口,与灯头相接。罩子是上有小圆口、下有大圆口,中间宽的玻璃体。灯头是连接灯座和罩子的载体,铁质。灯头体型虽小,但构造相对复杂,可分为底座连接件、灯芯构造件、灯链调节器、罩子稳定件及控烟盖子。

手提灯(四角灯) 夜晚流动照明用具。立式长方体形框架,下有正方形底,上有正方形盖,盖面有圆洞和拎环,为铁皮做成;四面装玻璃,其中有一面玻璃可抽动，内放煤油秃子灯。今已不再使用。

汽油灯　夜晚大场面照明用具。主要有两种，一种座式，一种悬挂式。主构件基本一致，都有专门的纱罩、充气阀等。座式似圆柱体花灯形，储油体在下。今已不再使用。

水烟斗（水烟袋）　铜质烟具。由烟嘴壳体、烟座组成，通过壳体内腔内的水由导管滤除烟气中有害物质。今已不再使用。

锅灶　家庭日常煮饭烧菜的设施。由砖头、纸脚灰、泥巴等材料建成。分锅框、锅台、灶门、锅膛、灶台、烟囱等主要部分，还有利用锅灶不同位置设置的炕鞋洞（也叫猫洞）、盐罐洞、汤罐、火柴洞、灶老爷台等。没有烟囱的锅灶被称为闷处子。视家庭人口多少，有支两口锅、三口锅的。

铁锅　用熔化的铁水浇铸而成，供人们烧饭、煮粥、炒菜的炊具。

汤罐　利用锅灶余热烧水的用具。由汤罐和汤罐盖组成。汤罐由生铁浇铸，形似圆柱体，有底和口。汤罐盖由杉木制成，圆形，面中间有一道脊梁，便于手拿。今已不再使用。

铜勺　用来舀盛粥、汤等的器具。由勺身和柄组成，勺身呈半圆形，腹下收，圜底，口沿呈向外凸的空管供装短木柄。

洗锅把儿　刷洗锅碗的小扎把。过去用高粱秆扎制，现用丝瓜穰或钢丝球代替。

踏板　与床配套使用的一种家具。木质，长方形，其长度与床等长，宽度一般为床宽度的1/2。今已不再使用。

箩　用来装盛粮食的器具。域内多以自产的竹子制作为主，一般用毛竹片做箩口、篁藤或塑料片扎口。箩分筒儿箩、大肥箩、板戗箩（即板箩，可装面粉）。今已很少使用。

淘米篓　用于淘米的器具。由竹篾编制而成，小半球状，口径35至50厘米不等，有提把。

八字桥

位于南官河西三洲（故土上匡、伏生洲、伏原洲）的交界处。有呈“T”形的两条老港。南北走向的老港（今为赵泰支港）以东为故土洲（原故土、合乐两村地域），东西走向的老港（今为复生港）以南为伏原洲（原虹桥、复原两村地域），以北为伏生洲（原长圩村地域）。当初，三洲之人隔港相望，望港兴叹。为了东西通行、南北往来，三洲百姓商议在两港交会处的东西港和南北港上，用木头搭建了两座便桥，两桥相距很近，且成“八”字形，故称八字桥。从此，八字桥成为西洲（南官河西十多个洲的泛称）的交通要冲。

八字桥始建于明代中期，初为木桥，大约在清嘉庆二十年（1815）重建，使用优质杉木，东桥长4米、宽2.2米；西桥长3.2米、宽1.6米。20世纪60年代，为疏浚赵泰支港和生宁港被拆除，东桥由原址北移15米，西桥西移至长圩村十四圩南首，两桥相距25米左右，呈不规则的“八”字形。1985年，又进行一次改建，桥身变宽，面包车、小汽车都可以通行。1997年因引江河工程之需，拆除东桥，新建一座长7米、宽3.2米的钢筋水泥结构桥，可通行工程车和汽车。2000年，八字桥被拆除。

高港

原指高家港，位于今南官河入江口以西。明代，长江冲积成陆的泰和洲江边港湾，一户高姓人家在此落户，耕读渔猎、经几代繁衍，人丁兴旺，此地得名高家港。清末，高森甫在此设洋棚，利用港口做码头，停靠船舶经营客货运输，此地称高家港码头，后简称高港码头。1956年，高港码头归长江航运局经营后规模不断扩大，今已成为国家对外开放的一类港口。1958年人民公社化时，所在地域被命名为高港生产大队，后为口岸镇下属的高港居委会、高港村名。港口的港务、物资中转站、盐库、汽车站、水上派出所、汽渡等均以高港冠名。1997年，高港成为县级区地名。

军圩

系域内原故土社区南官河边的古自然村落。明代，明军在从济川河入江口向北约3000米处的一块地势较高的地方屯兵驻防，此地后称军圩。军圩港边设有水陆关卡，屯垦的士兵日夜轮值，负责检查过往的船只和行人，缉拿走私商贩、官府通缉的要犯。明代，军圩与其他自然圩不一样，体制独立，属营管辖，国家不收赋税，此制世代相传。清代以后，逐渐成为普通的自然村落。

合乐

明代，韩氏家族从崇明岛搬迁到域内的军圩定居，世代种滩田、做生意，传至第六代，人口已达200余人。他们种的是滩田，水系不通。韩氏第六代传人组织族人，开挖一条河道直通南官河，解决9个圩500多亩的农田水系。因通9个圩，故将此河道称为九龙口，又名韩陆港。

中华人民共和国成立后，各村组织农业合作社，念七圩附近的几个圩成立合乐农业生产合作社，韩陆港改称合乐港，意为共守这片乐土。此后，先后为合乐高级社、合乐大队、合乐村。

三里长岸

南起南官河上的北洋桥西侧，北至刁铺街道赵家庄西南角的赵家桥，此堤岸全长约2千米，民间称为三里长岸（一说是从袁家竹窠起）。堤岸宽4米多、高5米多，马车可双向行驶，亦是故土洲地区的防洪大堤。1940年6月，郭村保卫战打响，陈玉生奉命率部起义，驰援新四军，搭浮桥通过三里长岸赶赴郭村参战。1949年2月，人民解放军某部通过三里长岸进驻域内乡村操练渡江。中华人民共和国成立后，由乡农会统一管理，堤岸两边栽有蓖麻、桃树、湖桑树等。1963年后，故土人民公社发展多种经营，在三里长岸堤岸两侧广栽湖桑树，供小公社办的蚕桑场养蚕。三里长岸的桑园成为故土养蚕场的桑叶供应基地，一度闻名四乡八镇。现为南官河西岸生态绿化带。

“风雨雪三姑娘”的传说

二月初八日是祠山大帝张渤的诞辰日。张渤因治水有功，被誉为“禹后第一人”。域内村民多系江南移民，亦信奉张渤，立庙祀之。传说张渤有风、雨、雪三女，每年二月初八日必归省为父祝寿。归省前后数日必有风、雨，加之以雪，天气骤寒，民间称之为二月初八暴。

时仙的传说

明洪武年间，江南时姓某分支中的一户跨过太平洲（今扬中市），来到江北口岸镇西侧的母子圩安家落户。这里河网密布，港河交错，但逢雨必涝。于是，这户新来的时姓人家招雇了不少苦力，围田筑坝，改造河网，拓荒垦殖。经过几年努力，时家发展得越来越好，但雇工的生活却没有改善。时家人丁不旺，三代单传，到时勇这一代时，结婚三年无子。时勇的母亲非常着急，天天吃素拜佛，又赴南海求观音赐其一孙。第二年，时勇果然得一子，起名“时运”。可时运体弱多病，适逢瘟疫流行，病情加重，四处求医又不见起色，到农历二月初七傍晚时已奄奄一息。突然一声闪电，接着狂风暴雨，时老夫人昏厥过去，梦到时氏祖师时仙，让其开仓放粮，救济灾民。醒事后，时老夫人让家人照做，其孙得救。第二年，时家在母子圩北建一座庙宇，取名时仙庙。从此，过往百姓也称母子圩为时仙母子圩。中华人民共和国成立后，在时仙庙里办的小学被命名为时仙小学。后时仙大队、时仙人民公社、时仙村先后以“时仙”命名。

落雁塘的传说

落雁塘位于泰州引江河枢纽工程东，沃特龙大酒店北。明孝宗弘治年间（1488—1505），宦官弄权专政，生性耿直的薛寿昕不愿与奸佞为伍，冒死进谏无果，后愤然辞官归田。为排除孤苦，他常以垂钓为乐。一天傍晚，他正想收杆回家，忽然邻居跑来告知有人来抓他。随见一队人马疾驰而来，两人赶忙躲进塘边的芦苇中。来人正在四下寻找，突然几只大雁扑拉着翅膀凌空而起，在塘边飞旋，尖叫声在空旷的落雁塘上显得格外凄厉，来人畏惧，乱放几箭后落荒而逃。第二天，薛寿昕来到塘边，又见天空中大雁盘旋往复，不久，便降于柳岸荷塘，晚上又留宿于芦苇丛中，当即赋诗《垂钓近晚偶见雁落荷塘》：“秋晚柴墟景色新，金风送爽绮霞明。斜阳落雁俱自得，苇草寥花皆有情。”后人倾慕他不畏名利，洁身自好的品质，遂将此塘命名为落雁塘。

东岳庙供奉华佗的传说

东岳庙位于域内福星桥西侧西星街东西大街北面，始建于明洪武年间，至今已有600余年历史。建庙之初，庙内供奉的是东岳大帝。曾有一个远离口岸地区的农民，突然身染怪病，四处求医皆不见效，花光家中积蓄，落得家徒四壁、卧床待毙。某一夜，此患病者梦见一老者送药而来，言称“乃口岸东岳庙华佗”，得知民间有人病入膏肓，求治无门，特来施药救人。起床后，果见门前放有一方药包，遂取回煎服，不久痊愈。

此后，该农民寻访到东岳庙，见庙中并无华佗神像，便四处化缘，在乡民资助下，为华佗塑像，将其与东岳大帝一起同祀于庙中。

八字桥两只白羊的传说

明末，贾氏三人从镇江迁至域内伏生洲，其中一户住在八字桥桥西十四圩南首。某年隆冬腊月，大雪纷飞的傍晚，一个衣衫褴褛的老丐从贾氏门前经过，见其门墙外有个草堆，就钻进里边休息。贾氏发现后，将其搀扶到家中，给其热粥食用，在灶膛为其升炉火烘烤，并用干稻草铺床让其就寝。老丐一夜无语，天亮后也不言谢，只听到他口中喃喃自语：“东来一羊，南来一羊，成八入堂，逢八当旺。”随后便扬长而去。转眼又到新年，贾氏家境贫寒，穷到连香烛都买不起，一直是用黄豆桔梗当香敬。除夕之夜敬神之后，贾氏坐在堂前感到有些困倦，模糊之中，看见八字桥（两桥）东桥和南桥各有只雪白的羊，同时成八字形飞奔入他家堂屋后墙边，就不见了。

农历正月十八晚上，贾氏看到后墙处银光闪闪，感到十分奇怪。他忽然想起老丐临走时说的四句话，便拿把铁锹，壮着胆向着后墙银光闪闪处挖下去，挖出两只装满白银的坛子。他对家人闭口不提此事，只是督促家人每天起早贪黑辛勤劳作，省吃俭用创家业，多做善事。后来，贾氏逐渐发展成家业兴旺的大户，人们习惯称其为八字桥贾家。

桑树脚白蛇与虹桥的传说

在伏原洲十二圩西南有条长蛇形的沟，东边沟头大，像蛇头，向西变成弯弯的蛇尾状。在尾部向东约30米处的沟南，有个叫桑树脚的地方，靠大路边是栾氏的老祖茔。因当时农家都养蚕，祖茔北边的沟边上栽了好多棵湖桑树，其中有一棵桑树树径比大箩筐还粗，树干特别高大。因年久，外表树皮完好，内里却是中空，但树表照常抽枝长叶。传说，某年桑树脚那儿有一条大蛇，住空心树洞里，头部长着与鸡一样的红冠子，经常鸣叫。大人小孩因害怕不敢从那儿过，栾家人连桑叶也不敢去采。

一天，东边二十圩有个割牛草的20多岁的小伙子，他见桑树脚那儿青草茂密，树上的桑叶又未采，便壮着胆子前去挥刀割草，正当快割满一筐青草，又准备采些桑叶的时候，天空乌云翻滚，狂风大作，电闪雷鸣。他赶快向东往家奔跑，刚跑到十六圩南头一户黄姓人家处，暴雨倾盆而下。他只好在这户人家的草棚内躲雨。忽然，一个巨雷在桑树脚上空炸响，一条长约两丈的白蟒蛇被提上半空，迅疾东飞，转眼间便不见。

狂风暴雨之后，割草的小伙子被吓得不轻，回到家中，一病不起。家人见状认为他在桑树脚受了惊吓，就来到那里，只见那棵被雷炸倒的桑树发出一阵阵的异香，便从桑树上剥了一小块皮带回家煎汤给小伙子喝。小伙子喝完后，浑身病态顿消，有了精神力气。一传十、十传百，方圆几十里的人都赶来剥桑树皮，回家煎汤喝，有的还真有了效果。热闹一番之后，桑树皮被剥光，歪倒在河中，后来不知去向。

当时小伙子躲雨的地方正在建桥，不知何因桥桩打下去总是不稳，安装桥的主拱骨架总是安不上去。雷雨过后，东边的天空中出现一道彩虹。施工人员从避雨的工棚中走出来继续施工，对桥桩只夯了几下，发现桥桩稳固了，用力去摇纹丝不动，安装主拱骨架的工作也非常顺利。蟒蛇落港处一座崭新的拱形木桥很快就建成，因为有彩虹出现，人们称该桥为虹桥。

方言土语

称谓

曾祖父母，统称太太；祖父母，一般称老老或爷爷、奶奶。父母，大多称为爸爸、妈妈，也有的称爹爹、娘。外祖父母，大多称公公、婆婆，也有称婆姥姥、婆奶奶。父亲的兄弟（媳），比自己父亲大的多数称大大（大妈），比自己父亲小的多数称叔（婶婶），也有的称姨。

岳父母，不当面时多称丈人、丈母或丈母娘。当面时，多称爸爸、妈妈，也有称岳父为“龙头拐”“老泰山”的；干父母，多称干爹（干爸）、干妈，也有称亲爹爹、亲妈妈的。

夫妻之间，夫称妻为内人、家眷、马马、女的、女将、家属、老伴；妻称夫为丈夫、先生，老板、老公、男的、男将、老头子。

父亲或母亲的舅舅称舅姥姥，父亲或母亲的舅母称舅奶奶。姑妈的丈夫称姑爹，爷爷的姐妹称姑奶奶。姨妈的丈夫、父亲的连襟称为姨爹。

儿子的岳父称为亲家公。

一般在每个称谓前面加佤，意为我的。

方言词汇

自然时空

丢点儿：开始下雨

早起、早上：早晨

落雨：下雨

中上：中午

起暴：大雨将至

夜上：夜晚

落雹子：下冰雹

这刻儿：现在

霍闪：闪电

那刻儿：那时

好天：晴天

一复时：一昼夜

变天：阴天

先头：刚才

亮星夜：有月之夜

朝朝、朝日咯：往日、以往
黑星夜：无月之夜
下晚：傍晚
响雷：打雷
更年子：今年
淮河：银河
亮月儿：月亮
四团团儿：四周
太阳堂堂：大晴天
更朝：今天
雨落沉沉：下大雨
明朝：明天
坎子：斜坡、河边
后朝：后天
顶顶上头：最高的地方
清大老早：很早
新新头头：春节期间、新春伊始
乌漆抹黑：指天很暗
这块：这里
口头：指外头
水汪塘儿：地面上的小水塘
堂沿家的：堂屋
灶屋家的：灶屋里
临了：最后
做块儿：一起
逼逼孔儿：无出路的狭小空间

生物类

苔蒜：大蒜
鱼芒、鱼卡：鱼刺
喷屎郎：屎壳郎
假蝼：知了，蝉
黄芽菜：大白菜
紫蝛：一种较小的蝉
金瓜、番瓜：南瓜
獾罐儿：灰色体小的蛙
蝴一蝶儿：蝴蝶
先显儿：蜻蜓
鹅萝卜：胡萝卜
蟀蟀儿：蟋蟀
高瓜：茭白
洋辣子：褐边绿刺蛾
野芋头：半夏
火赤链：一种红色的蛇
鸡米头：芡实
地瘪子：毒蛇的一种
芦稷：高粱
百脚：蜈蚣
粟米：小米
蚱螂：螳螂
凤杂花：凤仙花
罗罗网儿：蜘蛛网
满新菜：很小的青菜
喜喜珠儿：蜘蛛
鸦乌儿：何首乌
蛤蟆乌儿：蝌蚪
侉脚婆：纺织娘
田鸡：青蛙
禾鳝：蚯蚓
扁螂：臭虫
蟛蜞：螃蟹的一种，体略小
花鱼：鲤鱼

季五子：鳜鱼
米搞头：粥中放的米
癞宝：蟾蜍
散籽：鱼虫产卵
河歪：河蚌
克漏：不上担的猪
地狗儿：蝼蛄
毛猴子：水獭
蜗螺儿：螺蛳

身体行为性状类

太阳心：太阳穴
膝头磨儿：膝盖
颈项：脖子
生讲究：生病
顺手：右手
继手：左手
耳朵毛：妇女齐耳短发
手膀儿：胳膊
打瞌冲：打瞌睡
手弯子：手腕
巴掌心：手掌内
手拐儿：胳膊肘
结愣子：说话口吃者
打摆子：指疟疾发作浑身哆嗦
结害：无用的人
觑觑眼儿：近视眼
脚拐儿：脚踝
作泛：呕心欲吐
光棍梁儿：指光棍汉
带疕身上：怀孕
双身人：指怀孕的妇女
没答煞：没谈头，没意思
大块头：身材高大
霍泡儿：皮肤起泡
肋线骨：肋骨
脚板底儿：脚掌
麻木神：做事莽撞的人
私家：自己
促刮佬：过于精明的人
不治事：不能办事
三只手：小偷，犇手
小把戏：指小孩
呆小：不聪明的人
馋猫儿：好吃的孩子
肉头：脾气急、性格直的人
坏胚料：品行不端
抖头歪儿：遇到美事就神气的人
扭马棒：喜爱搅事情的男子
撩事：惹事
搭：偷
瘦头鬼：小气，吝啬
舞鬼：胡闹，乱来
活劲：办事灵活
沰雨：淋雨
遛：跑
滴细：细心
滂：浮
麻：辣
卖呆：分神
囥：藏
掇：挪，搬移

现世：不经用的人
晏：迟到
惹厌：小孩调皮
俏刮：女孩打扮漂亮
作水：玩水
作火：玩火
作气：生气
作兴：符合习俗
作孽：做坏事
作死：寻死觅活
着躁：着急
挨搞：受苦受难
烦神：烦心
异怪：很难看、丑
格局：讲究
拿乔：摆架子
挺尸、挺觉：睡觉
落脚儿：剩下最后的
蛮好：很好
摸鬼、摸索：动作慢
惶人：不给人面子
斗搞：小孩相互打闹
刷括：办事麻利
上苏州：指睡觉
不走子儿：两者很像
掸眼：被看见
讲经：讲述问题或争辩
皮条子：顽皮的小孩
奓白：聊天
照会：告知、嘱咐
挑祸：挑拨、搬弄是非

扯经：闲谈
没得命：惊讶时的口头禅
接口令：说话反应快
关照、关会：叮嘱
带夜作：熬夜工作
迟鱼：杀鱼
作嚎啕：趋势添乱
对头：正确
人来疯：在来人面前好表现
不作兴：不应该
戳鱼：用鱼叉戳杀河里的鱼
哇招：认错
不作数：不算数
谈谎：说谎
猛一冲：突然一看
呱呱叫：好
脾家：脾气、习性
局气：运气
向痴眼儿：漫无目的的痴望
默大人：糊弄人
打等：停留
肉缀人：反讥人
犯气：不驯服、不听话
老相：指年轻人没礼貌
捣鬼儿：小声耳语
花头精：鬼点子
迂而坠：反复追问、认死理
鬼马刀：坏点子
着不得：容不得
隔壁戏：别人的趣闻
鬼画符：胡写乱画

拉呱儿：聊天拉家常
十三点：蠢货
没得脉：说话做事不知轻重
把把戏：鬼把戏、阴谋
冲家：惹大麻烦
发抖虚：夸大其词
不涨汤、不怠害：没出息
没脚蟹：没根基的帮靠
烧虾等不到红：形容心太急
穷嘴：啰嗦、废话多
趁前伺后：等待
的的刮刮：彻底、完全
打倒算盘：自我安慰
麻的木促：麻木
昏头六冲：糊里糊涂
摇的活络：松动
冒的冒失：突然、莽撞
滑的骨碌：很光滑
软的巴机：很软
拗的拗蹩：拗口
腥气不辣：腥味很浓
一冲其兴：未加认真考虑
管急着忙：匆忙
亮头亮眼：天未黑之前
哈巴郎当：总共、全部
一铺狼烟：物件摆放很乱
猫儿搭爪：做事不老实
怕怕失失：害怕
倒霉瞌冲：精神萎靡状
侧侧儿的：悄悄地
连跑带遛：速度较快
滴点儿：一点儿
骨头骨榫：彻头彻尾、浑身
格正：讲究，一本正经
小打小敲：不过分的作为
三扒两噎：吃饭速度快
无的不故：没有缘故
作不得：嫉妒
冲沟头、冲魂：闲逛
钉钉挂挂：挂的东西多
够煞咯：很烦、厌倦、很疲劳
鬼形样子：难看
邋遢咯：后果严重、难处理
雾数：卫生环境差
活丧形：不体面、出洋相
尖声挖气：女人说话声音尖
耳聋牵八：听力不太好
勒皮：地痞敲诈等行为
关目三：鬼点子
实骨子：实际上
小青式：形容女子长得小巧俊俏
数呃子：数一数
呲巴咧嘴：口张大笑，不严肃
一一当当：做事很有条理
讹着咯：数量质量有出入
俯就：马虎，降低要求
爬上落下：频繁地上来下去
叉头官司：中途又出其他事情
哭的呜啦：哭得伤心的样子
没屁眼儿：指做事没出息
麻儿扯儿：酒后神志不够清楚
闷声发财：取得成绩不露声色

惹祸精：经常惹事的调皮孩子

洋盘：买东西多花钱

醒睡：睡不实在，易醒

嫌相：不知趣，讨人嫌

抖龙、掀翻：炫耀，得意忘形

等尔：差不多，不相上下

操烂污：做事马虎，办糟了

五点六点：因焦虑而忐忑不安

二愣子：行事原则有违常识的人

先生：老师或医生，亦称社会上有声望的人

拃：拇指与中指伸直度量时两指端的距离

庹：成人两臂左右平直时两手之间的距离

搭浆：做事揩油，偷工减料

鬼打架：办不成事，糊弄别人

抠：用手指或细小的东西挖

夯：呆、傻、笨；大力打砸

厚实：稠、厚、丰富，也指关系好

叽躁：话多惹人烦、声音嘈杂

了首尾：父母把子女培养成人或为子女娶亲完配

泛化：头脑灵活敢想敢闯，也指人变坏

焖烫烟儿：半温的水，也指人脾气不温不火

勒嗓子：高喉咙大嗓门说话或唱歌

等等的：时间紧急，也指人快咽气

犯嫌：捣蛋，淘气，遭人嫌弃

三花脸：说服几方，做和事佬

麻爪了：惹麻烦了，难处理了

想周年烧：自作主张，无事瞎想

落心：异想天开，多用来骂小孩做无羞的事

半的不调：做事没到位，不合常规

昂五六撬：在家庭或单位闹不和

猴的疙瘩：粗糙，表面有许多小疙瘩

腰事害怠：做事慢而无力，不积极

一敲一搭：两人说话相互默契配合（含贬义）

眼头见识：正确判断，应急的能力

当着不着：形容说话做事不合时宜

嚼蛆子：胡说，背后说人坏话

敞膀露怀：胸部袒露作随意状

虚天失地：小题大做，紧张对待某事

看斜头儿：在一旁看无关之事或在一旁看人打牌

揌澡：用湿毛巾粗略地擦洗身子

凿骨子：用食指或中指关节敲头

淡儿挖之：烧的菜淡而无味，也指说话不得体

小耳朵话：口耳相传的不公开的话，多贬义

失时浪怪的：羡慕他人物件时的样子

没手抓：事情复杂纷繁，无处下手

做倒头梦：情绪不好时的口头禅

生活类

呆昃：东西

铫子：烧水用的器皿

学堂、书房：学校

滗：挡住渣滓，使液体滤出
家伙：工具
洋火：火柴
被单：被子
锔碗：用锔钉补碗
搛：用筷子夹取食物
萝卜缨儿：萝卜叶子
芦扉：芦苇席
金刚脐儿：六角形的面制食品
烀：将食物蒸熟
袄头：老式衣服上衣的前襟
钢丝车：自行车
潽：液体煮沸后溢出
烀汤面：煮得软烂的菜面
糁儿粥：麦粉煮的稀粥
糖稀：液体麦芽糖
巴巴：烧饼
鸡肫：鸡胃
旱烟：烟丝
湑：小口饮酒
晚茶：中晚餐之间的简餐
淘箩儿：淘米箩儿
披儿：正屋外搭的小房子
连二顿：两顿的饭一起煮成
暖席：草席
拿酒：请客办酒席
脢（梅条）：猪脊椎两条的条状瘦肉
蒙裆裤：不开口的裤子
堂灰、灰捧捧：灰尘；灰尘多
泡灰：草木灰
吊吊灰：屋内的蜘蛛网、灰尘

套鞋：胶鞋、雨鞋
猪窠：猪窝、猪圈
太斧：斧头
茅缸：粪缸
畚头儿：簸箕
水跳：河边洗物用的站台
坟塔儿：圆锥状土坟
窗蒙：窗户
旮旯儿：角落
短膀儿：短袖衫
索粉：水粉丝
庐槛：门槛
打结博：绳子打结
酸粥：菜粥
斗篷：斗笠
铅角子：硬币
磙碡：石滚子
针箍儿：套在手指上顶针的金属套
走鞋：布鞋
钉鞋：旧时底部有铁钉的雨靴
夜饭：晚饭
扠面：没有菜或者浇头的光面
鹅眼儿：比喻很小
怕的：大概，恐怕
奉外：另外
骨什：对物的贬称

生产类

塍豆：种豆
斫草：砍伐柴草
小车儿：独轮车

啪啪车：小农卡

扯秧：拔水稻秧苗

薅草：用锄头除草

掬灰：用手将灰肥撒在植物根部

校儿草：扎起来晾晒潮湿的稻草

谚语

气象类

打了春，赤脚奔

立春三天，百草发芽

清明断雪，谷雨断霜

清明蛋，好当饭

清明要明，谷雨要雨

清明到，麦叫叫

清明前头冻死鬼

春天到，砖头瓦片向上翘（万物蓬勃发育）

春寒必有雨，夏寒井底干

二八雪雨风，过了二八好晴空（二月初八）

春风裂石头，吹到脸上裂额头

吃了端午粽，才把棉衣送

六月里出门带寒衣

七月的天，孩儿的脸（说变就变）

立秋三天分早晚

秋天怕夜晴，夜晴日不明

吃了重阳糕，就把晚茶搁

长不过夏至，短不过冬至

过了冬，长一钟

农事类

清明前后，种瓜点豆

麦熟一晌，豆熟一时

黄金铺底，老少低头

南风强，麦子黄

寸麦不怕尺水、尺麦就怕寸水

麦要抢，稻要养

黄杨木倒四六，一年长一年缩

时梅天，蓑衣斗篷不离肩

处暑萝卜白露菜

养猪不赚钱，回头看看田

冬前垩金，冬后垩银，过了年垩不值钱

夏至无雨，囤里无米

庄稼一枝花，全靠肥当家

秋干出黄金

三春抵不上一秋忙

冬前三次雪，庄稼稳如铁

修身养性类

人生三大苦，撑船打铁磨豆腐

日不做，夜摸索

瓜无滚圆，人无十全

耳不听心不烦，眼不见嘴不馋

桃饱杏伤人，李子树下吃死人

你嫌豆腐烂，还有人拿它当中饭

不怕人不请，就怕艺不精

不怕慢，就怕懒

端人家碗，受人家管

用得着菩萨就烧香，用不着菩萨推下江

好事不瞒人，瞒人没好事

冷粥冷饭好吃，冷言冷语难受
好事不出门，坏事传千里
若要人不知，除非己莫为
为人不做亏心事，半夜敲门心不惊
人无远虑，必有近忧
出门看天色，进门看脸色
不说不笑，不成老少
叫人不蚀本，舌头打个滚
虎吃人易躲，人吃人难防
打也来，骂也来，蚀本的事不来
邻居好，赛金宝
穷不失志，富不癫狂
没有三分三，不吃这碗饭
没有金刚钻，不揽瓷器活
学好三年，学坏三天
买千买万，不如自己买米煮饭
家有黄金万两，不如一技在身
棒打出孝子，惯养忤逆儿
家贫出孝子，家宽出少年
养儿胜似父，要钱做什么
文不像个秀才，武不像个兵
大哥说二哥，两个哥哥差不多
人来扫地，客来烧茶（待客不礼貌的行为）
升米养个恩人，斗米养个仇人
一家一主，一庙一神
上梁不正下梁歪，中柱不正倒下来
与人不足，劝人砌屋（砌屋是件大苦事）
好婆娘怕坏婆娘劝，瓷瓦子怕金刚钻
仰面求人，不如低头求己
衣裳新的好，朋友旧的好

多个朋友多条路，多个仇人多堵墙
谁人背后无人说，谁人背后不说人
骂无好言，打无好拳
种了人家的田，荒了自己的地
树老根多，人老话多
六月的债还得快
好话一句三冬暖，恶语半句六月寒
冷是冷的风，穷是穷的债
远亲不如近邻，近邻不如对门
生意不成人意（仁义）在
买的便宜草，烧的夹底锅
饱带饥粮，晴带雨伞
路湿早脱鞋，遇事早安排
众人拾柴火焰高
吃一回苦，学一回乖
养儿防老，积谷防饥
白鸽子向亮处飞
讲人心比自己
一口吞不了一只饼，一锹挖不出一口井
三勤夹一懒，三懒夹一勤
有理不在声高，无理寸步难行
不经冬寒，哪知春暖
磨刀不误砍柴工
人勤地不懒
人有童心，一世年轻
房宽地宽，不如心宽
三分吃药，七分调理
吃饭防噎，走路防跌
寒打脚起，病从口入
好酒不过量，好菜不过食
衣要看天穿，饭要按时吃

睡前泡泡脚，胜似催眠药
酒多伤人，色多伤身
三月不吃青，两眼冒金星
要得小儿安，三分饥与寒
人是铁，饭是钢，两顿不吃饿得慌
饿不洗澡，饱不剃头
小病不医，大病难治
心静自然凉
早饭要好，中饭要饱，晚饭要少
晚吃萝卜早吃姜，不要医生开药方
脑子怕无用，身子怕不动

歇后语

江边上的蚊子——吃客（江边指码头）
张王庙的菩萨——照远不照近
杨家桥的锣鼓——各打各
郭呆子帮忙——越帮越忙
阴天驮穰草——越背越重
稻草人救火——惹火上身
敲锣卖糖——各管各行
头发丝扣豆腐——提不得
聋子的耳朵——摆设
土地庙没顶——神气通天
驼子跌跟头——两头不着实
擀面杖吹火——一窍不通
王二小过年——一年不如一年
粗布袋，麻布袋——一袋（代）不如一袋（代）
寿星老儿卖妈妈——倚老卖老
灯草拐杖——做不了柱（主）
凤仙花种儿——不能碰
狗头上长角——羊（洋）相
苦恶雀儿登基——快活一时
脚底板搽油——溜得快
瘌子做和尚——现成的头脑
罗汉请观音——客少主人多
二斗五的斛子——请动升（身）
老虎不吃人——恶名在外
穷人买米——一声（升）头
癞宝垫床脚——硬撑
三十夜送灶——快去快来
羊瘌子掉在火盆里——有命没毛
李长江看报——一塌糊涂
寡妇死儿子——没指望
冻冻丁烧火——越烧越就（缩）
澡堂子的灯笼——天天挂
算盘珠儿——拨一下动一下
矮子过河——越蹚越深
扯胡子过河——牵须（谦虚）
荷花池里打架——没有你的藕
门缝里看人——把人瞧扁了
王瞎子算命——不留情
秃子头上的虱子——明摆着

渔港夕照（2006年摄）

第十一篇　人　物

沿江街道内密布的水网纵横交织，绘就了水韵沿江、鱼米之乡的生活画卷。这里的人民蕴藏着崇文尚德的基因密码，这方乡风淳朴的沃土孕育出了急公好义的有识之士、投身革命的战斗英雄、为地方作出贡献的企业家和闻名全国的戏剧家。中华人民共和国成立后，域内优秀人才辈出，不仅有专家学者，还有社会各个行业的翘楚。

人物传略

栾启元（1837—1921）

字佑之，原长圩村人。清同治年间曾任詹事府主簿，官至五品。清末废詹事府，回归故里，专事乡里义举。清光绪二十一年（1895），主持修建口岸城隍庙。光绪二十四年，他得知宣家堡设立的宗孟学堂经费不足，他尽一己之力以资助。光绪二十七年，泰兴遭水灾，他受派办义赈，自己带头捐献钱粮，并在口岸寿胜寺设粥厂，当时口岸粥厂为全县最好。光绪二十八年，接受知县委派，管理义渡救生船局。由于南官河出江口泥沙淤积，影响船只航行，他动员几十家木号集资，疏浚河道，至光绪二十九年秋完成。曾两次受县、乡之聘，负责修建江堤。修堤期间，他不畏江风和烈日，来回于各地检查，并及时将补贴的钱发到民工手中；南官河上木桥年久失修，首倡兴修，并力主易石代木，积极筹集经费，经费落实后，经过4年多的努力，工程于宣统元年（1909）竣工，取名福星桥；1912年，他出资创办了愿庙（乌月庙）初等小学。晚年捐家产做善事，送洲田100亩给泰兴贫儿院，送田50亩给泰兴粥局，送田50亩为宗祠祭产，送田40亩给口岸城隍庙，送田40亩给本地观音庵僧尼作为祀费，送大洋1000元作为环溪粥厂的施粥经费。1919年，民国总统徐世昌亲笔题“急公好义”对其表彰。栾氏宗祠前立有“急公好义”石牌坊。

高森甫（1844—1926）

又名高元勋，原高港村人。清光绪二十八年（1902），在高港创办洋棚（商轮售票处和候船室），代办旅客运输。初创时客源不足，他派人到刁铺、寺巷、泰州、兴化等处兜售船票，接洽旅客业务。经高森甫等人多方努力，1915年，怡和公司轮船停靠高港码头。1925年，太古轮船公司申汉线班轮停靠高港码头。高港洋棚有怡和、太古、招商、三北、宁绍、日清6个公司经营旅客运输业务，客流量每天几百人甚至上千人。

孙少兰（1910—1976）

原杨湾村人。1937年，在上海同仁堂药店学徒期间，通过朋友的帮助，在地下党员孙学凤（化名洪实君，中华人民共和国成立后任扬州专区专员）的暗中支持下，在杨湾江边的三圩开设轮船码头，作为上海民主轮船有限公司杨湾代理处，于1937年农历四月八日试营业，每天有上海班、镇江班停靠，南京班隔天停靠，当时停靠的轮船有“新中”号、“新丰”号、“新民”号、“新裕”号、“长江”号、“神风”号、“德新”号7艘轮船。其中“长江”号、“德新”号是大型船。经半年试营业后，鉴于这里码头制度健全、管理有方，惠及当地人民，于1937年农历十月六日挂牌成立上海民生轮船公司杨湾码头分公司。

随着码头进出旅客日益增多，大量物资往返于江北和上海、镇江、南京等地，杨湾码头呈现出空前的繁荣。这个水上通道的出现，给口岸、嘶马、浦头等地的经济发展和人民生活带来很大的便利，更为当时中共地下党运送抗战军用物资和药品器材作出较大贡献，不少地下党的人员乔装改扮，通过码头来往于苏北、苏南。1945年日本侵略者投降后，高港码头因内河、陆路的交通便利，逐渐繁荣。杨湾码头经营逐步走下坡路。1947年，孙少兰关闭该码头。

20世纪60年代初期，孙少兰由朋友介绍在上海浦东开办了东方红工具厂。他看到家乡贫穷落后，又于1963年利用自家房子办起红木工具厂，主要是来料加工，生产木工工具，组织当地木工进厂务工。1966年后，工具厂被小公社（杨湾、双太、复原3个大队）接管，成为复原公社社办工厂。此后该厂扩大规模，新建厂房增招工人，为当地木工带来就业机会，增加农民收入。1972年，随着体制的变化，该厂升格为口岸公社的社办企业，并在口岸大队曙光队征地新建6幢厂房，成为口岸地区的知名企业。

马麟童（1912—1952）

原名马荣发，小名四九子，原杨湾村人，出生于码头工人兼武术之家。淮剧“马派自由调”创始人。幼年随父马胜友（又名马步阶）练习拳棒武术，11岁进广州童子团（马戏）学杂技，随团在广东等地演出。15岁时，父亲将他带回上海，进淮剧武家班，拜武旭东为师学演淮剧，攻文武老生。马麟童嗓音宽亮，体形魁梧，扮相威武，擅长将武术揉合于戏曲武打中，表演有粗犷豪放之气，以塑造刚毅、英勇的人物形象著称。25岁名扬沪上，1937年组建马家班。根据自身宽厚洪亮的嗓音与琴师蒋正的研究，创造风格独特的“马派自由调”，后成为淮剧主要流派唱腔。

他平时为人耿直豪爽、不畏强暴，敢于与恶势力作斗争，为反抗前台老板与地痞流氓的剥削与欺侮，开展罢演活动。抗日战争期间，在沪西大舞台等戏院上演自编自演的新戏，宣传抗日，因此触怒日伪汉奸，被抓遭严刑拷打达半月之久。后因查无实据，日伪汉奸敲诈一笔钱后将他放出。他不顾危险投身中共地下党组织领导上海戏剧界开展的民主爱国运动。1945年，他与何叫天、筱文艳等组成联谊公司（童心公司）。1946年，创建麟童剧团，与筱惠春、马艳琴等合作演出。1947年，为庆祝五一国际劳动节，他率团到杨树浦一家大型纱厂（后为上海十五棉纺厂）慰问演出，遭到关押，后经中共地下党组织和江淮戏联谊会设法营救，才转危为安。

中华人民共和国成立后，他连续3次参加上海地方戏曲研究班，艺术上有很大的进步。1950年，凭借《三上轿》中陈甫升一角获上海市春节戏曲演唱竞赛一等奖。1951年，凭借《岳飞》中岳飞一角获上海市春节戏曲演唱竞赛荣誉奖。是年，上海市文化局整合麟童、联谊两剧团，组成淮光淮剧团，马麟童任团长。1952年，淮光淮剧团升格为上海淮剧团。

殷大邦（1922—2003）

原合乐村人。1944年8月，在溱潼参加新四军，1945年8月，在盐城火线入党。他经长期战争环境的锻炼，作战勇敢，多次荣立战功。1944年8月至1964年10月，历任战士、班长、排长、副连长、连长、副营长、油库主任等职。1964年10月，转业到江苏省水利厅工作，后从省水利厅办公室副主任岗位上离休。

栾玉春（1925—2012）

原生宁村人。1943年参加革命，化名李达，1948年加入中国共产党。栾玉春参加革命后，先后在中国共产党领导下的江都县杨桥区农抗会、群众工作队、江都县独立团工作。1948年至1950年，任江都县大桥区财粮办事员、财粮助理、嘶马区生宁乡乡长、嘶马镇镇长。1951年至1953年，任苏北行政公署泰州专员公署农业调查组组长、六合县农林局股长、瓜埠果园林场主任等职。1981年，在六合县水产养殖场任场长。1986年，离休。2012年4月5日，因病在南京六合去世。

张良礼（1927—1992）

原杨湾村人。世世代代居长江岸边，用小木船搞运输。张良礼成年后，继承祖业，自备木船一条，领取泰兴县特别区公署执照，仍按原航线（杨湾港至扬中的何家大港、马港等处）行驶，装运客货。1949年，解放军渡江前，因为张良礼对扬中地方的人事较熟悉，受地下党的委托，持有陈毅司令员签发的证件与扬中的地下党接洽并换取情报，逐渐熟悉二达港桥口、何家大港等登岸的地情。大军渡江时，部队领导委托张良礼为36条渡船的组长，负责渡送第59师过江，由龙梢港渡向扬中。张良礼参加渡江作战，前后近一个月时间，且中弹负伤。

孙学山（1928—1983）

原七圩村人。自幼家境贫寒，新四军挺进苏中经过嘶马时，他随一族兄投奔新四军，开始做一些支前救扶伤员工作，随着年龄的增长，逐渐参加一线战斗。1945年8月，加入中国共产党。1949年1月，参加淮海战役。1949年4月21日，参加渡江战役。1950年，参加解放中南地区战斗。1951年4月，随部队入朝作战，参加过两次战役，大小战斗十多次，负伤两次，战斗中升为连长。1953年10月25日，获和平勋章。1954年回国，随部队驻扎山东邹城，翌年后，调防至东北牡丹江一线。1956年7月，被选派至北京陆军军官学校学习，3年后毕业回原部队。1959年6月，转业到牡丹江人事局工作。1962年，调回山东邹城，先后任粮食局、劳动局、人事局、纪委、组织部主要干部。1972年6月，就任邹城市卫生局党组书记、局长，后因战伤复发，退居二线，任工会主席。

冯亚民（1932—2010）

原杨湾村人，中共党员。中华人民共和国成立前，为逃避国民党拉壮丁到南京学徒。中华人民共和国成立后，考取建筑学校，毕业后分配到江苏省第二建筑公司（南京第二建筑公司的前身）。由于工作积极肯干，被单位保送上海同济大学土木工程系进修，进修毕业后分配到江苏省建筑设计院。1971年起，任南京第二建筑公司劳资科科长。1983年后，任南京第二建筑公司广州分公司经理（正处级）。他积极为家乡建筑工人提供就业机会，改变部分困难家庭及村集体经济状况。

马秀英（1932—2012）

马麟童之女，原杨湾村人。国家级非遗传承人、国家一级演员。8岁随父学艺，得著名淮剧旦角马艳琴亲授，主攻刀马旦和青衣花旦，1951年加入淮光淮剧团。在传承父亲唱法的基础上，形成自己脆亮激越、吐字清晰的马派旦角特色。1980年，获上海现代戏汇演优秀演出奖。同时，当选为上海戏剧家协会常务理事。1993年，获全国地方戏曲交流表演奖。1995年，获中国唱片公司第三届金唱片奖。

《探寒窑》是马秀英的代表作品，这部淮剧经典剧目在全国上演60年经久不衰。1959年，该剧在上海艺术剧场向刘少奇、周恩来、朱德等汇报演出。她作为主演受到党和国家领导人的亲切接见。1960年，该剧进京会演，泰州籍同乡著名京剧大师梅兰芳观看演出后对马秀英说："你演的王宝钏是丝弦通骨肉，京剧《探寒窑》也没有你演得那么感人！"

在近70年艺术生涯中，她主演《探寒窑》《秦香莲》《三女抢板》《吴汉三杀》《骂灯记》《郑巧姣》等十多部戏曲，塑造小青、王玉环、黄秀兰、王宝钏、秦香莲等众多深受观众喜爱的舞台艺术形象。

马麟童的"马派自由调"唱腔难在青衣、旦角的唱腔中糅合，马秀英将父亲首创的唱腔"马派自由调"运用在自己一泻千里的旦腔表演中，极大地丰富了淮剧的声腔艺术，成为淮剧史上重要的里程碑。

何玉成（1942—2018）

原杨湾村人，中共党员，九三学社社员，高级工程师。1962年至1968年，就读于镇江农机学院（现江苏大学）农机专业。1968年，分配到青海省农机厂，先后任工程师、车间主任。他对单位锅炉进行设计改造，节约能源，降低次品率，并多次在专业领域发表文章。1983年，调至青海省科学技术协会任秘书，后任少数民族科普工作队队长、青海省科学技术协会主席。在主持少数民族科普工作期间，带领贫困地区农民脱贫致富，将科学知识普及至玉树、果洛等藏族地区。数次荣获优秀少数民族工作者奖，受到邓小平、江泽民、胡锦涛等党和国家领导人接见。后调任青海省九三学社主委、中国政治协商委员会委员、青海省委参事。他在全国政协会议上提交改善三江源（即长江、黄河和澜沧江的源头）自然环境的提案。国家高度重视，在迅速组成工作组进行考察调研后，决定做好对三江源地区的生态环境的保护工作，第一期投入75亿元专项资金，截至2022年，国家已累计投入超300亿元对三江源地区的生态环境进行保护。

刘华富（1944—2019）

原复原村人，九三学社社员。1970年，毕业于江苏师范学院（苏州大学前身）政教系，后分配到扬州中学。1993年，晋升为中学高级教师。多次获得扬州市先进工作者、扬州中学优秀班主任等荣誉称号。

除了教育教学工作外，他在教学研究方面也取得丰硕成果。1982年，参加扬州市法学会，1985年受扬州市教育局、市司法局委托主编《初中法律常识辅导教材》，该书作为初中二、三年级学生学法的辅导教材，计印发26万册。1988年，和扬州中学的2名教师一起参与摄制《树人新彩运》录像片，总结探索并分享政治课改革试验的经验，在中国教育电视台播出。1988年，编制《公民》教学辅导片，受到国家教委好评。

他关心家乡教育教学质量的提升，每学期期中、期末考试的名校试卷，都收集起来带回家乡学校。扬州市区有教研活动，他帮助联系，为家乡学校参加创造条件，介绍家乡学校参观学习扬州市区好的学校和好的经验。

孙正明（1945—1996）

原杨湾村人，中共党员。1963年，考入第四军医大学并入伍。1980年，考入第四军医大学硕士研究生班。1983年，获得病理、生理学专业硕士学位。1984年1月，分配至南京军区总院，历任呼吸科主治医师、副主任医师。他在肺水肿、支气管哮喘的诊断和治疗方面具有创造性的突破。曾获得军队科技进步三等奖3项、四等奖3项，医院医疗成果奖2项，参与编写专著2部。曾担任南京军区医学科学委员会呼吸组委员、江苏省病理生理专业委员会委员。

人物简介

华逸民

1933年出生，原双太村人。1951年，参加工作。1955年，加入中国共产党。1958年至1963年，先后任双太、时仙、高港大队党支部书记。1963年至1970年，任复原人民公社社长。1970年至1974年，任双太大队党支部书记。1974年5月至1995年10月，任口岸砖瓦厂书记、厂长。26年间，砖瓦厂生产九五砖2.9亿块、瓦片700多万片，基本解决周边地区买砖难的问题。

1959年4月，出席江苏省党员代表大会。后当选为泰兴县第八、九、十届县人大代表。

陈元烽

1937年出生，原杨湾村人，中共党员，高级经济师、执业律师，被最高人民检察院聘为特邀顾问。1954年，毕业于江苏财校，分配到江苏省计委工作。1960年4月，毕业于华东政法学院后，至上海嘉定一中任高三政治教师。1965年，任上海真如中学政治教师兼党支部组织委员。1978年8月，任上海市桃浦中学党支部书记、校长。1985年5月，调至上海市供销合作总社办公室，任法律事务处副处长、政策研究室副主任，上海供销合作经济学会常务秘书长，《上海供销合作经济》常务副主编。1996年6月，任上海市律师学会东方剑桥执业律师至今。2000年4月，被评为中华供销合作经济学会先进工作者。2020年2月，获上海市东方剑桥律师事务所颁发的创始合伙人证书。

梁伯寿

1941年出生，原生宁村人，中共党员，高级工程师技术职称。1966年，毕业于无锡轻工业学院（现江南大学）。1968年，分配到山西省长治市面粉厂工作。1975年，任长治面粉厂副厂长。1983年，任长治面粉厂厂长。1984年，任长治市粮食局副局长。1985年，任长治市粮食局局长，兼党委副书记。2001年退休，享受副厅级干部待遇。他长期从事粮食工作，较精通粮食加工和储藏技术。退休后爱好读书和业余写作，著有《拾穗集》《随遇集》《闲适集》《壬寅集》4册散文集。

孙龙山

1946年出生，原杨湾村人，中共党员，高级经济师、全国注册资产评估师。1968年大学毕业后，分配至泰兴工作，在基层供销社工作，后调至县商业局负责办公室工作，接着任乡镇副书记，革委会主任、管委会主任。1984年1月起，先后任泰兴县委常委、常务副县长、县委副书记。1986年5月起，先后任高邮县委副书记、县长、县委书记。1992年，任靖江县委书记。1995年，调任江苏省乡镇企业管理局副局长。2000年，调任江苏省粮食局副局长，直至退休。

1991年，任高邮县委书记兼扬州预备役师高炮团党委书记期间，因开展“以劳养武”活动，被江苏省人民政府、江苏省军区评为全省以劳养武优秀组织者。

聂　鸣

曾用名聂扣山，1950年出生，原杨湾村人，中共党员。原为瓦工，在镇江打工，后任镇江市食品公司中层干部。1985年，辞去公职，在镇江市京口区丁岗镇留村办厂，生产瓶盖和防伪包装，年产值达1500万元。1990年起，任留村党总支书记兼村委会主任，同时担任丁岗镇党委委员、精神文明办主任、工业公司副经理等职。1996年至2019年，连续当选丁岗镇、丹徒县（现为京口区）、镇江市三级人大代表。1996年至2018年，任镇江农村商业银行董事。2009年起，任镇江新区工商联副主席、民营经济协会会长。

在他的努力下，留村发生了翻天覆地的变化，全村集体经济收入达3000多万元，先后被评为江苏省生态村、江苏省文明村。2009年至2020年，央视综合频道先后5次报道其事迹。其个人获得“全国孝心之星”、江苏省计划生育标兵、镇江市“十佳”优秀共产党员等荣誉称号，并被列入《全国名人风采录》。

栾虎成

1950年出生，原虹桥村人，中共党员。中国教育学会书法专业委员会会员、中国书法研究院会员、江苏省书法家协会会员、《书法报》签约书法家、泰州市高港区书法家协会名誉主席。1986年，始入河南书法院系统学习书法。2000年，任江苏省口岸中学书法教师。2002年，师从南京师范大学教授尉天池，主攻行草。其作品在中国教育学会书法专业委员会主办的第四届、第六届、第七届全国教师三笔字大赛中均获毛笔书法一等奖。获第一届、第四届“中国重阳书画奖”书法最高奖，入展中书协主办的第三届“吴忠杯”及“信德杯”优秀奖。2012年10月，获泰州市人民政府颁发的泰州市第三届文艺奖铜奖。出版《栾虎成书法集》两部。

陈宏德

1951年出生，原双太村人，中共党员。泰兴中学高中毕业，当过小学代课老师，后到口岸公社机关工作，被推荐到南京大学环境化学系就读。1973年大学毕业后，分配到北京中科院生态环境研究分院工作。1980年，到日本留学两年，回国后任高级工程师、处级干部。现已退休。

李文明

1953年出生，原复原村人，中共党员。1988年至2018年，连续多年担任复原、高港、常福村（社区）党组织书记。他担任高港村党支部书记时，利用高港村毗邻长江的地理优势，创办砂石码头，使集体经济快速发展。在他担任经济薄弱村——常福村党支部书记时，整理村部闲置厂房对外招租，当年还清村集体的欠款，到2013年年底，村集体资金累计近300万元。2012年，当选为泰州市优秀共产党员。2013年，获得泰州市劳动模范荣誉称号。

冯则荣

1955年出生，原复原村人，中共党员。1972年12月，参军入伍，历任战士、技师、副政治指导员、政治指导员、宣传股股长等职。后从事理论宣传和时势报道等政治教育工作，获集团军嘉奖。1990年，转业至央企，从事企业公关及管理工作。

2018年，与泰州市红十字会共同设立以其母亲名字命名的“秀琴心舒基金”，他每年捐赠1.5万元，资助女性心脏病患者，至2022年，惠及医药高新区（高港区）26人次。退休后，笔耕不辍，常在报纸、杂志发表文章，出版作品有《回响》等。

高　俊

1957年出生，原长圩村人，中共党员，海军工程大学教授、博士生导师，文职二级，技术三级。在职期间，长期从事数字信号处理、数字通信工程、通信对抗等方面的教学与科研工作。获全军科技进步奖8项、国家发明专利

1项。获军队院校育才奖金奖、全军优秀教师、总参有突出贡献的通信工作者等荣誉，享受军队特殊津贴。2017年退休。

孙华明

1958年出生，原杨湾村人，中共党员。1979年考入南京农业机械化学校，1982年分配至无锡市拉链厂，后在无锡轻工业学院完成本科学习获学士学位。先后任无锡市拉链厂质检科科长、厂工会主席、厂长兼党支部书记，获评机械工程工程师职称，出席无锡市第九次党代会，参与全国非金属拉链标准审定工作。获无锡市新长征突击手、无锡市计量工作先进个人、无锡市“八五奉献杯”质量能手等多项荣誉称号。

朱德荣

1960年出生，原长圩村人，中共党员，医学心理学教授，医学教育研究员，国家二级心理咨询师。1983年，参加工作，历任河北医科大学教务处副处长、医学教育中心主任、药学院党委书记等职务。长期从事医学心理学、护理心理学、基础心理学、变态心理学、管理心理学等教学与科研任务。在医学教育、心理健康教育、心理咨询师培训及心理咨询等方面具有丰富的教学和临床经验。发表学术论文30多篇，承担河北省重点课题多项，获得省级教学成果6项。

冯　萍

女，1961年出生，原杨湾村人，中共党员，国家一级评茶师。1981年7月，参加工作，从事茶叶、园艺业及休闲农业等相关技术与管理工作。先后在仪征市青山茶果场担任技术员、助理农艺师、副场长。1985年10月起，在南京市桑茶果技术指导站担任助理农艺师、农艺师、副站长、站长。1998年3月至2021年5月，在南京市农业农村局园艺处、科技教育处、蔬菜园艺处、农业服务业处工作，先后担任副处长、处长、一级调研员。2021年5月退休。在省级以上刊物发表十多篇茶叶领域学术论文，出版专著《名特茶机械化生产技术》，参与《中国名茶志》等多部书的编写工作，先后获得农业部、江苏省、南京市农业科技进步奖。

高锁山

1963年出生，原长圩村人，中共党员。1985年7月，毕业于西安公路学院运输管理系财务会计专业，获理学学士学位。先后在交通部汽车运输总公司、交通部财务会计司、香港招商局中国招商旅游总公司、中国康辉旅游集团有限公司任职，曾任中国康辉旅游有限公司总经理助理、财务总监和总会计师，现任中国康辉旅游有限公司副总裁，兼任北京首旅旅行发展有限公司总法律顾问。1988年至1989年，参加广东深圳大亚湾核电站建设。1995年7月，获得高级会计师职称。2010年12月，获得中国总会计师协会颁发的2010年度“总会计师年度人物”奖。2020年10月，被北京财贸职业学院聘为“中国服务”智库专家。

李　进

1966年出生，原长圩村人，中共党员。1988年参加工作，先后任乡镇税务所副所长、所长。2000年起，任泰州市高港区、姜堰市地税局副局长、纪检组组长等职。2010年，调泰州市地税局任监察室主任。2018年6月起，任泰州市国家税务局党委委员、总经济师。2022年7月，任国家税务总局泰州市税务局二级高级主办。2016年，获泰州市委、市政府颁发的新泰州建设功臣荣誉奖章。

顾景华

1969年出生，原长圩村人，中共党员。1987年，考入哈尔滨船舶工程学院（现哈尔滨工程大学）。1991年，大学毕业转现役，历任武警广东边防总队边防检查员、参谋、副处长、处长。2009年，任惠州边防检查站站长（正团职）。2015年，先后任广东边防总队副参谋长、副师职支队长。2017年，任某支队副师职政委。2018年，任武警广东总队政治工作部副主任。2021年后，任深圳市司法局政治部副主任（一级调研员）。服役期间，参与全国边防检查信息系统研发工作，多次参与粤港一线专项行动，先后荣立三等功5次。

朱连兵

1977年出生，原双太村人，中共党员。泰州口岸船舶有限公司生产部副部长、船体车间主任，高级焊接技师、高级工程师，江苏省技能大师工作室领办人。江苏省有突出贡献中青专家、江苏工匠，享受国务院政府特殊津贴专家。

1994年，他入职口岸船厂（现泰州口岸船舶有限公司）成为一名焊工，利用工作闲暇阅读专业书籍、研究焊接技艺。1995年，获得泰兴市焊工技能竞赛第一名。1996年，他被优选派往华东船舶工业学院进修（脱产进修），毕业后回厂工作。2000年，在泰州市焊工大赛中获得泰州市青年岗位能手荣誉称号。2001年，获评江苏省劳动模范。2002年，获全国五一劳动奖章。2016年，他牵头成立焊接工作室，通过学习培训、技术攻关、导师带徒、经验交流等方式，先后培养焊工400多名，带出工人技师25名、高级工160多名、中级工180多名。工作室于2018年获评泰州市示范性劳模和工匠人才创新工作室，2019年入选江苏省技能大师工作室。他所带的班组、车间、党支部先后被评为全国模范职工小家、江苏省模范职工小家、泰州市先进基层党组织。其事迹先后被《江苏工人报》《泰州日报》等媒体报道。

朱连兵

沿江籍在泰州医药高新区（高港区）外副县处级以上干部名录

表10

姓名	原户籍	工作单位	至2022年最高职务
梁伯寿	生宁村	河南长治市粮食局	局长（享副厅级干部待遇、高级工程师）
耿昌茂	故土村	中国人民解放军海军航空工程学院	博士生导师（少将）
孙龙山	杨湾村	江苏省粮食局	副局长
栾宝泉	虹桥村	泰兴市总工会	主席
包正擎	时仙村	安徽省气象局	党组成员、副局长（高级工程师）
严粉山	故土村	泰州市税务局	调研员（正处级）
李　进	长圩村	泰州市税务局	副局长（二级高级主办）（正处级）
奚　鸣	复原村	青岛海军某部	大校
顾景华	长圩村	深圳市司法局政治部	副主任（一级调研员）
高长明	高港村	扬州市政府、扬州市人大	副秘书长
陈小健	高港村	连云港市供电公司	党委书记
贾美亭	长圩村	上海东方物产集团	总裁（高级政工师、高级经济师）
丁世民	长圩村	上汽集团东华实业	副总裁
贾　良	长圩村	上海周浦某部	团副政委
黄建生	双太村	山东胜利油田	研究所所长

沿江籍在泰州医药高新区（高港区）外高级专业技术职称人员名录

表 11

姓名	原户籍	工作单位	至2022年最高职务（职称）
周　林	复原村	化工部黎明化工研究所	高级工程师、科长
冯　萍	杨湾村	南京市农业农村局	研究员、国家一级评茶师（一级调研员）
高锁山	长圩村	中国康辉旅游集团有限公司、北京首旅旅行发展有限公司	副总裁、高级会计师
李登喜	复原村	扬州税务学院	教授（律师）
卢　晶	故土村	泰州学院马克思主义学院	副教授
韩广才	合乐村	江苏大学	教授（教务处长兼理学院院长）
韩高华	合乐村	泰州市人民医院	博士、主任医师
韩新正	合乐村	泰州市沈毅中学	正高级教师
贾　杰	长圩村	扬中供电总公司	高级工程师
陈宏德	双太村	北京中科院生态环境研究分院	高级工程师
高　俊	长圩村	海军工程大学	教授、博士生导师
朱德荣	长圩村	河北医科大学	研究员、教授
李章宇	复原村	浙江省湖州市中心医院	主任医师、硕士研究生导师
陈　生	杨湾村	江苏省泰州中学	中学高级教师
孙　艳	杨湾村	南京医科大学	副教授
朱　奇	合乐村	北京大学	副教授

沿江街道受地市级（含条线）以上表彰的先进个人

表 12

姓名	工作单位	荣誉称号	表彰单位	表彰时间
余龙弼	高港港务局	全国交通系统先进工作者	交通部	1956
李宝如	高港港务局	江苏省劳动模范	江苏省革委会	1969、1976 1977、1979
蒋桂鸿	高港港务局	江苏省劳动模范	江苏省革委会	1977
万如兰	合乐养鸡专业户	江苏省劳动模范	江苏省政府	1985
朱连兵	泰州口岸船舶有限公司	江苏省劳动模范	江苏省政府	2001

续表

姓名	工作单位	荣誉称号	表彰单位	表彰时间
朱连兵	泰州口岸船舶有限公司	全国五一劳动奖章	中华全国总工会	2002
栾美凤	泰州市滨江实验学校	江苏省教育系统先进工作者	江苏省人事厅、教育厅	2007
丁国兵	高港区国土资源分局	全省国土资源系统地籍管理工作先进个人	江苏省国土资源厅	2010
陈　美	泰州华强纸管厂	老年体协工作先进个人	江苏省老年体协	2011
孔云霞	泰州港务集团有限公司	巾帼建功标兵	江苏省交通运输厅	2011
陈义良	高港区人民法院	全国法院个人二等功	江苏省高级人民法院	2011
李荣益	沿江街道	2006年至2010年社会治安综合治理先进工作者（记三等功）	泰州市委、市政府	2011
耿庆生	沿江街道	泰州市创新争优优秀共产党员	泰州市委组织部	2012
丁苍宇	泰州港务集团有限公司	优秀工会工作者	江苏省交通运输厅	2012
居山林	高港区人力资源社会保障局	全省人力资源和社会保障系统“争先参优”优秀共产党员	江苏省人力资源社会保障厅	2012
居山林	高港区人力资源社会保障局	全市就业先进工作者	泰州市政府	2012
王崇生	泰州港务集团有限公司	2012年长江干线港口统计工作先进个人	交通部长江航务管理局	2013
韩久旺	泰州市华强照明器材有限公司	江苏省优秀工会工作者	江苏省总工会	2013
韩　欣	泰州港务集团有限公司	江苏省五一劳动奖章	江苏省总工会	2013
李文明	常福社区	泰州市劳动模范	泰州市委、市政府	2013
焦小萍	滨江社区	泰州市十佳环卫工人	泰州市委、市政府	2013
潘小泉	沿江街道	2011年至2014年社会治安综合治理先进工作者（记二等功）	江苏省委、省政府	2014

姓名	工作单位	荣誉称号	表彰单位	表彰时间
周越星	高港区电视节目中心	泰州市创建全国文明城市突出贡献个人嘉奖	泰州市委、市政府	2015
韩　欣	泰州港务集团有限公司	全国物流行业劳动模范	人力资源和社会保障部、中国物流与采购联合会	2016
包继林	江苏省口岸中学	民进参政议政工作先进个人	民进江苏省委	2016
夏强斌	中海油气（泰州）石化有限公司	泰州劳动模范	泰州市委、市政府	2017
潘小泉	滨江工业园区	改革创新贡献奖	中国石油和化学工业联合会园区工作委员会	2018
包继林	江苏省口岸中学	民进全国宣传思想工作先进个人	民进中央	2018
朱连兵	泰州口岸船舶有限公司	江苏工匠	江苏省政府	2018
朱连兵	泰州口岸船舶有限公司	江苏省有突出贡献中青年专家	江苏省政府	2018
徐　昊	滨江工业园区企业服务中心	中国化工园区优秀环保工作者	中国石油和化学工业联合会园区工作委员会	2018
赵　凌	滨江工业园区综合办公室	泰州市档案工作先进个人	泰州市党史方志档案办公室	2018
黄　斌	沿江街道办事处综合行政执法局	泰州市城市管理行政执法先进个人	泰州市城市管理行政执法局	2019
李国斌	沿江街道办事处综合行政执法局	泰州市城市管理行政执法先进个人	泰州市城市管理行政执法局	2019
王建华	沿江街道办事处综合行政执法局	泰州市城市管理行政执法先进个人	泰州市城市管理行政执法局	2019
赵　凌	滨江工业园区综合办公室	泰州市档案工作先进个人	泰州市档案局	2019
沈伟强	滨江工业园区安全环保管理中心	2020年泰州市“污染防治攻坚勇士”	泰州市向环境污染宣战指挥办公室	2020
沈伟强	滨江工业园区安全环保管理中心	泰州市生态环境建设先进个人	泰州市委、市政府	2020

续表

姓名	工作单位	荣誉称号	表彰单位	表彰时间
曹改灵	滨江工业园区安全环保管理中心	泰州市生态环境建设先进个人	泰州市委、市政府	2020
全月琴	滨江工业园区安全环保管理中心	泰州市生态环境建设先进个人	泰州市委、市政府	2020
王　平	滨江工业园管理办公室	“争当表率、争做示范、走在前列”好干部	泰州市委	2022
柳　劼	滨江工业园管理办公室（沿江街道办事处）	“争当表率、争做示范、走在前列”好干部标兵	泰州市委	2022

荣立战功的复员军人及参加对越自卫还击战的人员

王　勇　陈义茂　蔡忠礼　黄贤粉
张高才　施爱寿　韩为民　韩高宏
朱德明　顾根华　冯则荣

在泰州医药高新区（高港区）内工作的沿江籍高级（含副高）专业技术职称人员名录

工业系统：李茂堂　陈义康
卫生系统：陈义圣　黄富良
栾成明　杨　洁
徐荣才　卢　俊
洪岳山
教育系统：包继林　刘荣正
周　健　施礼俊
胡阿明　栾宝源
黄　健　韩小娟
肖冬明　朱德华
栾美凤　徐小军
周晓兰　李　鸿
周金徐　杨　敏
贾　敏　朱　军
施礼兵　徐晓彬

在沿江街道内工作的非沿江籍高级（含副高）专业技术职称人员名录

教育系统：陆江华　陈庆松
黄春林　傅　娟
孙改华　陈翠松
居秀俊　杨　艳
蔡小黎　姚　维
刘春美

岳　飞（1103—1142）

字鹏举，相州汤阴（今河南汤阴县）人。南宋建炎四年（1130）七月，金兵侵犯江北，直逼泰州，宋高宗任命岳飞为通泰镇抚使兼泰州知州。因泰州无险可恃，退保柴墟。其时，因避战乱从两淮地区逃至柴墟的难民有数千人，岳飞以掩护百姓安全撤退为首任，决定以攻为守再挫金兵锐气，凭借域内港汊密布优势，大败金兵于南坝桥，掩护数千难民安全撤至阴沙（靖江）。百姓感其恩德，建生祠祀之。

侯颂南（1898—1962）

口岸人。早年留学日本，学习工业技术。回国从商，组织收购家乡银杏销往日本、东南亚等地。民国年间，在口岸镇开设义隆木行。1953年，联合4名木行老板和上海商人集资，购买进口设备，高薪聘请技术人员，在域内（现滨江生态公园东南角）开办义森泰锅厂，年产铸铁锅2.3万口。1956年公私合营，义森泰锅厂更名为口岸锅厂，占地面积166平方米，固定资产0.6万元，职工44人，当年产铁锅45.98万口，产值15.8万元，利润1.18万元。办厂期间，他组织开展劳动竞赛，注重生产质量管理。1959年，在江苏省轻工业厅组织的全省206家锅厂质量评比中，口岸铁锅名列榜首。1961年，有职工285人，固定资产2.8万元，产铁锅17.4万口，计85.6万口，产值24.14万元，利润2.34万元。1962年，口岸锅厂服从全省布局，奉命停产。

陈永康（1907—1985）

松江人。水稻栽培专家，全国劳动模范。自20世纪50年代起，在江苏及长江中下游各主要稻区，建立基地和样板田，以点带面，层层推广先进技术，对提高水稻大面积生产的精耕细作水平和实现高产稳产，起了重大作用，对中国水稻生产的发展作出贡献。1967年7月14日，泰兴县在域内故土小公社召开农业生产现场会，陈永康在西七圩生产队田间进行施肥表演，并对水稻的栽培技术进行讲解，全县农业系统的技术人员及附近村民近千人到现场观摩学习。

吴正清（1909—1946）

刁铺人。1935年，吴正清就读于无锡国立专科学校，后转入苏州太炎文学院学习，毕业后回家乡办学。1940年，经同学赵鑫源介绍到域内大庙二圩以塾师名义为党作联络工作，后到大庙小学任教。1941年11月，经黄仆、赵鑫源介绍加入中国共产党。1944年至1946年，在私立柴墟初级中学任地下党支部书记，以语文教师的身份作掩护，秘密开展党的工作。1946年春，国民党反动派在和谈幌子下挑起内战，在苏中，尤以口岸、宣堡、塘湾地区的反共摩擦最为突出。北平军调处执行部准备派出军调小组到口岸调查，吴正清根据上级指示，认真做好准备工作。通过调查暗访，他掌握了国民党反动派违背停战协议、对解放区逐步蚕食的大量材料，安排口岸地区民众代表发言，并组织口岸、刁铺中小学教师和社会爱国青年做好欢迎军调小组和游行的准备。由于叛徒出卖，口岸地下党组织遭到严重破坏，吴正清等26人于6月5日深夜被捕入狱。入狱后，吴正清受尽酷刑，始终守口如瓶，坚贞不屈，并鼓励难友与敌人坚决斗争。6月15日夜，吴正清在泰州被活埋。泰州市革命烈士纪念馆陈列了吴正清烈士遗像，江苏省口岸中学校园内立有吴正清烈士纪念碑。

附　录

红色记忆

抗日战争时期

1937年7月7日卢沟桥事变后，揭开全面抗日战争的序幕。8月13日淞沪抗战之后，扬泰地区抗日团体纷纷成立，有的爱国人士组建起小股抗日武装，江南新四军挺进至茅山地区，开辟茅山抗日根据地。1938年7月，原丹北抗日总团二大队在江都大桥地区开展抗日游击活动。9月，改编后的江南人民抗日义勇军挺进纵队（简称挺纵），归新四军一支队领导，管文尉任司令，下设4个支队。挺纵一、四支队在郭猛率领下，从扬中过江，配合二支队在三江营攻打顽军张少华保安九旅。经过一天激战，该旅残部向口岸方向溃逃，扫除了新四军渡江北上的障碍。此后，挺纵二支队在嘶马、杨桥等地招收广大爱国青年参加抗日救亡运动，办培训班，搞军事训练，培养抗日骨干，为建立杨桥抗日民主政府打下基础。

1940年1月，新四军主力到达江都吴家桥一带后，部队进一步整编，根据与李明扬、李长江达成的协议，暂时在险恶的环境中取得一席安身之地，及时宣传、发动、组织群众成立农抗会、青抗会、妇抗会、工抗会，新四军所到之处，民众抗日情绪普遍高涨。6月，在国民党顽固派、江苏省主席韩德勤的阴谋策动下，李长江部突然向郭村的挺纵进攻。新四军驻守部队在民众的支持下奋勇迎战取得胜利，为东进黄桥、进一步开拓苏中抗日根据地奠定了基础。1941年，域内民众在新四军黄桥战役胜利的鼓舞下，抗日情绪更加高涨。是年秋，经毛介寿推荐，吴惠民、黄仆二人介绍爱国进步青年赵鑫源加入共产党。9月，口岸建立第一个秘密党支部，在农村吸收戴农、栾永富、徐高山、张淑兰、印德宏、毛仁山、李允、戴贵山、戴兴祥、戴德智等人入党。他们为新四军征收公粮，收集敌伪情报，传播抗战消息。至1942年，活跃在江都大桥、嘶马与泰兴交界地区的新四军挺纵在反“扫荡”、反“清乡”的斗争中不断发展壮大。

1944年春，杨桥区武工队配合西万乡民兵大队在东岳庙与伪军作战，民兵大队大队长栾承仪在此次战斗中牺牲，区长王亚平为栾承仪烈士题写挽联：“打仗须明了情况，不明了情况不打；烈士虽成仁，批评还是要吃；战斗宜准备牺牲，勿准备牺牲勿战；英雄能就义，抚恤当然有加。”1945年8月15日，日本天皇终战诏书播出后，杨桥区委组织群众和民兵万人以上，各执钉耙、锄头等农具，配合三分区民兵在口岸—泰州公路线上向沿途据点日伪军示威，敦促其向新四军投降缴械。日伪军在强大的攻势下惊恐万状，放弃刁铺、寺巷、庙湾的据点，逃回泰州城。示威群众和民兵当即缴获了不少枪支弹药和其他物品。抗日战争胜利后，杨桥区区政府和江抗大队与敌顽进行有理有节的斗争，为支持配合北撤的战略，积极筹粮饷、输送兵员和补充物资。

解放战争时期

1946年1月5日，国民党背信弃义，重占新四军抗日军民从敌伪军手中夺取的扬泰沿线据点，对江都通扬运河以南（简称河南）造成包围之势，不断制造摩擦。驻口岸的国民党第100军19师56团，以1个连的兵力侵占杨桥、嘶马等地，残害人民群众、军烈属及干部家属。2月24日，国民党军队将杨桥区区长张阵容家掳掠一空，在杨家桥强奸妇女4人。3月7日开始，国民党军队加大“扫荡”力度，反复拉网，日夜不停，致使分散游击、隐蔽的干部和武装人员不得不在3月底全部撤离。根据上级指示，杨桥区党政组织、武装人员由公开转入隐蔽状态，伺机袭击敌人。国民党军队全面占领通扬运河以南地区。杨桥区党员干部仅留下少部分人，在十分严酷的形势下，原地秘密坚持对敌斗争。

1946年2月初，北撤干部以原有区委班子为基础组成武装工作队，秘密发动群众开展各项行动，并以小型秘密武装配合公开游击斗争，迷惑敌人，进行侦察、锄奸、改信号等工作。

1947年，新四军工作人员大部分北撤，少数党员干部留下来，在艰苦的形势下与国民党反动派进行英勇斗争。1947年年底至1948年4月，江都县独立团捷报频传，致使河南敌占区的国民党军惶惶不可终日。1948年5月26日，江都县独立团攻克大桥镇后，与攻克嘶马镇的泰兴独立团会师，这一重大胜利震撼大江南北。几股前来增援的敌军见状缩回驻地。1948年7月中旬，河南工委改为河南分县委，杨桥区为其属地之一。8月，嘶马解放，杨桥区委返回域内。此后，敌人多次疯狂反扑均告失败。至1948年11月，杨桥区恢复阵地2个乡。12月，杨桥区实行减租、反霸斗争，得益人口数占全区总人口的11%。区武工队力量增强，参军和支前工作均按县委要求有序展开。1949年2月15日，解放战争形势发展迅速。人民群众积极支援解放战争。大军渡江前，区乡干群主动参与渡江作战的准备工作，筹集军粮、船只、棉被胎等物资，从船民中选拔可靠的船工为渡江船只掌舵。域内广大群众为夺取渡江战役的胜利发挥了重要的作用。

重大纪事

地下交通站——杨湾码头

1937年5月13日，上海同仁堂药店学徒复原乡杨家湾人孙少兰在朋友的通力协助下，回乡开设三圩码头，得到中共地下党员洪实君（化名，真名孙学凤）等人的支持，码头设在离他家住宅不远的长江边三圩，地处江都、泰兴交界处。这里原是江北通往江南的渡口。新设的三圩码头隶属上海民生轮船公司，主要为上海、镇江、南京三地的班轮短暂停靠服务，客货上下船全靠小划子人工装卸。码头开业后生意兴隆。

1937年12月13日，南京沦陷。次日，江都县城沦陷。1938年年初，江都245个乡镇中的77个沦陷、60个半沦陷。日军为阻止江南新四军向苏中发展，加强了南京以下长江沿线的控制。7月，新四军一部突破敌伪控制的新老洲，并以此为“江心跳板”，扫清障碍。9月，丹阳抗日游击总队接受改编，成为新四军管文蔚管辖的挺进纵队二支队，进军江都大桥地区，并击垮国民党驻三江营的张少华部，迫使其逃向尚未沦陷的泰兴县口岸镇（口岸镇于1940年1月沦陷）。杨湾港渡口处于土匪、江盗、顽军等鱼龙混杂的两县交界处，中共江都县工委在通扬运河以南地区发动群众参加抗日救亡活动，秘密发展近80多名党员，有重点地建立13个农村党支部。嘶马的杨湾党支部（与泰兴县的口岸区相邻）是其中的一个。孙少兰因人缘好，在地方上威望高，善于交际，深得各界人士的信任。他既是杨湾码头的经营者，又是共产党忠实的同路人。杨湾党支部决定以码头为掩护，在此设杨桥区交通站，由洪实君领导，孙少兰具体负责秘密碰头，交换情报，传达上级指示。杨湾码头成为隐蔽的地下交通站。1941年7月，江都县交通站成立，杨桥属东线杨桥站领导，以此码头为基地，东联上海，西至镇江，为新四军及地下党所需军用物资、医疗器材的储运作出贡献。

杨桥区公所的马震北、姚从义、孙学凤等经常在杨湾码头召开区委工作会议，传达上级指示，布置民运工作，讨论对敌斗争策略和拟定作战计划。地下党员经常化装成旅客，通过码头往返苏中、苏南根据地。贾益林、钱祥明、杨雄飞等共产党人常在码头一带锄奸除恶。

有一次，泰兴县中共地下党员张留成到口岸执行任务时，与敌遭遇，受伤后找到孙少兰。因周边情况复杂，孙少兰决定将张留成藏在自家竹园的地洞里，第二天晚上秘密转移至冯三圩张留成的亲戚家中养伤。伪军以为张留成仍在孙少兰家，白天不敢抓人，就趁深夜偷偷放火，将孙少兰家的三间五架梁屋子全部烧毁。

为坚守地下党的联络点，孙少兰想方设法又买下长圩栾伯章的三间七架梁瓦房，付款成交拆房，准备运回房料。伪军得知，在长圩至将军庙十三圩的途中挖了9个缺口，最宽的5米多，妄图使孙少兰无法运回房料。孙学凤得知此事后，暗中找人给伪军头目施压，晓以利害，强行要求挖坑者填好缺口。在江抗大队的暗中保护下，孙少兰花了好几天才将房料运完。新房建成后，伪军得知孙少兰身份特殊，与国共皆有联系，深得民心，不敢得罪。从此，码头生意日益红火。新四军所需的物资以及人员往来、信息传递更加顺畅。

1944年起，三圩的船工张良礼继承父业，经营杨湾码头至扬中何家港、马港等处的船渡航线。张良礼也是一名地下交通员。他利用个人领有泰兴特别区公署营运执照的便利，装运客货。往返于苏南、苏北的交通员、地下党员等，化装成旅客、商贩，通过杨湾码头完成接头，传递情报、文件、报刊，接送江南敌占区到苏中根据地参加各类培训、出席各界会议的工作人员。惠浴宇、管文蔚及曾在江都活动过的陈毅等都曾化装进出过杨湾码头。在渡江战役前，陈毅曾在张良礼家中住过。杨湾码头交通站一直得到洪实君和地下党组织的暗中支持和武装保护，一度直属江都县交通站的领导。新四军北撤期间，在严峻形势下，孙少兰、张良礼、李达、杨恒兴等人成了单线联系的秘密交通员，机智通过层层封锁线，使地下党组织的联系畅通无阻，为抗日战争和解放战争的胜利作出重大贡献。

中华人民共和国成立后，洪实君代表党组织安排孙少兰、张良礼的工作，二人不追逐名利，婉言谢绝。

偷藏日军筑炮楼的材料

1940年冬，日军要在南官河西煤球场边修筑炮楼，便于控制交通。日军运来两堆上好木料，日夜看守。被拉去修桥的老百姓，忍饥挨饿也要干活，动作稍有迟缓就挨青竹子抽打。为了拖延修桥工期，打击日军的嚣张气焰，地下党戴俊生和陈明辉暗中组织了几十人，选择一个寒冷的深夜，进行夜袭行动。先派一部分人，肩扛钉耙锄头在日军看场地的炮楼周边跑步，转圈圈，并故意碰响钉耙锄头，但不说话。值班的日军只有几个人，误以为是游击队过境，龟缩在炮楼里不敢动弹。另一班人趁机把修桥的两大堆木料运到别处藏起来。日军在此处修炮楼的计划泡汤。

“紫石英”号事件

1949年4月20日清晨，大雾弥漫，长江江面十分平静。9时许，大雾渐渐散开，英国海军远东舰队护卫舰“紫石英”号在口岸以南江面上出现。该舰由东向西溯江而上，贸然闯入正进行渡江准备的第三野战军第8兵团第20军的突击地段。“紫石英”号行至杨湾西北方江面附近，解放军第三野战军第23军特纵炮3团开炮示警。“紫石英”号随后向解放军炮兵阵地开炮射击，解放军炮兵部队当即开炮还击。其舰体中弹30余发，重伤搁浅，舰长斯金勒被当场击毙。20日下午至21日，解放军炮兵部队又将先后赶来增援的英国海军远东舰队“伴侣”号驱逐舰、“伦敦”号巡洋舰、“黑天鹅”号护卫舰击退。

“紫石英”号事件发生在敏感时期的域内江域，沉重打击了英舰的嚣张气焰，保证了解放军第20军渡江作战计划的顺利实施。

蒋滨除奸

1943年冬，日军在口岸地区较为猖狂。杨桥区区公所为粉碎日伪“扫荡”计划，常派人潜进刁铺、口岸，了解敌情，探取情报。进出敌占区的人员办事屡遭挫折，有的被杀害。区委派员暗查奸细，得知刁铺西街头有个开草行的董老三，明里干的是不起眼的柴草买卖，骨子里是个投靠日伪的奸细头子。此人行为不端，表面上装好人，在西洲四乡里游荡，多次将新四军游击队的活动信息向日伪报告。因此，区委决定派与其相熟的武工队员蒋滨负责除掉董老三。蒋滨掌握其活动规律，在董老三经过故土高岸桥时将其逮捕，枪毙于桥北白果树下。

被解放军炮击损伤的“紫石英”号

日军在沿江的暴行

1939年12月14日深夜，侵华日军十多人在汉奸翻译的带领下，从镇江乘小汽艇顺流而下，在杨湾登陆，悄悄行至复原下四圩草关帝庙（原复原小学所在地）时，看见庙内灯火通明，听到有人活动说话的声音。这里是当地自卫队的驻地，庙内的自卫队队员正在与附近的几个老百姓打牌，日军荷枪实弹，破门而入，庙中人员猝不及防，日军当场杀死自卫队队长周继坤和队员栾安乾、许义和、张如庆等十人，僧人浩波与平民李兆廷、孙元岭、常小明也遭杀害。只有三圩的周祥龙、五圩的栾家发、双太十三圩的姚恒贵等人躲藏在菩萨身后的佛龛里，并以稻草遮盖，未被发现，得以幸免。庙里静波和尚因相约到东岳庙也逃过一劫。这一事件被称为“草关帝庙事件”。日军继续向东奔袭口岸，在武庙、城隍庙内发现李财福游击队和张少华保安旅驻防部队，当场打死打伤军民30多人，并纵火烧毁金寿会馆房屋141间，制造震惊苏北的口岸惨案。

1940年1月15日，侵华日军驻镇江山崎部队从龙窝口登陆，占领龙窝、口岸二镇后，驻进口岸盐栈（后为口岸农具厂）、都天庙、岳王庙（今口岸中学内）。一小部分日军由三叉汪沿港西来到双太24圩。因搜到周祥呈家有进步的抗日书籍，就在茅屋上浇上汽油，放火烧毁11家草房，又在27圩、朱湾、吴湾一线烧光所有草屋，强奸多名妇女，拉夫十多人，村民小罗儿被割去双耳、砍去双手，活活疼死。一妇女因身穿孝服被当活靶子射死。随后，复原乡十二圩一男一女被日军射杀，一沈姓男子被击伤腿后留下残疾。

艺文

尝鲥鱼

明·储巏

江南四月笋蒲清，海错时鲜亦有声。
玉骨箸横犀角细，素鳞盘映水晶明。
官船载去唯充荐，渔网遮来不管征。
此日尝新增感慨，野人芹曝愧平生。

船港春潮

明·周崇儒

活活春潮生，带雨来何处。
幽人厌尘嚣，洗耳江门去。

郊行问俗

明·朱南雍

春日行行江上程，麦田初秀午风轻。
树留残雪三分白，水入寒潮一带清。
风俗变迁悲古道，闾阎凋敝惜苍生。
何当慰我观民志，桃李阴中鸡犬声。

县侯罗公初导新河邀与泛舟

明·张羽

官河晴雨纪巡游，茂宰新怀洚水忧。
犹有欢声传道里，城中下令缓征求。

垂钓近晚偶见雁落荷塘

明·薛寿昕

秋晚柴墟景色新，金风送爽绮霞明。
斜阳落雁俱自得，苇草蓼花皆有情。

隐居

明·李一阳

嘉木丰林护宅河，鹿门谷口较偏颇。
虚堂夜雨悬尘榻，别浦春风入棹歌。
冠盖不逢知地僻，烟霞时恋得天多。
机心生息全忘计，一任纷华鼓逝波。

江上桃花歌

清·赵复

春江二月春色奢，暖风晴日催繁华。
东皇郁勃费全力，都归江上之桃花。
桃花江上于胡底，一路红霞数十里。
排垒云锦围芳洲，接岸香风拂春水。
江村村路弯复弯，高低都被花回环。
寻常茅屋一点染，便觉气象非人间。
况复垂杨绿相接，菜花黄衬梨花雪。
迷离掩映何纷纷，越显乱红红倍烈。
我闻桃源风景殊，鸡犬桑麻俨画图。
惜为人世不到处，浪夸仙境知有无。

古渡归航

清·戚珍

江天冥漠日西斜，无数归舟水一涯。
贾客乱投沙作岸，渔人争指柳为家。
橹声咿哑摇新月，樯影翩翻背落霞。
多恐晚潮停不稳，棹歌惊起欲栖鸦。

洲堤杨柳

清·戚珍

极目长堤杨柳烟，断肠春色满晴川。
垂将弱线千重影，遮却斜阳一半天。
沙岸迷离风雨外，人家牵惹水云边。
欲携斗酒双柑去，好听莺声奏管弦。

柴墟怀古

清·洪揖侯

圌山西接海东来，一线银涛并岸开。
武穆雄军曾驻扎，南唐旧邑半蒿莱。
英雄虽浪难淘尽，川岳生本浸见猜。
王道至今犹未泯，莫言相处忘先灰。

两岸渔樵一水通

清·陈文翥

指点渔樵路，遥遥隔岸通。
两家环左右，一水绾西东。
柳碧隄分映，桥红影半空。
沿溪仙作侣，溷迹曲同工。
语想中流递，烟应夹渚笼。
山居真入画，凭眺乐无穷。

赠陈云翰

清·杨宝铨

江洲地僻号葫芦，谁识高人与世殊。
志激青云怀白也，弹参玉版仰髯苏。
傍门桃李丰姿好，入室芝兰气味俱。
克振箕裘绍走业，独惭吾辈忝葭莩。

引江河工程纪念碑碑文

苏中地区，南滨长江，东望黄海，西贯邗沟，北近总渠。海陵红粟，物阜民康；泰扬学派，人杰地灵。改革开放以来，民众既承扬精明敦厚，埋头苦干之淳风，又主迎浦东开发，苏南奋进之辐射，热土上浩歌不断，崛起中捷报频传。然则沃野仍受涝旱之困。是故泰扬民众秉承省委省政府之宏旨，开辟泰州引江河。工程始于一九九五年冬，竣工于一九九九年秋，历时四度冬春，省府及地方投资十二亿元。河长二十四千米，并建高港枢纽一座，建设者们以质量为第一生命，通力合作，精心施工，构建了江苏又一精品形象工程。该河既可抽引江水灌溉，排除潦涝，又便捷航运，改善水质，亦助江都水利枢纽毕其力向淮北调水，可谓一举多得之民心工程。为志以空前之盛举，特勒此石。铭曰：滔滔引江河，神威足长歌，碧波吞旱魃，排泵驱水魔，东进开新宇，海涂起嵯峨，四化高标进，人民康乐多，世代永铭记，治水万基佐。

江苏省人民政府　立

一九九九年九月

腾龙桥记

陈静

紫墟古镇，藏龙憩窝。南官运河，吞吐量多。龙升云从，波涌盘涡。

通南接北，舟楫如梭。盛世修桥，桑梓祥和。宏构永固，坚挺抗阿。

玉石长栏，群龙腾薄。神态昂扬，气势磅礴。通泰州港，接引江河。

连开发区，生机勃勃。市南大门，龙头嵯峨。宛若垂虹，跨岸卧波。

扬子江畔，明珠一颗。民俗精髓，随龙扬播。桥名腾龙，发作颂歌。

千秋寄语，百福并罗。

二〇〇六年九月

大 事 记

南唐

昇元元年（937）

置泰兴县，隶属于泰州，县治设于济川镇（今沿江街道域内）。

北宋

乾德二年（964）

由于旧治坍于江中，泰兴县治由济川镇迁至柴墟（今沿江街道域内）。

南宋

建炎元年（1127）

泰兴知县马尚在柴墟旧址上用土坯重新修筑土城。

建炎四年（1130）

岳飞任通泰镇抚使，率兵抗金，驻扎柴墟。

绍兴元年（1131）后

泰兴县治由柴墟迁至延令村（今泰兴市济川街道）。

元

至正二十五年（1365）

十月，徐达率兵攻打泰州，以水道不通，自大江挑河15里，开济川河直抵泰州南门湾。

明

永乐二年（1404）

域内修筑沿江圩岸。

弘治十四年（1501）

柴墟易名口岸。知县罗贤在口岸镇西（今沿江街道域内）建口岸察院。

万历二十四年（1596）

泰兴知县陈继畴在口岸察院西建实塞仓。

清

道光三十年（1850）

泰兴知县张行澎疏浚庙港（南官河），筑建江堤。

咸丰十年（1860）

经署盐政薛焕之批准，两淮盐运使乔松年在口岸设立淮盐分栈。

光绪十年（1884）

泰兴知县陈谟在口岸庙港、太平洲设义渡分局。

宣统元年（1909）

英商怡和、鸿安以及三北等轮船公司经营的申汉线轮船停泊朱家港码头（该码头史称老高港，港址在今油品码头北侧附近）载客。

中华民国

1920年

泰州大源内河轮船公司开通泰州至龙窝口航线。

1930年

江平公路的泰兴—口岸段筑成，域内南自北洋桥，北至与引江社区交界的包家巷。

1937年

10月，口（岸）泰（州）公路通车。公路原起于龙窝口码头，后因码头淤涨，南官河入江改道高港，江轮停靠高港码头，此后更名为泰高公路。

1939年

12月14日深夜，日军十余人用小汽艇从杨湾登陆，偷袭复原草关帝庙和口岸镇武庙、城隍庙，杀害军民40余人。

1944年

在域内大庙二圩教私塾、后在大庙小学任教的吴正清到私立柴墟初级中学（今口岸中学）任中共地下党支部书记，以语文教师的身份作掩护，开展地下工作。

1949年

1月25日，域内获得解放。

3至4月，域内了愿庙（鸟月庙）成为渡江战役某部前线临时指挥部。

中华人民共和国

1950年

春，粮荒严重，政府拨粮、款救济，组织群众生产自救。

冬，域内杨湾段江堤加高增厚，这是新中国成立后第一次全面修筑江堤。

1953年

1月下旬，寒潮袭击，继之久旱不雨，域内麦苗干枯冻死，农田受灾面积达九成。

1954年

5月18日至8月，共降雨935.5毫米，域内一片汪洋，田间积水1米以上，颗粒无收。

夏秋，域内开展治疗血吸虫病的集中行动，将血吸虫病患者集中至口岸体善堂等处免费治疗。

冬，修建高港至杨湾段江堤，全长3.2千米。

1955年

2月，域内第二次全面修筑江堤。

1956年

1月，高港码头第一座木制栈桥和400平方米候船室建成投运，结束了建港以来靠木划船在江心接送旅客和露天候船的历史。

9月，高港港务局余龙弼获全国交通系统先进工作者称号，出席交通部先进代表会议。

9月10日，经江苏省人民委员会批准，整治南官河航道，将出江口从龙窝西迁1.5千米至高港港。10月，南官河整治工程一期动工，从义森泰锅厂至通扬运河裁弯取直浚深，1957年2月竣工。

1957年

9月10日，建（湖）口（岸）线水运客班终点码头由龙窝迁至高港。

11月20日，南官河入江口处建造节制闸——口岸闸，1958年建成。

1958年

5月，开工建设新型船闸——口岸船闸。1959年8月建成。闸室长135米、净宽12米，底真高-3米，过闸通过量1000吨。

11月中旬，引江河试挖，部分群众搬迁，后因故停工。

南官河整治工程二期动工。1959年10月竣工，废除口岸坝口至龙窝口老河道。

1959年

5月，从高港码头至口岸汽车站的砂石公路建成通车。高港码头与江平线、口泰线、泰高线通连。

10月，高港闸开工建设。1960年9月竣工。

1960年

春，粮食奇缺，加之自然灾害等因素，域内不少人患浮肿病。

5月3日，域内下冰雹半个小时左右，大如鸡蛋，造成小麦、小秧损失。

7月12日，大风暴袭击沿江，域内部分房屋倒塌。

1961年

大旱大涝，农田受灾，粮食减产，群众生活困难，政府拨粮、款救灾。

1964年

11月，域内杨湾（通江）、故土等处电灌站开工建设。

先后3次疏浚整治南官河。

域内时仙大队四十圩周元涛被清华大学录取。

1965年

7月，交通部副部长于眉和考察高港港务局。

域内复原小公社、故土小公社开办农业中学。

1967年

7月14日，泰兴县在域内故土小公社召开农业生产现场会，全国水稻专家陈永康在西七圩生产队田间进行施肥演示。

7月16日，泰兴县在高港江边举行横渡长江游泳活动。1967年至1969年连续举行3年，分别有约80人、200人、300人参加。

夏秋之交，杨湾五圩上角、十九圩段江堤坍塌严重，杨湾大队34户146人迁移至口岸公社双新大队。

1968年

秋，域内合乐、故土、复原大队使用柴油拖拉机耕作。

秋学期，复原农业中学增设一个公费初中班，更名为通江中学。

1969年

5月，杨湾大队段江堤坍塌严重，六九圩、十三圩等生产队36户154人迁往口岸公社双新大队三圩港。

9月29日，高港港务局工人李宝如作为泰兴县产业工人代表赴北京参加国庆20周年观礼活动。

电力供应始向域内普及。

1971年

9月13日，杨湾大队段江堤坍塌，所属六九圩等4个生产队耕地坍入江中。

1972年

冬，域内启动江堤修复工程。

1973年

春，杨湾闸开工建设并于1974年春竣工，总造价13万元。

1974年

春，江堤修复工程完工，全长1.3千米。

冬，启动实施江堤加固工程。

1975年

5月30日，雹雨交加，域内多处受灾。

6月24日至27日，陡降暴雨，域内农田受灾严重。

1976年

年初，江堤加固工程竣工。江堤在原有基础上加高2米，顶宽4米，外坡坡度比1∶3，内坡坡度比1∶2。

年初，域内建太平闸，为泰兴县第一座5个流量排涝站。

8月起，域内群众在室外搭建防震棚居住，持续近半年时间。

1978年

域内出现历史上罕见大旱，5至9月为常年降雨量的22%，受灾面积大，导致群众饮水困难。

1983年

5月15日，江苏省省长顾秀莲、副省长凌启鸿，扬州市委书记傅宗华到域内考察泰州引江河线路。

1984年

4月，合乐村村民施小明自购客车开行“泰兴—南京”客运线路，是域内第一个个体客运专业户。

冬，对江堤进行加固，顶宽增至6.5米。

1985年

3月，合乐村养鸡专业户万如兰被评为江苏省劳动模范。

1986年

6月2日，江苏省政协一行13人至域内考察高港港开发建设情况和南官河整治工程。

10月，国家计委、水电部组织南水北调东线一期工程专家70余人，对域内泰州引江河工程线路进行评估。

1987年

4月，域内群众领到首代居民身份证。

1988年

7月16日，江苏省人民政府批准高港港为对外开放二类港口。

1989年

8月17日，杨湾段江堤坍塌，坍塌处距外江堤仅15米。

1990年

11月4日，水利部副部长侯捷等一行40余人到域内考察泰州引江河线路。

1991年

4月1日，域内双太村十一圩外江滩见活钉螺，这是时隔20年后再次发现活螺。

6月28日至7月16日，域内连降暴雨，总降雨量达683毫米，此为中华人民共和国成立以来域内第二次重大洪涝灾害。

7月21日、8月5日，江苏省人大常委会主任韩培信、省委副书记曹克明先后来域内察看灾情，指导抢险救灾。

10月14日，巴拿马籍货轮“室女星座”号停靠高港港装卸水泥，此为中华人民共和国成立后高港港首次停靠外轮。

1992年

12月8日，国务院批准高港港为一类开放港口，国务院副总理田纪云为高港港题名。

1993年

4月11日，高港港通过国家验收，自4月26日起对外开放。

7月6日，水利部副部长何璟、电力部副部长汪恕诚、交通部副部长刘松金等检查域内江堤修固情况，指导防汛工作。

域内实现初中阶段义务教育普及。

1994年

6月6日，泰兴市口岸管理委员会在高港港挂牌成立。

6月18日，“高港—扬中”汽渡试运营。

8月19日，“申—渝”航线客班轮正式停靠高港码头。

交通运输部同意建设高港港杨湾港区（今泰州港杨湾作业区）一期工程。1996年11月29日开工建设，1999年1月20日建成投产。

1995年

7月11日上午，域内高港村永长圩坍江，坍长150米，宽70至75米，坍深-12至-15米，距主江堤仅2米。当晚，杨湾二十四圩坍江，长70米，宽40米，距主江堤约60米。

9月14日15时至次日，高港村12组江滩发生坍江，面积1.67万平方米，距主江堤最短距离仅20米。江苏省委副书记许仲林、省水利厅厅长翟浩辉，扬州市委书记李炳才、市长施国兴等到现场察看坍情，指导抢险。

11月，泰州引江河刁铺段试挖。至1996年年初，域内杨湾、生宁、复原、长圩、双复、故土等6个村3850亩（含天如、宁都）土地被征用。

1996年

4月19日，水利部部长钮茂生、江苏省副省长姜永荣考察泰州引江河工程建设情况。

6月，“上海—高港”客班轮航线停航。

9月1日，高港村永长圩北段江堤坍塌，坍塌段长约124米、宽约200米。

1997年

1月13日，江苏省高港港务局更名为江苏省泰州港务管理局。

2月19日，高港港更名为泰州港。

3月，水利部部长汪恕诚考察泰州引江河高港枢纽工程。

4月14日，域内随口岸镇划归泰州市海陵区管辖。

8月20日，泰州市高港区成立，域内随口岸镇从海陵区划归高港区管辖。

10月，域内启动江堤达标工程建设。1998年完成一期工程，2000年完成二期工程。

11月22日，国务委员陈俊生考察泰州引江河工程。

1998年

3月19日至20日，40年未遇的寒潮袭境。20小时降雪量达29毫米，最大积雪深度20厘米；24小时降温14.5℃，最低气温达到-1.6℃。

12月11日，高港经济开发区滨江工业园区成立，规划面积5.33平方千米，辖域内的11个村和1个居委会。

12月28日，泰州引江河正式通水，泰州引江河高港枢纽船闸正式通航。江苏省委书记陈焕友，省委副书记、代省长季允石等出席通水、通航仪式。泰州引江河全长24千米，工程历时3年，总投资12.4亿元，其中，高港枢纽工程投资3.56亿元。

1999年

4月29日，海军泰州舰停泊原高港客运码头，参加中国人民解放军海军诞生地纪念馆新馆落成开馆典礼。

9月9日，原中顾委委员江渭清等30余人参观泰州引江河高港枢纽。

9月28日，泰州引江河工程竣工典礼暨庆功表彰大会举行，江苏省委书记陈焕友出席并讲话，省委副书记、省长季允石宣读表彰决定。

2000年

3月13日，泰镇路（G523）开工建设，年底通车，全长2861米、宽46米。

6月6日，高港经济开发区滨江工业园区及下辖南官河西故土、合乐、双复、长圩、生宁、杨湾、复原、双太、高港、时仙、虹桥11个村和高港居委会划归泰州经济开发区管理。

8月1日，江苏省泰州经济开发区滨江工业园办事处设立。

2001年

4月，域内行政村合并工作完成，原11个村合并为高港、滨江、杨湾、常福、故土5个村。高港居委会设置不变。

6月21日，泰州经济开发区管委会滨江办事处成立，此为沿江街道办事处前身。

9月4日，国务院副总理温家宝在水利部部长汪恕诚、江苏省委书记回良玉和省委副书记、省长季允石陪同下考察泰州引江河高港枢纽。

12月11日，台湾农田水利会联合考察团参观泰州引江河高港枢纽。

2002年

6月，泰州杨湾海螺水泥有限责任公司落户域内，项目总投资7亿元。

7月，沿江高等级公路（S506）域内路段开工建设，2005年12月竣工通车，域内路段长2570米。

2003年

2月19日，泰州港海泰油品码头、中转库区建成，总投资1.5亿元。

4月起，域内长江客运业务全面停止。

9月22日，江苏省泰州港务管理局实行政企分离，成立泰州港务有限公司。

10月，泰州引江河风景区被水利部批准为第三批国家水利风景区。

2005年

4月，腾龙桥开工建设，2006年6月竣工通车。该桥横跨径154米、全长566米，总投资6700万元。

2006年

6月23日，泰州经济开发区滨江工业园管理委员会成立，与泰州经济开发区滨江工业园办事处合署办公，两块牌子，一套班子；同时，中共泰州经济开发区滨江工业园委员会成立。

10月19日，泰州港务有限公司与新加坡丰益集团、邦建航运合资组建泰州永益港务有限公司。

2007年

6月，滨江花苑二期拆迁安置房工程开工建设。

7月，泰州港务有限公司更名为泰州港务集团有限公司。

7月6日，滨江工业园与中海油气开发公司签约建设泰州石化项目，总投资50亿元。

2008年

4月，泰州杨湾海螺水泥有限责任公司二期项目启动建设。

4月25日上午，中国石化联合会园区工作委员会秘书长包秀成陪同印度化工协会考察团考察滨江工业园。

5月，园区共捐款14.29万元，并通过泰州慈善总会转给四川汶川灾区人民。

5月26日，滨江工业园区机关工作人员、农民、教师代表等50人组成方阵，参加奥运火炬泰州传递活动。

2009年

3月26日，国务院国资委国有重点大型企业监事会主席季晓南考察域内港口工作。

4月28日，滨江花苑三期拆迁安置房工程开工建设。

2010年

1月8日，滨江为民服务中心建成并投入使用。

1月15日，滨江工业园首届企事业单位冬季长跑运动会举行，园区共16家企事业单位315名干部职工参加活动。

4月29日，滨江花苑社区卫生服务中心揭牌。

6月，沿江街道成立，下辖高港、滨江、杨湾、常福、故土5个社区和高港居委会，由泰州经济开发区代管，与滨江工业园合署办公。

8月，滨江工业园（沿江街道）改由泰州医药高新技术产业开发区代管。

11月25日，泰州滨江工业发展办公室成立，挂泰州滨江工业园区管理委员会牌子，为泰州医药高新技术产业开发区管委会的派出机构，规格为副处级。

2011年

4月，沿江街道设置经济服务中心、农业服务中心、城乡建设服务中心、人口和计划生育服务中心、劳动就业社会保障服务所5个事业单位。

5月，域内南官河大桥建成通车。

7月15日，滨江工业园区设置党政办公室、招商中心、规划建设中心、企业服务中心、财政金融服务中心5个机构。

泰州港（含高港作业区、杨湾作业区）跻身全国亿吨大港行列。

2012年

6月11日，滨江工业园区举行中海油泰州石化一体化项目开工典礼，江苏省委副书记、省长李学勇，中海油董事长王宜林、副总经理吴振芳，泰州市委书记张雷，市委副书记、市长徐郭平等领导为项目奠基培土。

9月，经市政府批准，滨江实验学校师生分流高港实验小学等高港区的几所小学、初中。

2013年

1月31日，泰州滨江工业园区海事处挂牌成立。

2月22日，泰州经济开发区滨江工业园办事处更名为泰州医药高新技术产业开发区滨江工业园办事处。

6月7日，中共泰州市委滨江工业园区工作委员会成立，为泰州市委派出机构；中共泰州市纪律检查委员会滨江工业园区工作委员会成立，为泰州市纪委派出机构。分别隶属泰州医药高新区党工委、纪工委。

11月5日，沿江街道设置党政综合办公室、经济发展办公室、政法综治办公室、城乡建设和社会事务办公室、财政所5个机构。

下属事业单位劳动就业社会保障服务所更名为人力资源和社会保障服务所。

11月7日，沿江街道滨江社区焦小萍获评泰州市十佳环卫工人。

11月16日，沿江街道完成村（居）民委员会换届选举工作。

12月，江苏菲斯特新能源有限公司获评江苏省管理创新优秀企业。

中海油气（泰州）石化有限公司、泰州杨湾海螺水泥有限责任公司被医药高新区党工委、管委会评为区2013年年度工业开票销售前十强企业。

完成滨江花苑1至41幢房屋征收工作，推进腾龙御园1364户回迁安置和失地农民保障办理工作。

2014年

1月20日，泰州金泰环保热电有限公司运行丙值工会小组荣获全国模范职工小家称号，系医药高新区第一家获此殊荣的企业工会小组。

1月25日，中海油气（泰州）石化有限公司被江苏省文明办、商务厅授予江苏省开发区文明单位称号。

2月15日，中海油气（泰州）石化有限公司获评市2013年度国税开票销售十强企业。

4月19日，腾龙御园党总支和腾龙御园为民服务中心挂牌。

4月28日至29日，在公证、纪检监督和部分安置户见证下，腾龙御园一期房源抽签安置1134套。

滨江工业园区被认定为泰州市第一批特色工业园区。

2015年

8月5日，全国石油化工火灾防控调研组到中海油气（泰州）石化有限公司调研指导消防安全工作。

10月14日，泰州滨江金属交易物流中心建成。

2016年

3月1日，滨江工业园区公交专线正式开通，主要站点包括中润诚德、中海油气、东联化工、海阳锦纶、科技大厦、泰州客运南站等。

3月14日，滨江工业园区邻里中心项目正式启动。

5月12日，在湖北武汉举办的2016年中国化工园区与产业发展论坛上，滨江工业园区党工委副书记、管委会主任潘小泉荣获"十二五"中国化工园区优秀管理者称号。

2017年

3月17日，街道所属事业单位人口和计划生育服务中心（宣传文化中心）更名为泰州医药高新区沿江街道宣传文化中心。

4月，中海油气（泰州）石化有限公司获评江苏省依法管理诚信经营先进企业。

5月1日，滨江工业园区增设正科级环境保护管理办公室。

6月26日，沿江街道内设的社会事务办公室增挂沿江街道卫生和计划生育办公室牌子。

11月下旬起，沿江街道开展"共产党员户"挂牌行动。

2018年

2月28日，沿江街道被江苏省环保厅评为江苏省生态文明建设示范街道。

4月27日，泰州金泰环保热电有限公司丁值工会小组荣获全国工人先锋号称号。

11月2日，滨江工业园区成功入选中国智慧化工园区试点示范（创建）单位。

2019年

2月14日，中央电视台综合频道《晚间新闻》栏目报道滨江工业园区运用“健康长江泰州行动”大数据平台开展长江生态保护相关做法。

6月28日，滨江工业园区安全生产监督管理办公室更名为滨江工业园区应急管理办公室。

12月4日，中央电视台中文国际频道《远方的家》栏目“长江行”特别行动报道滨江工业园区赵泰支港入河排口排查工作。

2020年

8月27日，沿江街道下属5个涉农社区合并为一个新的涉农社区——滨江社区。9月28日，沿江街道召开社区合并大会。滨江社区党组织调整为党委建制。

9月26日，沿江街道下属5个事业单位整合设置为泰州医药高新技术产业开发区沿江街道综合服务中心，为公益一类事业单位。

9月28日，医药高新区综合执法局沿江中队成立，挂沿江街道综合执法局牌子。

扬子江药业集团江苏海慈生物药业有限公司技术中心被认定为国家级企业技术中心分中心，系泰州市唯一一家。公司成为滨江工业园区首个获得国家级科技研发机构称号的企业。

2021年

6月，泰州医药高新区、高港区实现融合发展，域内隶属于泰州医药高新区（高港区）。

6月25日，沿江街道举办庆祝中国共产党成立100周年“歌声里的党史”红歌传唱歌咏比赛活动。

7月15日，依托滨江工业园区、高永化工园区设立化学新材料产业园区，其管理机构为泰州医药高新区（高港区）滨江工业园管理办公室。

8月，滨江大健康新材料科创空间成功入选省级“众创空间”，系泰州市唯一。

9月，沿江街道全面启动“健康惠民一号”工程，免费为辖区群众提供幽门螺杆菌与肠癌早期筛查。截至月底回收样本2171个。

2022年

1月，化学新材料产业园区启动园区改革，设置综合办公室、投资促进中心、企业服务中心、财政和资产管理中心、安全环保管理中心5个部门，实行员额制管理。

2月，中海油气（泰州）石化有限公司获评2021年度江苏省健康企业。

4月29日，泰州市委、市政府召开全市2021年度综合考核总结表彰大会，化学新材料产业园区获B档园区“三比一提升”专项考核第一等次，滨江工业园管理办公室被评为“争当表率、争做示范、走在前列”好班子。

7月5日，根据机构改革方案，沿江街道设置党政办公室、党群工作局、政法和社会管理局、经济发展局、财政局、综合行政执法局、为民服务中心7个部门；所属事业单位泰州医药高新技术产业开发区沿江街道综合服务中心更名为泰州市高港区沿江街道综合服务中心。

8月17日，化学新材料产业园区（沿江街道）联合滨江商会共同举办首届“金秋奖学”活动，向辖区内考取本科院校的优秀学子发放奖学金。

8月30日，中海油气（泰州）石化有限公司“海疆1号”新品润滑油正式上市。

12月，总投资120亿元的盛虹集团新型储能电池及系统集成项目签约落户化学新材料产业园区。2023年12月，项目建成投产。

2023年

1月30日，滨江工业园管理办公室（沿江街道办事处）被江苏省档案馆评为江苏省示范档案室。

5月25日，泰州滨江工业园区通过江苏省认定复核化工园区名单（第一批）。

12月18日，总投资100亿元的高分子材料生产基地项目签约落户化学新材料产业园区。

化学新材料产业园区和中海油气（泰州）石化有限公司分别入选江苏省“工业互联网+安全生产”试点园区和企业。

编后记

根据《泰州医药高新区（高港区）镇村志编纂文化工程实施方案》，2023年3月8日，沿江街道召开党工委会议，研究部署街道志编纂工作，成立由街道党政班子全体成员组成的编纂委员会，印发《沿江街道志编纂实施方案》。3月18日召开启动会议，正式拉开街道志编纂工作的序幕。

对照泰州市名镇志参考篇目，结合沿江街道的实际，编写组初拟篇目，报街道、区党史方志办领导审阅，于4月20前初步确定基本篇目。编写组立即根据篇目设计拟定资料征集提纲，各部门、各单位明确1人负责修志联络工作，并按任务分解要求，做好资料报送工作。在掌握翔实史料的基础上，编写组根据篇目分工编写，通力合作。在篇目设计与编写过程中，着力彰显沿江街道的“名”与“特”，突出反映淳朴文明的沿江民风，突出反映物阜景秀的水乡风貌，突出反映跨越发展的产业园区，突出反映焕发青春的港口辉煌。

经过编写组快马加鞭不到7个月的努力，《沿江街道志》框架初步形成，经街道党政领导审阅后，2023年10月12日，沿江街道党工委、办事处组织召开初审会。会上，区党史方志办公室有关领导对《沿江街道志》编纂人员在短期内拿出初步稿件给予充分肯定，同时提出了若干中肯的修改意见，为我们调整篇目、核实内容，突出“名”与“特”等方面指明了方向。

2023年12月，《沿江街道志》先后通过区党史方志办公室组织的复审、终审。根据复审、终审意见进一步打磨稿件，组织进行校对等工作。

2024年3月，《沿江街道志》通过区党史方志办公室组织的验收。其后，编写组根据验收意见完成修改。区党史方志办公室指派“第一主笔”进行再统稿，推动质量再提升。2024年11月，沿江街道党工委、办事处批准《沿江街道志》出版。

编纂过程中，街道在人员配备、资料提供、经费开支等诸方面给予充分支持，及时协调解决编纂工作中的困难。市、区党史方志办公室的领导和专家自始至终地给予指导和帮助。街道机关、企业、滨江社区、腾龙御园为民服务中心给予支持配合。不少文史爱好者提供资料和照片，在此一并表示诚挚的感谢！

由于名镇志编纂要求高，志书记述的时间跨度大，所存资料不多，资料搜集难度大，加之编纂时间仓促，编者水平有限，志书中疏漏、差错之处在所难免，敬请社会各界批评指正。

编者

2024年11月

繁忙的长江水道（2024年摄）